Klaus Piper

Lesen heißt doppelt leben

Klaus Piper

Lesen heißt doppelt leben

Erinnerungen

Unter Mitarbeit von Dagmar von Erffa

Mit 42 Abbildungen

Piper
München Zürich

ISBN 3-492-04312-7
© Piper Verlag GmbH, München 2000
Gesetzt aus der Baskerville-Antiqua
Satz: Uwe Steffen, München
Druck und Bindung: Kösel, Kempten
Printed in Germany

Inhalt

Inhalt

7

Zum Geleit

» L eider sind Autobiographien von Verlegern allzu selten«, schrieb Klaus Piper 1991 im Vorwort zur Neuausgabe der Lebenserinnerungen seines Vaters Reinhard Piper. Weiter heißt es dort: »Das rührt daher, daß der wirkliche Verleger, der seine ganze geistige und materielle Existenz für seine Aufgabe einsetzt, aus dem unablässigen Strom der Manuskripte, Bücher, Projekte, der Beratungen und Besprechungen kaum einmal gründlich aufzutauchen vermag, um selbst die Feder in die Hand zu nehmen. Die autobiographische Zurückhaltung des Verlegers hat auch damit zu tun, daß er gern hinter seinen Autoren als den schöpferischen Partnern seiner Arbeit zurücktritt. Gleichwohl weiß er, daß seine Rolle als Initiator und inspirierendes Gegenüber einflußreich ist und in weite Bereiche zu strahlen vermag.« Wir gehen wohl nicht fehl, wenn wir diese allgemeine Aussage auch als Selbstcharakterisierung Klaus Pipers lesen.

Als dieser noch im Krieg die Leitung des väterlichen Verlags in seine Hände nahm, begann Reinhard Piper mit der Niederschrift seiner Memoiren, wofür er seit langem Vorarbeiten geleistet hatte. Im Herbst 1947 erschien der erste Band, *Vormittag.* 1950 folgte mit *Nachmittag* der zweite: Er ging bereits in den »Abend« über, der nun nicht mehr als der ursprünglich geplante eigene Abschlußband erschien, wie Reinhard Piper »zur Beruhigung« in seinem Vorwort erklärte. Wenig später, 1953, starb er, nachdem er einige Zeit vorher einen Schlaganfall erlitten hatte.

Auch unser Vater trat dem lange gehegten Plan, seine Lebenserinnerungen festzuhalten, erst näher, nachdem er aus der Verlagsleitung ausgeschieden war. Leider hat er das Erscheinen dieses Buches nicht mehr erlebt. Er starb am 25. März 2000, zwei Tage vor der Vollendung seines 89. Lebensjahres. In den letzten Jahren hatte er viel Kraft darauf gewendet, die Niederschrift seiner Erinnerungen voranzubringen. Dagmar von Erffa war ihm dabei eine entscheidende Hilfe als Gesprächspartnerin und prüfende, integrierende Redakteurin. Dafür sind wir ihr zu großem Dank verpflichtet. Claudia Schulze ist dafür zu danken, daß sie die umfangreiche Autorenkorrespondenz gesichtet, geordnet und exzerpiert hat. Joachim Kaiser und Hans Küng, Klaus Pipers langjährigen Autoren, die ihren Verleger bei der Trauerfeier am 31. März 2000 würdigten, danken wir für ihre Zustimmung zum Abdruck ihrer Reden im Anhang des Buches.

Der vorliegende Text ist behutsam redigiert worden. An seinem Grundduktus ist nichts verändert. Es ist Klaus Piper, der hier zum Leser spricht. »Lesen heißt doppelt leben« war 1994 seine Einleitung zu der Verlagsgeschichte *90 Jahre Piper* überschrieben. Dazu sagt er dort: »Das heißt, daß der Leser seine eigene Lebenserfahrung vervielfältigt. Er überschreitet im Raum der Zeiten, der Länder und Kulturkreise die Grenzen des ihm gegebenen Daseinsausschnitts. Der Leser begegnet Charakteren und Schicksalen in der unendlichen Fülle des Menschlichen.« Dies alles gilt natürlich in besonderem Maße für den Verleger, der sich das Lesen zum Beruf erkoren hat. Klaus Pipers lebenslange Neugier, seine nie versiegende Bereitschaft, sich immer wieder mit neuen Autoren oder Erkenntnissen, lesend oder in der persönlichen Begegnung, auseinanderzusetzen, charakterisieren ihn und sind das Geheimnis seines Erfolges. Dies wie auch die frühen Quellen seiner breitgefächerten Interessen und seiner Begabung zur Lebensbejahung werden auf den folgenden Seiten einmal mehr deutlich.

Wie die meisten Verlage, die zu Beginn des 20. Jahrhunderts gegründet worden sind, ist auch der Piper Verlag kein Familienbetrieb mehr. Piper ist heute im Besitz der schwedischen Mediengruppe Bonnier. Es ist dem Verlag, namentlich Viktor Niemann, dafür zu danken, daß er sich im Bewußtsein um die Bedeutung der Tradition für diese Publikation engagiert hat. Besonderer Dank gilt auch Klaus Stadler, dem verantwortlichen Lektor, für seinen Einsatz und seine Bereitschaft, auf unsere Anregungen und gelegentlichen Ergänzungen in Wort und Bild einzugehen, wie auch der Außenlektorin Heidi Bohnet und dem Hersteller Hanns Polanetz für ihre konstruktive Mitarbeit.

München, im Oktober 2000   Regina Hilbertz und Ernst Piper

Vorwort

Jeder Mensch, der die Forderung an sich gerichtet fühlt, über sein Leben zu berichten, sollte diesem Ruf folgen. Er sollte versuchen, der Bilder habhaft zu werden, die aus dem Strom des Erlebten vor sein inneres Auge treten: Menschen, Ereignisse, Eindrücke, Zusammenhänge, Probleme. Als Verleger habe ich einige tausend Bücher bis zum Druck begleitet, habe Hunderte von Manuskripten auf ihr spezifisches Gewicht hin geprüft. Hier, als Schreibender, muß ich mich in erster Instanz der Selbstkritik stellen.

Als mir mein Vater Reinhard Piper ein Exemplar des ersten Bandes seiner Lebenserinnerungen, den *Vormittag*, überreichte, fand ich darin eine Widmung mit der Aufforderung, auch meinerseits einmal über mein Leben zu berichten. Wenn ich dieser Verpflichtung nun folge, wird das auch auf ein Stück Selbsterforschung hinauslaufen. Inzwischen bin ich schon an einer vorgerückten Station meiner Lebensbahn angekommen. Deshalb ist langes Zögern nicht angebracht.

Was ich hier vorlege, ist der Versuch nicht einer Verlags-, aber einer Verlegergeschichte. Ich möchte, nach einer Skizze über meine Herkunft, von meiner Kindheit und Jugend erzählen, von meiner Prägung durch eine Familie des gebildeten deutschen Bürgertums, in der gelebt wurde wie in anderen Familien auch, in der aber die Lebensmusik bestimmt war von Kunst, Literatur und Musik – durch Leben und Werke der schöpferischen Menschen. Das Verlegerische in meinen Darstellungen wird der Kontrapunkt zum Persönlichen sein, wie auch umgekehrt.

Ich will keine nach Themen und Jahren strikt geordnete Geschichte des von meinem Vater Reinhard Piper im Jahre 1904 in München gegründeten Verlags schreiben, wohl aber über Autoren und Büchereignisse berichten. Darüber hinaus zielt mein Vorhaben in Umrissen und Schwerpunkten auf ein Lebensbild durchaus persönlicher Art. Meine Darstellung wird und muß sich auf eine Auswahl von Ereignissen, Eindrücken und Personen konzentrieren, die in meinem Leben als Verleger eine besondere, vielfach auch fortwirkende Bedeutung gewonnen haben. Dadurch erhält meine Niederschrift zwangsläufig den Charakter partieller »Ungerechtigkeit«.

Die Zahl der Verlegermemoiren ist erstaunlich gering. Aus der Generation nach meinem Vater sind nur die beiden Memoirenbände von Gottfried Bermann Fischer zu nennen, die ein bedeutendes zeitgeschichtliches Dokument sind. Von den schöpferischen Verlegerpersönlichkeiten, die ungefähr der Generation meines Vaters angehörten – wie Samuel Fischer, Albert Langen, Georg Müller, Kurt Wolff, Eugen Diederichs, Anton Kippenberg, Ernst Rowohlt oder Jakob Hegner –, gibt es meines Wissens keine Autobiographien, nur Briefausgaben oder kleinere Schriften. Der Grund ist offensichtlich: Der Verleger steckt sozusagen von morgens bis oft nachts in den nie abreißenden Pflichten, die aus seiner Aufgabe entspringen, ganz da zu sein für die Entdeckung, Veröffentlichung, Durchsetzung und Pflege der Werke, welche die vielen anderen, nämlich die Autoren, geschrieben haben oder zu schreiben im Begriff sind. Diese Autoren können Schriftsteller, Künstler, Gelehrte, Politiker, Forscher oder Abenteurer sein, wichtig ist, daß der Verleger von ihrer Bedeutung überzeugt ist und an ihre Anziehungskraft auf viele Leser glaubt.

Ich entsinne mich, daß mein Vater von Anton Kippenberg noch kurz vor dessen Tod einen sehr melancholischen Brief bekam. Mein Vater hatte ihn gefragt, ob er nicht seine Autobiographie schreiben wolle. Kippenberg, der in seinen späten Jahren schwere persönliche Schicksalsschläge hinnehmen mußte, schrieb: »Lieber Herr Piper, dazu habe ich nicht die Kraft, dazu habe ich nicht mehr den Mut, das kann ich nicht mehr machen.«

Gewiß, der Verleger ist kein Schauspieler, der von der Bühne herunter die Menschen in seinen Bann zieht. Er ist kein Dichter, der sich in der verwandelnden Nach- oder Neugestaltung seiner Erfahrungen und Empfindungen verzehrt. Aber in dem weitgespannten Netz seiner Tätigkeiten mit ihren Siegen und Niederlagen sammelt sich Stoff, der auch für andere Menschen interessant sein kann und deshalb die Darstellung lohnt.

Ich kann mich nicht auf Tagebücher stützen. Heute denke ich, es müßte mir möglich gewesen sein, nach einem interessanten, ergiebigen Autorengespräch, zu Hause, aber auch im Hotel in Wien oder Basel, Paris oder Mailand, vor dem Zubettgehen das Wesentliche in Stichworten festzuhalten. Da ich aber bei meinen Gesprächen im Kopf, wenn auch nicht mit Schreibzeug und Papier, »mitgeschrieben« habe, stehen mir in einem Ausmaß, das mich manchmal verwundert, die Erinnerungen daran zu Gebote. Außerdem kann ich auf den Briefwechsel mit den Autoren aus den Nachkriegsjahrzehnten, den gut vier Jahrzehnten meiner eigentlichen Verlegertätigkeit, zurückgreifen.

Beim Schreiben dieser Erinnerungen steigert sich die mir »erblich« überkommene und durch die eigene Verlegererfahrung noch erhärtete Hochachtung vor dem Autor, der schreibenden Persönlichkeit. Ich darf mich, kraft des Buchunternehmens, dem ich mich hier »verschrieben« habe, zwar nicht als Schriftsteller, also als

15

Mann der die Wirklichkeit verwandelnden Imagination, bezeichnen, wohl aber als Schreiber, der sich täglich der selbst auferlegten Pflicht beugt. Jetzt gilt es, das einsame Geschäft zu vollbringen.

Ich schreibe gegen die Zeit, nicht gegen die Gegenwart, in der wir leben, sondern gegen das beschleunigte Tempo meines persönlichen Zeiterlebens. Durch das Schreiben versuche ich einen Damm zu errichten, der sich dem zu schnell gewordenen Zeitfluß entgegenstemmt. Ich kann dabei den gleichaltrigen Romanisten und Publizisten Werner Ross zitieren, der sagte: »Ich schreibe, also bin ich.« Was ich erlebt, getan, gelernt habe, schreibend in mein heutiges Bewußtsein zu holen reizt mich, erweist sich aber beim Schreiben als nicht leicht zu nehmende Herausforderung. Das mag auch daran liegen, daß ich in einer ganz neuen, für mich ungewohnten Werkstatt zu arbeiten habe. Es ist also ein harter beruflicher Wechsel, zu dem ich mich beordert habe.

Wie schön war es doch, Verleger zu sein, stets auf der Jagd nach dem edlen Wild des neuen Autors, des vielversprechenden Projekts! Wie erfrischend der ständige Wechsel der Aufgaben, der Umgang mit so verschiedenartigen Menschen, wie es Autoren nun einmal sind, das zielgerichtete Hineintauchen in ein neues Manuskript oder in das Exposé für ein noch nicht geschriebenes Buch, die Lektüre der Scout-Berichte aus New York, Paris oder Mailand! Scouts sind die »Pfadfinder«, die an den internationalen Verlagszentren das »Flüstern« eines neuen Romans, eines Essays hören, eines Buchs, das – übersetzt – eine erfolgbringende Zierde für das eigene Programm sein könnte. Auch die kaufmännischen Belange, also die äußeren materiellen Bedingungen, mußten berücksichtigt und mit der Essenz von Sprache und Phantasie in einem Manuskript verbunden werden. Kongresse boten die Möglichkeit zum Austausch von literarisch-intellektuellen und geschäftlichen Informationen. Dazu kamen dann die zumindest anregenden Turbulenzen der weltbedeutenden Frankfurter Buchmesse. Oder es galt, einen neuen Umschlag- oder Layoutentwurf – stirnrunzelnd, vielleicht auch einmal spontan zustimmend – zu begutachten, einen einflußreichen Kritiker zu treffen. In der Summe ihrer Ansprüche können diese Aktivitäten schon einmal an den Nerven des Verlegers zerren. Aber ein Verlegertag mit dem bunten Wechsel dieser Funktionen, diesen Wechselbädern der Empfindungen war doch mehr belebend und erfrischend als kräftezehrend.

Ich hoffe, der Leser wird mir in der nicht streng systematischen Weise meines Vorgehens folgen, in der mehr oder weniger lockeren Verbindung von Fakten und Zusammenhängen, von dem, was »passiert« ist, mit den überwölbenden Aspekten. Der geistig ambitionierte Verleger als »Generalist« will nicht eng festgelegt sein. Der fruchtbare Streit der Ideen – der »liebende Kampf« (Karl Jaspers) – stimuliert. Und während ich streng den täglichen Aufgaben hingegeben war, fühlte ich mich an den Schicksalen und Ausstrahlungen »meiner« Bücher persönlich beteiligt.

München, im Januar 2000   *Klaus Piper*

I. Teil

Heranreifen
in turbulenten
Zeiten

Herkunft und Kindheit

Das Befreiende an der Kunst

Geboren wurde ich 1911 als ältester Sohn von Reinhard und Gertrud Piper, geborene Engling, in München-Schwabing. Sieben Jahre zuvor hatte Reinhard Piper in München seinen Verlag gegründet. Als junger Verleger pflegte er in seiner Wohnung einen Jour fixe mit einfachster Bewirtung zu veranstalten. Bei dieser Gelegenheit hatte er durch gemeinsame Freunde die junge Malerin Gertrud Engling kennengelernt. Sie war von Königsberg nach München gekommen, um an der hiesigen Akademie ihre Malausbildung zu vervollkommnen.

Die Eltern meiner Mutter, August Engling und seine Frau Anna, geborene Apfelbaum, stammten vom Lande. Für August war auf dem elterlichen Hof kein Platz gewesen. Er wurde Soldat und später als Gerichtssekretär in Königsberg in den Justizdienst übernommen. Meine Mutter nahm mich, als ich fünf oder sechs Jahre alt war, einmal zu Besuch zu ihren Eltern mit. Es blieb das einzige Mal, daß ich in Königsberg war. Die lange Bahnfahrt wurde in Berlin unterbrochen, wo wir bei Lotte Tiefenbach logierten, die mit meiner Mutter zusammen in Königsberg das Examen als Zeichenlehrerin gemacht hatte. Die nächste Erinnerung ist die an den Besuch im Königsberger »Gericht«. Wir betraten das mich etwas einschüchternde Justizgebäude und gingen zum Großvater in sein Amtszimmer. In einem hellen Raum zeigte er mir seinen freundlichen Arbeitsplatz und wies mich hin auf die Wände voll von Aktenfaszikeln. Er nahm einen heraus, um mir ein von ihm in seiner schönen

ornamentalen Kanzleischrift gefertigtes Dokument zu
zeigen.

Noch heute rechne ich es meinen Großeltern hoch
an, daß sie ihr einziges Kind aus der Stadt Immanuel
Kants so weit in den deutschen Süden ziehen ließen.
Mein Großvater hatte allerdings sein Einverständnis an
die Bedingung geknüpft, daß seine Tochter sich von der
Königsberger Kunstakademie mit abgeschlossenem Zei-
chenlehrerinnenexamen verabschieden würde. Sie sollte
dadurch immer die Möglichkeit zu einer unabhängigen
Existenz haben. Meine Mutter erzählte: »Schon die Fahrt
von Königsberg nach Berlin, meine erste große Reise,
war für mich aufregend interessant und auch kurzweilig.
Bei mir im Abteil saßen zwei russische Studentinnen, die
auf der ganzen Strecke ununterbrochen redeten, fragten,
redeten und wieder fragten. Es waren zwei Mädchen aus
gutem Hause. Sie sprachen gut Deutsch und führten recht
revolutionäre Reden im Munde. Mir, aus dem soliden preußischen Beamtenhaus, imponierte das, wenn mir auch das
Politische noch fern lag.« Vielleicht gehörten sie zu dem
Typus der eleganten jungen Russinnen, die, ohne mit der
Wimper zu zucken, unter dem abendlichen Seidenmantel
versteckt, eine Bombe mit sich trugen, bereit zum revolutionären Attentat. Auf diese Art jedenfalls wurde Pjotr Sto-
lypin, der Hoffnungsträger für eine Erneuerung und Rettung des alten Zarenreichs, 1911 ermordet.

Mit den Königsberger Großeltern verbrachten wir einmal gemeinsame Sommerferien. Mein Vater hatte in dem
schönen oberbayerischen Dorf Dürrnhausen für sechs
Wochen das Haus eines Malers gemietet. Auch mein Bruder Martin war dabei. Meine Schwester Ulrike war noch
nicht geboren. Großmutter Engling steht mir in ihrer lieb-
anteilnehmenden Art noch heute vor Augen. Großvater
August, in schwarzer Barchentjacke, nahm mich zu einem
ersten Spaziergang mit hinaus und faßte dank seiner länd-

lichen Herkunft das Land rings um uns neugierig-kritisch ins Auge. Als wir an eine schöne große Wiese kamen, der zur Seite ein Bauernhaus lag, kommentierte er seine Eindrücke ein wenig von oben herab: »Also, Klaus, das sieht ja alles recht hübsch aus, aber ich möchte es nicht geschenkt haben.« Diese Worte verblüfften mich etwas. Später erst wurde mir klar, daß der Großvater natürlich die hundertmal so großen landwirtschaftlichen Flächen in seiner ostpreußischen Heimat im Sinn hatte.

Ein Höhepunkt in diesen Ferien war die erste Bergtour meines Lebens. Vater und Großvater nahmen mich mit auf die nahe Benediktenwand. Ich war acht oder neun. Zuerst ging es vom Kloster Benediktbeuern zwischen hohen Bäumen durch Mischwald auf gutem Wege aufwärts. Die Lichtreflexe am Boden, die beim Höhersteigen voller wurden, bezauberten mich. Am meisten aber erfreuten mich die lustig den Waldboden hinablaufenden kleinen Rinnsale. Ich konnte mich über ihr munteres Wesen vor Entzücken kaum fassen, wie berichtet wurde. Die Bäume traten zurück. Der Weg, gut gangbar, wurde zum Steig, schmaler und steiniger. Schließlich ging es recht alpin über Serpentinen, dann steil zum Gipfel mit Kreuz und Gipfelbuch. Das war schon etwas: das neue Erlebnis des Raumes, die Weite des Blicks, zu meinen Füßen das pflanzliche Kleinleben und über dem Gipfel die ruhig kreisenden Bergdohlen. Es war ein Erweckungserlebnis, eine Prägung der Seele, die nie verblaßt ist, wenngleich ich auch das Meer liebe, das ewig ruhend-bewegte. Aber die Sprache der Berge ist noch tiefer in meine Seele gedrungen. Diese Besteigung der Benediktenwand mit ihren immerhin gut 1800 Metern über Meereshöhe war der Auftakt zu nicht wenigen bergsteigerischen Unternehmungen in den späteren Jahren.

Nach dem Tod ihres Mannes lebte die Königsberger Großmutter noch einige Jahre bis zu ihrem Tod bei uns in München. Ich habe sie in Erinnerung als still am Gang des Familienlebens teilnehmende Frau. Aufgehoben bei den Ihren, konnte sie in Würde ihr Leben beenden, ein Modus, der heute selten geworden zu sein scheint.

Auch meine Großeltern väterlicherseits, Otto Piper und seine Frau Sophie, geborene Krüger, stehen mir noch deutlich vor Augen. Beide stammten aus Mecklenburg und hatten sich in Rostock beim Vierhändigspielen am Klavier kennengelernt. Sie hatten in Penzlin gelebt, einem Ackerbürgerstädtchen, in dem mein Großvater Bürgermeister war, ehe sie und mit ihnen mein Vater in den letzten Jahren des 19. Jahrhunderts zunächst nach Konstanz und später nach München zogen.

Während Großmutter Sophie, klein, quicklebendig und immer guter Laune, was mein Vater rühmte, uns Enkeln sehr zugewandt war, gab sich Otto Piper, der Burgenforscher mit seinem langen Bart, recht schweigsam, wenn Enkel ihn besuchen kamen. Mein Vater berichtet, daß sein Vater, als ihm seine Frau einmal in der Hitze eines Gesprächs zurief: »Das ist Unsinn, Otting«, eine Woche lang kein Wort mehr mit ihr sprach. Dabei war Otto Piper einst ein lebhafter Gesellschafter gewesen. In Düsseldorf, als junger Journalist, hatte er im »Malkasten«, obgleich er selbst nicht tanzen konnte, glanzvolle Künstlerfeste organisiert. Er war 1862 als Student auch in München gewesen und schrieb kurz nach der Jahrhundertwende in seinen Erinnerungen: »Die beiden Pinakotheken und das Siegestor lagen noch außerhalb der Stadt auf freiem Felde, und nach dem damaligen ärmlichen Landstädtchen Schwabing... führte ein Weg nur zwischen Korn- und Kartoffelfeldern hin. Der Maximiliansplatz mit seinem heutigen Park war eine Sandwüste, welche als Dult- und Exerzierplatz diente. Die stolze Maximilianstraße wurde erst eben durch ein Gewirr kleiner

Häuser durchbrochen, und das an derselben erbaute Kaffeehaus imponierte den darin nicht verwöhnten Münchnern durch seine Größe und prächtige Ausstattung so, daß es wagen konnte, für die Tasse Mokka einige Kreuzer mehr zu nehmen als die übrigen... Das Reiterstandbild Ludwigs I. war, noch goldig glänzend, eben enthüllt worden, und es war mir begreiflicherweise sehr interessant, einmal einen König, der sonst nach seiner Abdankung meist in Italien lebte, ohne Begleitung an demselben vorübergehen zu sehen.«

Als Kaiser Wilhelm II. die Wiederherstellung der Hohkönigsburg im Elsaß wünschte, wurde Otto Piper als renommierter Burgenexperte um ein Gutachten gebeten. In diesem plädierte er eindeutig für eine Restaurierung aus der Formenwelt und dem Geist der originalen, alten Burganlage. Wilhelm II. hatte aber ganz anderes im Sinn, nämlich eine opernhaft-bombastische Neugestaltung. Am Geist des ursprünglichen Bauwerks war ihm nicht gelegen. Er beauftragte seinen gefälligen Hofarchitekten Bodo Ebhardt mit einem Entwurf nach seinem Geschmack. Otto Piper wurde zur Diskussion auf die Hohkönigsburg gebeten. Dort trug er seine großen Bedenken gegen den Ebhardtschen Entwurf vor. Diese wurden jedoch von Seiner Majestät brüsk abgelehnt, und mein Großvater wurde vom Kaiser ungnädig mit einer »Kopfnuß« verabschiedet: Majestät knipsten ihn unsanft mit den Fingern an den Schädel. Eventuelle monarchische Loyalitätsgefühle im Herzen Otto Pipers, soweit es sie gab, wurden durch den unfreundlichen Vorgang, wie sich denken läßt, nicht gerade gefördert.

Während der späten Jahre wohnten Otto und Sophie Piper in München in der Oettingenstraße, nahe der Isar. An manchen Sonntagen besuchten wir Brüder die Großeltern in ihrer dunklen Parterrewohnung. Ich schauderte ein bißchen, wenn die Ritterrüstungen mit den leeren

Gesichtern mich anstarrten, die der leidenschaftliche Burgenforscher samt Hellebarden und Lanzen im langen Flur seiner Wohnung aufgestellt hatte. Ich erinnere mich dieses Großvaters als eines ernsten, großen Mannes mit langem Bart. Er mochte sich der Lebenswelt der Ritter, die einstmals in »seinen« Burgen gelebt hatten, mystisch verbunden fühlen.

Mein Vater hatte zwei Geschwister: den älteren Bruder Wolfgang und die jüngere Schwester Gertrud. Onkel Wolfgang habe ich in dankbarer Erinnerung, weil er mich – das war einige Jahre nach der Benediktenwand – zu einer schon etwas ernsthafteren Bergbesteigung der Elmauer Halt mitnahm, des mit über 2300 Metern höchsten, aber nicht schwierigsten Gipfels des Wilden Kaisers. Es war das zweite bergsteigerische Initialerlebnis. Der Höhepunkt der Besteigung war, wie es zum Schluß steil und schon recht »ausgesetzt« über einen Schrofenhang auf den Gipfel ging. Onkel Wolfgang war sehr schlank, ja hager. Dadurch begünstigt, pflegte er so rasch aufzusteigen, daß er bei seinen Berggenossen im Alpenverein »die Rennsau« genannt wurde.

Tante Gertrud, auch musikalisch, verwöhnte ihre Neffen gern überreichlich mit Kuchen. Sie las viele Jahre lang für ihren Bruder die Korrekturen im Verlag. Auch ihres Mannes, meines Onkels Ludwig Stern, gedenke ich gern. Im Weltkrieg war er, jüdischer Herkunft, in den vorderen Linien als Feldarzt eingesetzt. Er starb bald nach dem Krieg an den Folgen eines Leidens, das er sich bei dem harten Kriegsdienst für sein deutsches Vaterland zugezogen hatte. Zuletzt hat er noch an einem Sanatorium in Köppern im Taunus als Arzt gewirkt. Dort verbrachte meine Großmutter Sophie ihre letzten Jahre bei ihrer Tochter Gertrud und Schwiegersohn Ludwig. In der Nähe lag die Saalburg, die Rekonstruktion einer Limeslagerfestung.

Sie vermittelte mir früh ein Bild altrömischer Organisation und Macht.

Mein Vater hat in seiner Autobiographie ausführlich und sehr anschaulich über seine mecklenburgische Kindheit und damit über das Elternhaus berichtet. Ich habe hier die Großeltern mit ein paar bescheidenen Linien charakterisiert, da sie alle vier mir lebendig geblieben sind und ich das Kräftefeld ihrer Persönlichkeiten immer wieder spüre, wenn ich an sie denke.

Ich greife noch einmal zurück. Meine Eltern hatten sich gefunden, weil einer am andern die gleichen geistigen und künstlerischen Interessen entdeckte. Für meinen Vater war die Anschauung entscheidend. Hohes Glück für ihn war es, mit einem befreundeten Künstler, zum Beispiel dem Maler und Zeichner Adolf Schinnerer, Blätter aus seiner Sammlung durchzusehen. Das konnten altdeutsche Holzschnitte oder Zeichnungen von Alfred Kubin sein. Sie erfreuten sich dann im Wettbewerb der Eindrücke an dem unerschöpflichen Reiz der Linienkunst. Des Abends vergrub Reinhard Piper sich keineswegs nur am Schreibtisch hinter »seinen« Büchern, er pflegte vielmehr oft seine Neigung zur Musik. Zunächst stand ihm noch kein Flügel, aber ein gutes Klavier zur Verfügung. Martin und mir imponierte es mächtig, wenn Papa am Klavier improvisierte. Wir preßten unsere Ohren an den Resonanzboden an der Rückseite des Instruments. Kaskaden von Akkorden rauschten über uns hinweg. Wir gaben uns dem Rausch der Töne hin. Zweifellos bewirkten diese ersten Hörerlebnisse bei uns Söhnen etwas. Nach kurzen Umwegen über ein Studium der bildenden Kunst wandte Martin sich später hauptberuflich der Musik zu. Auch mich schlug das Klavier für immer in seinen Bann.

Meine Mutter, als Malerin künstlerisch empfindend, gleichzeitig aber auch die rationale Erkenntnis liebend,

hatte gelegentlich kleine abergläubische Anwandlungen.
Dann bemerkte mein Vater liebevoll: »Ja, die alten Pruzzen sind eben erst sehr spät zum Christentum bekehrt
worden. Deshalb ist bei den Ostpreußen einiges Heidnische hängengeblieben.« Eine freundlich-kritische Nekkerei konnte durchaus auch unsere Mutter aussprechen,
wenn sie eine Meinung nicht teilte.

Als Malerin liebte sie den pastosen Farbauftrag der
Meister ihrer Zeit – Max Liebermann, Max Slevogt, Lovis
Corinth –, schöpfte aber aus der Quelle einer ganz persönlichen geistigen Kraft. Meine Mutter war, wie ich berichtete, als Zweiundzwanzigjährige zur Fortsetzung ihres
Malstudiums nach München gekommen. Anfangs glaubte
sie, in dem allzu beherrschenden Grün der bayerischen
Landschaft quasi ertrinken zu müssen. Die fahleren, gebrochenen Farben Ostpreußens mußten erst in ihrem
inneren Auge zurückweichen, ohne daß sie sie aufgab. Leider legte sie aus fast übergroßem Verantwortungsgefühl
gegenüber den Pflichten für Haushalt, Familie und Kinder allzufrüh den Pinsel aus der Hand. Aber sie hat einen
Band mit vielen spontanen, beinahe stenographischen
Zeichnungen aus dem Leben ihrer Kinder hinterlassen.
Späterhin bereitete sie kunstsinnigen Enkelkindern Anregung und Freude, wenn sie ihnen bei einer Ausstellung
im Münchner »Haus der Kunst« nahebrachte, wie Vincent van Gogh oder Max Beckmann mit ihren besonderen
malerischen Mitteln eine neue Wirklichkeit geschaffen
hatten. Was ihr Malerauge sah, konnte sie uns in Worten
vermitteln.

Entscheidend für die Verbindung dieses Mannes mit
dieser Frau – meiner Eltern Reinhard und Gertrud – war
gewesen, daß sie im Grunde schon bei der ersten Begegnung aneinander entdeckt hatten, daß ihnen in Kunst und
Leben dieselben Dinge wichtig waren. Das empfinde ich
heute noch, wenn ich vor dem Porträt meines Vaters stehe,

das meine Mutter 1908/09 in einem Bauerngarten am Inn
gemalt hat. Gewiß kam es durchaus auch einmal zu Aus-
einandersetzungen zwischen unseren Eltern, doch konnte
dadurch die Tragfähigkeit des gemeinsamen Grundes
überhaupt nicht angetastet werden. Nicht eine Sekunde
lang wäre uns Kindern der Gedanke gekommen, daß sich
unsere Eltern trennen könnten. Meine Mutter wäre auf
einer Italienreise gern einmal, unter Opferung einiger
Kirchen und Paläste, für eine Woche nur ans Meer gefahren. Aber sie verzichtete und akzeptierte die so starke kul-
tur- und kunstgeschichtliche Entdeckerlust ihres Mannes.
Bei der praktischen Lebensführung war meine Mutter gelegentlich so sehr auf Vollkommenheit bedacht, daß mein
Vater sachte mit den Worten zu bremsen versuchte: »Man
sieht doch immer wieder, daß du aus der Stadt des kategorischen Imperativs stammst!«

Mein Elternhaus war nicht durch materielle Reichtümer
privilegiert. Aber wir hatten ein gutes, bürgerliches Auskommen. Den Kindern stand, was sie sinnvoll wünschten,
zur Verfügung: Bücher, Noten, Sportgeräte, Musikstun-
den und erste Konzertbesuche. Hinzu kamen Ferien in
Oberbayern, an Ost- und Nordsee, später in den Bergen
von Tirol. Daß wir uns den Eltern unterordneten, war
selbstverständlich; wenn ich, als Ältester, bei Tisch einmal
eine vorwitzige Bemerkung machte, kamen aus dem Mund
des Vaters die Worte: »Dich sticht wohl der Hafer!« Ich litt
nicht darunter. Im Gegenteil, wenn ich mir meine Kindheit und Jugend zurückrufe, erfüllt mich große Dankbarkeit. Für meine Eltern war entscheidender Grundsatz, daß
das Kindsein nicht ein bloßes Durchgangsstadium mit
Blick auf das Erwachsenwerden ist, sondern für jeden Menschen eine Lebensepoche ganz eigener Fülle, mit einer
eigenen gültigen Wirklichkeit. Bezeichnend für diese Ach-
tung vor dem Kindsein war, daß mein Vater kleine, charak-

teristische Äußerungen seiner Kinder aufzeichnete, wie
zum Beispiel diese, die ich mit vier Jahren bei einem Spaziergang mit ihm machte: »Papa, ich kann nicht dich und
die Luft gleichzeitig denken!«

Mein Vater, eine sensible Natur, nahm an menschlichen Schicksalen starken Anteil. Tragisch-Dunkles in unserer persönlichen Umwelt bedrückte ihn außerordentlich. Meine Mutter war widerstandsfähiger. Sie hätte gern
mit ihrem Mann auch gelegentlich darüber gesprochen,
doch entzog er sich. Sie hielt ihm dann vor: »Wenn so
etwas Aufregendes wie das, was ich dir gerade erzählen
wollte, bei Shakespeare stünde, fändest du es großartig!«
Darauf mein Vater: »Das ist eben das Große, Befreiende
an der Kunst, daß sie zu den Abgründen führt, uns aber
doch nicht erbarmungslos direkt in Katastrophe und Tod
hineinstößt.« Daran mußte ich denken, als ich, sehr jung
noch, zum ersten Mal die *Brüder Karamasow* las. Ich war
über die Ermordung des Alten, obwohl er ein Unhold war,
erschüttert, doch hatte mir diese Tragödie des Alten und
seiner Söhne nicht nur unbekannte Bezirke des Schrek-
kens, der Auflehnung und der Verstrickung eröffnet, sondern auch ungeahnte Möglichkeiten zur Überwindung
und Versöhnung gezeigt.

Wir sind privilegiert aufgewachsen; privilegiert durch
die liebevolle, bewußt fördernde, uns Kinder nie in eine
bestimmte Richtung zwingende Zuwendung der Eltern.
Sie waren ihren Kindern gegenüber tolerant, doch nicht
durch allzu bequemes Gewährenlassen. Sie unterstützten
vielmehr die Neigungen der Kinder und erwarteten dafür
auch »Leistungsproben«, zum Beispiel selbstgemalte Bilder oder das Vortragen eingeübter Klavierstücke. Mit solchen Gaben konnten in unseren frühen Jahren auch noch
die Großeltern bedacht werden. Die Großmutter väterlicherseits, Sophie, hatte mir allererste Unterweisung am
Klavier gegeben. Sie ihrerseits hatte Klavierunterricht bei

einer Meisterschülerin von Clara Schumann gehabt. Ich kann mich deshalb – der Leser möge mir verzeihen – als indirekten Schüler Clara Schumanns empfinden.

Wie ich schon erwähnte, hatten sich die Eltern meines Vaters Reinhard Piper in Rostock, in den sechziger Jahren des 19. Jahrhunderts, beim vierhändigen Klavierspiel kennen und lieben gelernt. Als Bürgermeister von Penzlin, einem Städtchen zwischen Neubrandenburg und Neustrelitz, oblag meinem damals noch jungen Großvater auch die Bestellung der Lehrer in seinem Städtchen, und er machte sie gern von einer guten musikalischen Qualifikation der Bewerber abhängig. So konnte er nach seinem Gutdünken ein kleines Orchester zusammenstellen, für das er auch manche Musikstücke selbst komponierte. Er komponierte sogar eine Oper, die in Erfurt aufgeführt wurde. In meinem Besitz befindet sich die Partitur einer schwungvollen von ihm komponierten Sonate für Klavier zu vier Händen. Es ist kein bedeutendes Werk, aber immerhin von vorbrahmsscher Bravour. Aus den Erzählungen meines Vaters erfuhr ich, daß der musikalische Geschmack meines Großvaters konservativer war als der meiner Großmutter. Sie blieb »cupida rerum novarum« bis zuletzt und ging mit bis zu Richard Strauss, während mein Großvater bei Johannes Brahms haltmachte.

Als mein Bruder und ich die Altersschwelle von zehn und zwölf Jahren überschritten hatten, wurden wir oft schon in Konzerte mitgenommen. Es mußten nicht immer »Akademiekonzerte« mit den führenden Orchestern sein. Die »Volkssymphoniekonzerte« unter dem Dirigenten Adolf Mennerich erfüllten durchaus unsere Erwartungen. Opernbesuche fanden dagegen nur sehr selten statt. Die musikalische Vorbereitung geschah dadurch, daß der Vater zum Beispiel Beethovens Vierte, wenn sie auf dem Programm stand, mit einem von uns vierhändig durchnahm. Statt Beethoven konnte es auch Bizets hinreißende *Arlésienne-Suite* sein. Nichts gegen die reichen heutigen Möglichkeiten, sich mit einer CD musikalische Meisterwerke vor dem Konzert oder nachher oder überhaupt einzuverleiben. Um aber in die Struktur eines Symphoniesatzes einzudringen, schon vor dem Konzert den inneren magnetischen Zug vom männlichen Kopfsatz des Werkes über die Versunkenheit des zweiten Satzes, des Adagios, über ein burschikoses Scherzo in die zusammenfassende Entladung des vierten, des Schlußsatzes, zu erleben, also das ganze viersätzige Werk als sich entwickelndes Geschehen, als eine »Geschichte«, gibt es gerade für den jungen Menschen kaum eine so gewinnbringende Methode wie die vierhändig praktizierte Vorbereitung. Dies gilt vielleicht auch gerade deshalb, weil eine vierhändige Klavierbearbeitung einer Bruckner-Symphonie oder gar von Debussys *Prélude à l'après-midi d'un faune* die berauschende und betörende Vielfarbigkeit des Orchesterklangs in keiner Weise bieten kann. Dadurch aber entsteht beim vorbereitenden Hören die Konzentration auf die Form, die Bewegungsenergien im Werk.

Ich bin, beflügelt vom frühen Musikerleben, vorausgeeilt. Zurückkehrend möchte ich an dieser Stelle kurz das Zuhause meiner Kinder- und ersten Jugendjahre beschreiben. Es war eine hoch im vierten Stock gelegene Fünfzimmerwohnung, selbstverständlich in Schwabing. Die Eltern hatten das oberste Stockwerk in der Hiltenspergerstraße gewählt, um möglichst viel Helligkeit in den Räumen zu haben. Mit meinem Bruder bewohnte ich ein geräumiges Schlafzimmer nach Westen hin.

Noch heute fühle ich mich durchwärmt von der Seligkeit der Stunden, in denen ich mich völlig dem Spielen hingab. Bauen und Zeichnen waren für den kleinen Jungen, der noch nicht oder gerade erst zur Schule ging, eine Hauptlust. Herrlich zum Zeichnen mit Buntstiften waren die vom Papa aus dem Verlag mitgebrachten sogenannten Blindbände, Probebände mit unbedrucktem Papier, die zur Bestimmung der richtigen Buchstärke dienten. Fabriken, Bahnhöfe und Brücken waren meine baumeisterlichen Lieblingsobjekte. Papa hatte bei einem geschickten Schreiner handfeste, kräftige Holzklötze anfertigen lassen, mit denen man einen Turm von geradezu schwindelerregender Größe, sagen wir einen Meter dreißig hoch, errichten konnte. Ich weidete mich an der fertigen Gestalt des Werkes, um bald zur infernalischen Tat zu schreiten: Langsam, langsam wurde unten am Boden ein tragendes Teil verrückt und weiter verrückt. Der Turm begann innerlich zu erzittern, schwankte leise, um dann jäh mit Donnergepolter zusammenzubrechen. Es war eine gute Demonstration für das Verständnis der Chaostheorie, die mich viel später als Buchthema sehr beschäftigt hat. Jetzt aber hatte die Lust an der Zerstörung bekommen, was ihr zustand. Die Gestalt des Werkes war dahin, seine Elemente jedoch, die schönen, robusten Klötze, hatten die Zerstörung heil überstanden. Sie schienen, nach einer verständlichen Ruhepause, dem Bauherrn zu sagen: Mach doch etwas Neues mit uns, du ahnst ja gar nicht, was es noch für Möglichkeiten gibt! Und rasch entstand zu ein paar Schienen und Wagen aus dem Märklin-Baukasten ein Bahnhof.

Ein anderes Erinnerungsbruchstück: Ich stand auf einer der Brücken, die über den Schwabinger Bach in den Englischen Garten führen. Ich weiß nicht mehr, ob ich damals schon in der Schule war. Jedenfalls war es ein mystischer Moment: Ich wurde plötzlich, in einer schmerzlich-süßen Stimmung, meines Ichs und der Welt gewahr: »Da stehst du also allein über dem Wasser, unter den hohen, dunklen Bäumen. Es gibt so viele Menschen. Wo hört die Stadt

auf, in der du lebst, und wo die riesige andere Welt? Was
wirst du in ihr erfahren? Was wirst du tun?« Es war tiefe
Unruhe und Erwartung zugleich, auch ein unbestimmtes
Sehnen. Ebenso plötzlich war alles wieder vertraut. Ich
war ja gar nicht weit von meinem Kindermädchen, meinem Zuhause, meinen Spielen und Kinderbüchern entfernt! Die Wärme dieser Gewißheit ging mir durch Seele
und Körper. Später hat sich dieses frühe innere Erlebnis,
wenn auch in großen Abständen, wiederholt. Es war der
Weltschmerz, den ich entdeckt hatte und der mir zugleich
einen sonderbaren Genuß gewährte, in dem Gefühl, daß
ja doch alles »stimmte«.

Auch ein anderes Bild kehrt mir gelegentlich zurück.
Ich muß sechs oder sieben Jahre alt gewesen sein. Wir
machten einen Spaziergang auf das unweit unserer Schwabinger Wohnung gelegene Oberwiesenfeld, und ich sah
dort ein Flugzeug stehen. Es schien mir klein, fast niedlich
wie ein Spielzeug. Man erklärte mir, dies sei ein Kampf-
flugzeug, und es sei so klein, um mit der größtmöglichen
Geschwindigkeit ein feindliches Flugzeug angreifen zu
können. Danach erschien es mir wie ein in bedrohlicher
Ruhe daliegendes Maschineninsekt.

Ein Erlebnis, das mich tief verstörte, ist mir in lasten-
der Erinnerung geblieben. Es waren die Wochen der Räte-
revolution in München 1919. In der Stadt war Unruhe,
die Eltern berichteten von Gewalttaten. Ich schaute müßig
von meinem Aussichtsposten am Fenster unseres brüder-
lichen Schlafzimmers auf die nur einige hundert Meter
entfernten Kasernen. Ein Mann schob sein Fahrrad – die
Straße war sonst menschenleer – wie schutzsuchend dicht
an der Wand der Kaserne entlang. Offensichtlich wollte
er nach rechts in die Winzererstraße einbiegen. Plötzlich
ein kurzes, pfeifendes Geräusch, der Mann riß einen Arm
nach oben und stürzte wie ein Stein zu Boden. Ich ahnte
sofort, daß etwas Entsetzliches passiert war, und wagte

kaum zu atmen. Nach wenigen Minuten schon kamen –
ich weiß nicht mehr, ob Sanitäter oder Soldaten – jedenfalls zwei Männer und trugen den reglos Liegenden davon.
Ich konnte nichts weiter über den Vorgang, der fast lautlos
geschehen war, in Erfahrung bringen.

In Ebersberg, knapp dreißig Kilometer östlich von München, besuchten wir einmal den Musikschriftsteller und
Komponisten Otto Vrieslander. Der Sohn des Hauses, ein
wenig älter als ich, nahm mich und seinen Leiterwagen
mit zu einem nahe gelegenen wohlgeformten Hügel und
erlaubte mir, den Leiterwagen hinaufzuziehen. Ich tat es.
Er nahm oben das Gefährt gnädig aus meinen Händen
entgegen und fuhr dann damit flott, juchhe, hinunter. Ich
lief hinterdrein, denn das Wägelchen war für zwei Buben
zu klein. Das geschah so einige Male. Zu den elterlichen
Herrschaften zurückgekehrt, erzählte ich von dem Erlebnis. »So, du ›durftest‹ den Wagen immer hinaufziehen, bist
aber gar nicht einmal selbst hinuntergesaust?« Da däm-
merte mir, daß ich mich wohl mit einem zu bescheidenen
Anteil am Vergnügen beteiligt hatte. Es war eine kleine
Lehre.

Einen Sommerurlaub verbrachten wir gemeinsam mit
dem Bildhauer Ernst Barlach, der mit Sohn Nikolaus
aus Mecklenburg gekommen war, im ländlichen Gasthof
Englburg bei Tittling mitten im Bayerischen Wald. Wenige Freunde, Stiftersche Stille in den Wäldern. Ernst
Barlach liebte besonders die Granitblöcke am Weg. Mein
Bruder Martin zeichnete, und Barlach meinte freundlich
anerkennend: »Das möchte ich gemacht haben!«

Nikolaus Barlach setzte uns dadurch in Erstaunen – wir
fanden es unheimlich –, daß er in Gräben nach Lurchen
und allerlei Getier forschte. Auf dem Rückweg vom Baden
kamen wir einmal an einem kleinen Waldsee in ein heftiges Gewitter. Ich erkältete mich und lag anschließend
mit einer Lungenentzündung zu Bett. Das Gewitter war so

stark gewesen, daß der durchnäßte Putz der Zimmerdecke
am anderen Tag herunterstürzte und mich im Bett unter
sich begrub, ohne daß ich davon größeren Schaden nahm.
Wegen der Lungenentzündung kam jedoch der umsich-
tige Doktor jeden Tag im Pferdewagen zu seinem Patien-
ten. Die anschließenden Bronchialstörungen waren der
Anlaß zu meinem langen Aufenthalt in Wyk auf Föhr, von
dem ich noch berichten werde.

Einmal, es muß Anfang der zwanziger Jahre gewesen
sein, mietete mein Vater für die Sommerwochen das sehr
schön in Irschenhausen (bei Icking im Isartal) gelegene
Holzhaus, in dem einst das Liebespaar D. H. Lawrence und
Frieda von Richthofen, vielleicht die Lady Chatterley des
Romans, erfüllte sommerliche Wochen verbracht hatten.
Nahe beim Haus waren zwei hohe Buchen, deren Äste so
zweckmäßig gewachsen waren, daß wir die Bäume mit Vergnügen erklimmen konnten.

Zu der Zeit war eben die ins Schwindelerregende auf-
geblähte Mark durch die solidere Rentenmark ersetzt worden. Meines Bruders und mein Taschengeld reduzierte
sich demgemäß nominell von zuletzt fünf Billionen Mark
auf fünf Rentenmark. Für kurze Zeit stieß Hans, der schon
etwas ältere Sohn von Adolf Hammelmann, der Teilhaber
des Verlags war, in Irschenhausen zu uns. Er hatte jugend-
lich-politisches Interesse und gewann mich als Mitarbeiter einer Zeitung, für die wir uns mit Papier und Schreibzeug recht engagierten, deren Lebensdauer aber auf die
gemeinsam verbrachten Ferientage beschränkt blieb. In
einigen Artikeln, die wir zustande brachten, erklärten
wir uns immerhin als entschiedene Gegner von Kaiser
und Zwangsherrschaft, kurz: als Freunde der Freiheit. Ich
denke, daß wir Buben in einer naiv-aufrichtigen Grund-
stimmung dachten, die es schlicht ausschloß, bei Gruppen
oder Bünden mitzutun, in denen militaristisch-natio-
nalistische Suppen gekocht wurden.

Ich will keineswegs die Möglichkeiten geringschätzen, die es jungen Leuten heute erlauben, die aufregendsten, exotischsten Landschaften dieser Erde kennenzulernen. Doch erfüllt es mich mit nicht verblaßter Freude, wenn ich an unsere bescheidenen Ferienorte in den zwanziger Jahren denke. Sommerwochen in einem Bauernhaus bei München, nahe am Wald oder neben einem kleinen warmen Moorsee zu verbringen, das bedeutete hohe Genüsse. Am schönsten waren die ersten Tage, in denen man in dem Gefühl schwelgte, unabsehbar viel Zeit ohne Schulpflichten vor sich zu haben. Wir ließen der Phantasie die Zügel schießen. Einmal baute ich mit meinem Bruder im Tannendunkel ein Gefängnis. Es war zum Teil unterirdisch. Die Gefangenen, Räuber und Delinquenten aus Märchen und Indianergeschichten, waren durch einige etwas heruntergekommene Tannenzapfen verkörpert. Wenn die Dämmerung nahte, flößte uns das selbst errichtete, in den Waldboden gegrabene Verlies doch etwas bängliche Gefühle ein.

Ein andermal waren wir bei Kapitän Frödden auf der Nordseeinsel Amrum, einmal auch in einem Fischerhaus bei Ahrenshoop, das nahe an einem See und einem mit riesigen Farnkräutern durchsetzten Wald lag. Der letzte Ferienort an der See war die kleine ostfriesische Insel Baltrum. Mein Vater fand Baltrum aber entschieden zu klein. Man konnte in maximal drei Stunden um die ganze Insel wandern. Das genügte seinen Wünschen nicht, und er schaltete um auf Ferien im Gebirge. Von da an verbrachten wir die Ferien im österreichisch-alpinen Raum, angefangen mit Mayrhofen im Zillertal bis hin nach Upsteig auf dem Mieminger Plateau.

Schulzeit

Bei den Fräuleins, im »Max« und auf Föhr

Mit sechs Jahren kam ich in die Volksschule. An der Hand des Vaters betrat ich den Turnsaal der Simmernschule, in dem für die Aufnahmeformalitäten vier Pulte wie Schalter nebeneinander aufgestellt waren. Die Lehrkräfte waren alle »Fräuleins«, denn die männlichen Lehrer waren zumeist zum Kriegsdienst eingezogen worden. Man konnte sich nach momentaner Neigung für eine der Lehrerinnen entscheiden, wobei es natürlich auch sehr darauf ankam, daß sie meinem Vater gefiel. Unsere Wahl fiel auf Fräulein Gabelsberger, eine, wie wir wenig später erfuhren, Nichte des berühmten gleichnamigen Erfinders der Stenographie. Fräulein Gabelsberger, mit freundlichem, gutem Gesicht, erwies sich als ausgezeichnete Führerin für den Einstieg des Erstkläßlers in den gar nicht so empfundenen »Ernst des Lebens«.

Mein Bruder und ich wurden in die normale Volksschule, nicht etwa in eine Privatschule geschickt. Mein Vater erklärte uns dazu später: »Ihr sollt in eine Schule gehen, in die Kinder aus allen Arten von Familien gehen. Ihr sollt in der Klasse mit ihnen zusammensein und in den Pausen auf dem Hof mit ihnen spielen. Ihr müßt ja später auch mit Menschen von vielerlei Herkunft gut auskommen.« Viele Kinder aus führender Bürgerschicht gingen in die Ebermayerschule. Ich weiß nicht, ob mein Vater sie »Herrschaftsbobberln« nannte, jedenfalls tat es mein fast zwei Jahre älterer Schulfreund Felix Richter, der mir in manchem voraus war. Das Prinzip der demokratischsozialen Schulwahl wurde von meinen Eltern nicht mehr befolgt, als unsere zwölf beziehungsweise zehn Jahre jüngere Schwester Ulrike in die Schule kam. Sie war im Gegensatz zu ihren älteren Brüdern getauft worden. Vielleicht dachten meine Eltern, nicht zur Kirche zu gehören könne ihr als Mädchen einmal zum Nachteil gereichen. Sie kam auf die Ebermayerschule.

Bald ging ich den zwanzigminütigen Weg zur Simmernschule ohne Begleitung. Ich fühlte mich, soweit ich mir das überhaupt bewußt machte, in den hohen, hellen Klassenzimmern wohl. Das Wohlfühlen dauerte jedoch nicht lange, denn die Schule wurde bald als Lazarett requiriert. Man stand im Jahre 1917. Es war tiefe Kriegszeit. In Andeutungen hörte ich von Materialschlachten. Die deutsche Sache stand militärisch schlecht, und die Verluste nahmen ständig zu. Die Transportzüge, die mit den Verwundeten in der bayerischen Hauptstadt eintrafen, wurden länger und länger. Die meisten Schulen mußten in Lazarette umgewandelt werden. Das bedeutete, daß ich mehrmals in eine andere Schule wechseln mußte. Alle waren aber so günstig in unserem Wohnviertel Schwabing gelegen, daß ich den Schulweg immer in zehn bis fünfzehn Minuten zurücklegen konnte.

Heute noch steht mir der gute, aufgeschlossene Typ von Lehrern, der uns formte, vor Augen. Ich entsinne mich an Lehrer Gehring, der einige Knaben seiner Klasse nachmittags zu sich nach Hause einlud und ihnen Photos von seiner letzten Nordlandreise zeigte. Lehrer Schneider, den wir in der ersten Klasse hatten, war jung und unkonventionell. Er lud uns auf seinen elterlichen Bauernhof in der Nähe von Holzkirchen südlich von München ein und brachte uns die allerersten Schritte auf Skiern bei. Mein Vater bat ihn zum Tee zu uns nach Hause. Die Herren tauschten Erlebnisse aus ihrer jeweiligen Berufsarbeit aus, die für beide eine Berufung war.

Ich sagte schon, daß während meiner Volksschulzeit erst Krieg und dann Revolution war. Das Münchner Straßenbild von damals können sich Menschen späterer Zeit kaum vorstellen: Ausgemergelte Gesichter, vom Krieg verstümmelte Soldaten, hinkende Gestalten mit Triefaugen bestimmten es. Immer mehr Menschen hungerten. Wenn mein Vater auch nicht im Felde stand, so war doch auch bei uns die allgemeine Stimmung schlecht und wurde nach der deutschen Niederlage noch gedrückter. Von Tag zu Tag wurden die lebensnotwendigen Dinge knapper. Ich erinnere mich, daß in dieser Zeit von 1917 bis in den Anfang der zwanziger Jahre täglich eine der beiden Hauptmahlzeiten aus »Dotschen« bestand, Runkelrüben, mit denen normalerweise Schweine gefüttert werden. Unser vom bayerischen Land stammendes Dienstmädchen Anna, mit dem unsere Mutter manchen Strauß über Haushaltsprobleme ausfocht, ging gelegentlich auf dem Land »hamstern« und brachte in bescheidenen Mengen gute Sachen für die Küche mit. Wenig später, 1922, eilte, nein raste die Inflation auf ihren Höhepunkt zu. Die Geldentwertung war so rasant, daß viele Gemeinden ein eigenes Notgeld herausbrachten – meist mit bunten Bildchen hübsch bedruckte kleine Scheine, die ich später sammelte.

Mit zehn Jahren bezog ich das Maximilians-Gymnasium in München-Schwabing. Berühmtester Schüler des »Max« war, neben Max Planck, Werner Heisenberg, aber das erfuhr ich erst viel später. Der Gebäudekomplex beherbergte in zwei durch den Schulhof getrennten Flügeln sowohl das Maximilians- als auch das Alte Real-Gymnasium. Eine unsichtbare Demarkationslinie trennte in den Unterrichtspausen die »Maxler« auf der einen, östlichen Hofhälfte von den »Real-Batzern« auf der anderen. Die beiden Schulvölker blieben eisern unter sich. Aber auch innerhalb des eigenen »Volks« tat man sich eigentlich nur mit den Genossen des eigenen Stamms, das heißt der eigenen Schulklasse, zusammen. Schon der Abstand zu einem älteren Schüler, der nur ein oder zwei Klassen weiter war als man selbst, flößte dem Jüngeren scheuen Respekt ein – ein Soziologe hätte zweifellos auf dem Schulhof interessante Studien machen können.

Ich gehörte zu den besseren Schülern, aber nicht zur kleinen Spitzengruppe der Einserschüler. Da ich auf rationellen Kräfteeinsatz bedacht war, bemühte ich mich, nicht aufzufallen. Die Noten im Zeugnis wurden sehr stark von den Ergebnissen der Schulaufgaben – den jeweils kurz vorher angesagten, in der Klasse schriftlich zu erledigenden Prüfungsaufgaben – bestimmt. Für diese büffelte ich den Stoff am Tag vorher zu Hause, manchmal bis in die Nachtstunden. Die Hauptsache war, daß der fällige Lerninhalt wenigstens am nächsten Tag in der Stunde der Entscheidung saß. Das positiv Erstaunliche ist: Vieles, zum Beispiel das Gerüst der wichtigsten Ereignisse und großen Persönlichkeiten der römischen und griechischen Geschichte, »sitzt« immer noch nach grosso modo siebeneinhalb Jahrzehnten.

Ich möchte noch eine kleine Geschichte erzählen, die mit Mathematik zu tun hat. Mir lag das Fach, einem mir befreundeten Klassenkameraden überhaupt nicht. Es ging um die schicksalsschwere Frage, ob er in die nächsthöhere Klasse versetzt werden würde. Das hing davon ab, ob er in Mathe eine Drei schaffte. Mit dem unschuldigsten Gesichtsausdruck schrieb ich ihm unter der Bank, nachdem die hektographierten Einzelaufgaben verteilt waren, die Lösungen auf ein Blatt. Ich mischte aber zwei oder drei leichte Fehler hinein, denn perfekte Lösungen bei ihm hätten unweigerlich das Mißtrauen des Mathelehrers herausgefordert. Es klappte. Auch er erreichte mit einem knappen Dreier die nächste Klasse!

Zum Ende der Volksschul- und Anfang der Gymnasialzeit hatte ich infolge der bereits erwähnten Lungenentzündung häufig fiebrige Erkältungen. Der Arzt empfahl einen längeren Aufenthalt auf der Nordseeinsel Föhr. Die Sommerferien auf der Insel Amrum wurden daraufhin so eingerichtet, daß die Familie mich am Ende auf Föhr ablieferte und anschließend nach München heimreiste. Das Sanatorium in Wyk auf Föhr war mit einem »Pädagogium« genannten Gymnasium verbunden, ich konnte also weiterhin die Schule besuchen. Die meisten Jungen, die ich antraf, waren schon ein oder zwei Jahre älter als ich. Unter ihnen waren ausgepichte Berliner, deren Keßheit mich etwas einschüchterte, zugleich aber animierte. Eine mir, wie ich meinte, von einem der fixen Jungen angetane Beleidigung führte zur körperlichen Auseinandersetzung. Dabei gelang es mir, den Gegner so lange in den Schwitzkasten zu nehmen, bis er aufgab. Das verbesserte schlagartig meine Position in der Klasse. Das Heimweh, das mich in den ersten Wochen heftig gepackt hatte, ließ stark nach. Mein Gemütszustand war je nach Wetterlage heiter oder etwas melancholisch, vor allem aber tat mir das Klima der Insel gut.

Aus dieser Zeit stammt auch die Erinnerung an einen Fall von »Seenot«. Ein Mensch war draußen in Not geraten, er hatte wohl seine Kräfte überschätzt und war zu weit hinausgeschwommen. Zwei Rettungsschwimmer, muskelstarke Wikingergestalten, holten ihn zurück und schenkten ihm das Leben neu. Ich erlebte es beglückt vom Strand aus mit.

Als Belohnung dafür, daß ich, nicht gerade in der Verbannung, aber eben doch tausend Kilometer von zu Hause entfernt, die neun Monate Seeluftkur durchgestanden hatte, bekam ich zu Weihnachten 1923 von meiner Mutter einen Experimentierbaukasten, genannt *Chemienova*, der bei der Franck'schen Verlagshandlung, Stuttgart, herausgekommen war. Der Kasten löste, nachdem ich entdeckt hatte, was man damit alles bewerkstelligen oder zaubern konnte, eine Flutwelle der Begeisterung in mir aus. Ich lernte Säuren und Basen kennen, die durch das sich entsprechend färbende Lackmuspapier erkennbar waren. Es begeisterte mich, in das Geheimnis der Stoffe, ihre Eigenschaften und Verwandlungen einzudringen. Doch will ich von meiner Neigung zur Chemie an anderer Stelle berichten.

Das »Max« blieb für mich immer ein Beispiel für die »liberalitas bavarica«. Die Schule in der bayerischen Landeshauptstadt war natürlicherweise bayerisch-katholisch geprägt, wenngleich Schüler der verschiedenen Konfessionen sie besuchten. Mein Bruder Martin und ich waren in den Schülerlisten als »freireligiös« oder »konfessionslos« geführt. Der Grund war, daß mein Vater, obwohl Abkömmling mecklenburgischer Pastoren, ebenso wie schon sein Vater sich der Kirche entfremdet hatte. Wir nahmen also nicht am Religionsunterricht teil, sondern verbrachten die Freistunden mit zwei jüdischen Mitschülern in lebhaften Gesprächen. Wir haben jedoch nicht ein einziges Mal in den neun Jahren der Schulzeit auch nur den kleinsten Nachteil durch unseren konfessionslosen Status gehabt.

Mein Vater gab mir in seinen späteren Jahren einmal Notizen zu lesen, in denen er festgehalten hatte, warum er seine beiden Söhne Klaus und Martin nicht hatte taufen lassen. Der entscheidende Punkt in diesen Notizen, die ich hier dem Sinn nach zitiere, war: »Wie kann ich meine unschuldigen Kinder dem Dogma der Erbsünde ausliefern, einer Schuldigsprechung jedes Menschen, bevor er überhaupt zu leben angefangen hat?« Nachdem ich dies gelesen hatte, fragte ich meinen Vater, ob es nicht vielleicht doch besser gewesen wäre, wenn er uns ruhig hätte taufen und den Religionsunterricht mitmachen lassen. Wir

hätten uns dann später, reifer geworden, frei entscheiden
können, ob wir in der Kirche bleiben oder sie verlassen
wollten. Dabei war und bleibt mir das Dogma – als Glau-
benssatz von Gesetzesstrenge – fremd. Aber lassen wir eine
Glaubenspflicht beiseite. Mein Christus bleibt der, der in
Dostojewskis *Brüdern Karamasow* dem Großinquisitor begegnet.

Ich machte meinem Vater bei diesem Gespräch keineswegs Vorhaltungen. Ich wollte nur verstehen und Klarheit
gewinnen. Dabei sagte ich bereits, daß ich im Geistigen
durch meinen Schulstatus als »Freireligiöser« eigentlich
kaum etwas versäumt hatte. Denn die großen Figuren
und Inhalte der biblischen Geschichte waren mir nach
und nach durch Kunstfahrten, durch Bildbetrachtung
und Lektüre, auch häusliche Gespräche natürlich, schon
nähergerückt, da ich nun einmal in der christlich gepräg-
ten Welt Europa-Deutschlands aufgewachsen bin. Aber
das Manko war, und darin stimmte mir mein Vater zu,
als wir später noch einmal über seine Entscheidung sprachen, daß meine Kenntnis dieser Gestalten und Ereignisse, ihrer Worte und Botschaften in gewisser Weise un-
ordentlich und lückenhaft geblieben ist. Ich mußte und
muß bis heute nachholen, was ich im regulären Religionsunterricht als junger Mensch quasi automatisch in mich
aufgenommen hätte.

Mit der Frage nach Gott habe ich mich, wie viele Millionen andere auch, immer wieder auseinandergesetzt, habe
sie aber im Haushalt meiner Gedanken und Empfindungen in respektvoll-freundlicher Distanz gehalten. Als Er-
wachsener ließ ich mich gegen Ende des Zweiten Weltkriegs, obwohl mich die universale Welt des Katholizismus
anzog, evangelisch taufen. Es schien mir richtig, mich
in einer Zeit der politisch-moralischen Verwüstung in
die überlieferte religiöse Institution einzureihen, und ich
wählte – viele meiner väterlichen mecklenburgischen

Vorfahren waren Pastoren gewesen – das mir familienge-schichtlich doch näherliegende »Kleid« des evangelischen Bekenntnisses. Die Fragen und Aporien von Glauben und Philosophie haben mich intensiv schon als Schüler und dann mein Leben lang beschäftigt. Das »Hinter-die-Dinge-kommen-Wollen« hat später im Programm des Piper Verlags vielfache Auswirkungen gehabt.

Es waren reiche und bewegte neun Jahre, 1921 bis 1930, die ich auf dem »Max« verbrachte. Wie ich schon erwähnte, hatte ich recht gut die Technik raus, mit verhältnismäßig geringem Arbeitsaufwand dennoch die für ein reibungs-loses Weiterkommen durch die Klassen erwarteten Lei-stungen zu erbringen.

Unser Naturkundelehrer war Berliner, was an seinem Sprachstil unzweifelhaft zu erkennen war. Als er uns ein-mal einen Einblick in die biologischen Grundlagen der gefährlichen Tropenkrankheiten gab, beschloß er seine Ausführungen mit einem Satz, der mir noch heute in den Ohren klingt: »Merkt euch: Die Wirkung der Tsetseflieje ist unjeheuer!!« Vielleicht stimulierte Dr. Günther mit sei-ner eindringlichen Warnung die am Ende erfolgreichen Bemühungen der Forscher, die Schlafkrankheit, Geißel der Menschen in vielen Ländern Afrikas, zu besiegen.

Im Turnunterricht kam es einmal zu einem disziplina-rischen Eklat. In meiner Klasse war ein klavierbegabter Mitschüler, Hans Arndt. Man wußte, daß er dem Klavier herzlich und mit Leidenschaft ergeben war, jeder sah aber, daß ihm turnerische Ambitionen an Reck oder Barren durchaus fremd waren. Arndt hing dann in erbarmungs-würdiger Weise am Gerät. Nun, in jener ominösen Turn-stunde waren Übungen am Reck fällig, diesmal jedoch mit mäßigem Schwierigkeitsgrad. Leider mußte die Stunde ohne Arndt beginnen. Er war nicht da. Professor Kirschner (Lehrer an höheren Schulen hießen damals immer Profes-

45

sor) war zunehmend ungeduldig geworden. Schließlich, mit etwa zwanzig Minuten Verspätung, erschien Arndt. Mit wenig bußfertiger Miene stellte er sich vor den Lehrer und sagte:»Entschuldigen Sie, Herr Professor, daß ich zu spät gekommen bin. Ich gehe dafür auch wieder früher.« Wir erstarrten, halb in Bewunderung vor so viel kühner Frechheit, halb ängstlich. Darauf der Lehrer:»Das ist eine Frechheit, Sie Musikschwein. Eine Stunde Arrest!« Arndt nahm das Urteil ohne sichtbare Bewegung entgegen (ich glaube mich allerdings an ein verstecktes ironisches Grinsen zu erinnern). Einige Jahre später bei einer Jahresschlußfeier im Gymnasium glänzte er in seiner Welt: Er »legte« die *Händel-Variationen* von Brahms – ein Werk, das an den Pianisten schon höchste Ansprüche stellt – glanzvoll »hin«.

Ich sagte bereits, daß das »Max«, gerade auch in jenen Jahren der unglücklichen, so unglaublich schnell gescheiterten Weimarer Republik, eine bayerisch-katholisch-konservative Prägung hatte. Um den Geist des Gymnasiums zu charakterisieren: Disziplin und Ordnung mußten sein, die Schüler respektierten das. In Maßen schlugen wir auch schon mal über die Stränge. Der herrschende Geist war tolerant. Eine gewisse Grundgegnerschaft zwischen Schüler und Lehrer liegt in der Natur der Institution Schule. Daß der Schüler von Lampenfieber erfaßt wird, wenn er unerwartet »drankommt«, halte ich eher für ein gutes Symptom eines sinnvollen Unterrichts. Lampenfieber spricht, wenn es nicht gerade dem Bewußtsein ungenügenden Könnens entspringt, für den Respekt des Schülers, des Redners oder des Menschen überhaupt vor den Mitmenschen, der »Welt«. Der um die Wende vom 19. zum 20. Jahrhundert sehr berühmte Pianist Eugen d'Albert antwortete, als ihn eine Verehrerin fragte:»Meister, sind Sie allein auf dem Podium vor tausend Zuhörern nicht aufgeregt?«, lapidar: »Das Lampenfieber, Gnädigste, ist der beste Teil des Künstlers.«

Doch zurück zu der Frage nach der Art des politischen Denkens. Im Gymnasium wurden Jahresschlußreden gehalten mit starken deutschen und nationalen Tönen. Aber es waren keine pränazistischen Reden. Der politische Blick war zwar blockiert durch die überkommenen Maßstäbe, durch das deutsch-patriotische Muster. Das gab es, das war in vielen bürgerlichen Familien, nicht nur bei Deutschlehrern, noch an der Tagesordnung. Ich kann mich aber nicht erinnern, persönlich einen Lehrer (oder überhaupt einen deutschen Erwachsenen) in jenen Jahren des Hitlerante-portas erlebt zu haben, der pro- oder pränazistisch gewesen wäre.

Ebenfalls in meine Schulzeit datiere ich folgende Erinnerung: Der mit meinem Vater befreundete Tim Klein, Theaterkritiker und Redakteur der *Münchner Neuesten Nachrichten*, hatte davon gehört, daß im Zirkus Krone ein revolutionärer Politiker, den man kennenlernen müsse, sprechen werde. Man sagte dem Mann Charisma nach und daß er davon besessen sei, ein mächtiges neues Deutschland zu schaffen. Er wurde als geistig primitiv, aber höchst gefährlich eingeschätzt. Klein und mein Vater gingen hin und kamen nachher gemeinsam zum Tee zu uns nach Hause. Ich erinnere mich, daß mein Vater sagte: »Das ist ein Untermensch!« Es war natürlich Hitler, von dem die Rede war.

In der sechsten oder siebten Klasse, ich war fünfzehn oder sechzehn, hatte ich einen Deutschlehrer, der aus seiner Abneigung gegen »weiche«, demokratische Liberalität kein Hehl machte. So belustigte er sich in einer Deutschstunde auf Kosten von Gustav Stresemann, des, so sagte er wörtlich, »Stresemännekens«. Ich empfand dieses abwertende Gerede als ungerecht und meldete mich mit den

Worten: »Herr Professor, ich möchte Sie darauf aufmerksam machen, daß Außenminister Stresemann nicht gesund ist und seine äußerste Kraft eingespannt hat, um für Deutschland Nützliches herauszuholen. Ich halte Stresemann für einen Patrioten.« Durch Gespräche mit einem etwas älteren Freund, aber auch durch eigenes politisches Interesse war ich informiert. Der Lehrer verübelte mir die vorlaute Äußerung und verdonnerte mich dazu, die erste Hälfte von Schillers *Glocke* innerhalb einer Woche auswendig zu lernen. Eine merkwürdige Strafe. Aber der Strafende wußte, daß das Auswendiglernen von Gedichten nicht meine Stärke war.

Ein anderes Erlebnis hat zwar nichts mit der Schule zu tun, fällt aber gleichwohl in den Beginn meiner Gymnasiastenzeit. Die Deutschland auferlegten Kontributionen liefen an. Spektakulär war dabei die Rückgabe von Matthias Grünewalds *Isenheimer Altar.* Das Bild war nach dem deutschen Sieg über Frankreich 1871 von seinem Standort Colmar nach Deutschland in die Alte Pinakothek in München gebracht worden. Nun waren es Völkerscharen, die das unerhörte Bild vor der Rückgabe noch einmal in München sehen wollten. Als ich es viel später im Unterlindenmuseum zu Colmar wiedersah, hat mich seine Glut, seine visionäre Kraft in noch stärkerer Weise berührt als damals in München vor sieben Jahrzehnten: Es ist mir in die Seele gedrungen. Kein anderes Kunstwerk hat für mich die ekstatische Schönheit und diesseitig-jenseitige Wahrheit des *Isenheimer Altars* erreicht.

Mit diesem Werk verbindet mich jedoch auch noch eine andere Erinnerung. 1919 war von dem Kunsthistoriker Oskar Hagen die erste Monographie über Grünewald erschienen. Hagen, der Jahrzehnte an der University of Wisconsin in Madison gewirkt hatte, besuchte mich kurz nach dem Tod meines Vaters 1953 auf einer Deutschlandreise

48

in München. Kurz nach Kriegsende hatte ich, als ich mich um die Verlagslizenz für den Piper Verlag bemühte, mit seinem Sohn verhandelt. Dieser war Angehöriger der Kulturabteilung des Military Government in München und erwies sich als sehr verständnisvoll. Er empfahl mich seiner Schwester Ute Hagen, die in den Vereinigten Staaten eine berühmte Schauspielerin geworden war. Jahre später lud sie meine zweite Frau Elisabeth und mich ein, sie in einem berühmten New Yorker Theater als Protagonistin in Edward Albees Stück *Who's Afraid of Virginia Woolf?* zu sehen. Nach der zeitlichen Konstellation könnte es sogar die New Yorker Premiere gewesen sein. Im Theater herrschte hohe Feststimmung. Nach der Vorstellung trafen wir uns, wenn ich mich recht erinnere, im Premierenlokal »Sardey's«. Wir saßen bereits am reservierten Tisch, da kam Ute Hagen wie eine Fürstin mit offenen Armen auf uns zu, mit den stürmisch-herzlichen Worten: »Nun, wie hat's Ihnen gefallen? Ich sah Sie ja auf Ihren Plätzen und dachte mir einmal, als es ganz furios zuging: ob dies jetzt wohl die Pipers von den Stühlen reißen wird?« In der Tat, wir waren hingerissen.

Anlagen und Interessen
Von Baulust, Knallgas, Klavierspiel und Schopenhauer

Die Vielseitigkeit meiner geistigen Interessen ist wohl durch die verschiedenartigen Neigungen meiner Vorfahren auf mich gekommen. Sie waren in Ostpreußen Bauern und Beamte, in Mecklenburg Pastoren und Juristen. Von den Talenten meiner Eltern berichtete ich schon, besonders auch von der Rolle, welche die Musik in der Familie spielte. Mein Vater war aber auch Kunstsammler und in hohem Maße der Literatur zugetan. Er wußte schon in ganz jungen Jahren, daß er, leidenschaftlicher Leser, später selbst mit Büchern handeln, besser noch: Bücher machen wollte. Er hat davon in seinen Lebenserinnerungen *Vormittag* und *Nachmittag* berichtet.

Von beiden Eltern habe ich die Lust an der Anschauung geerbt. Vom Vater kommt mir der Wirkungswille. Das analytische Interesse, das Bedürfnis, »hinter die Dinge« zu sehen, Zusammenhängen nachzuspüren, verdanke ich besonders meiner Mutter. Sie war wissensdurstig und in der »Töchterschule« des kleinen ostpreußischen Städtchens die Klassenbeste gewesen.

Früh schon hatte ich den ersten Klavierunterricht bei meiner Großmutter Sophie Piper bekommen, dann bei der Klavierlehrerin Fräulein Holle und schließlich bei dem ernstzunehmenden Lehrer Wilfried A. H. Reddelin. Er ermunterte meinen Bruder und mich, viel »querbeet« zu spielen und ruhig auch Sachen zu probieren, die eigentlich für uns zu schwer waren. Wir würden dann zu guten Vom-Blatt-Spielern werden, und das sei sehr wichtig. Nach dem eigentlichen harten Übungspensum durfte man sich selbst belohnen und den Wonnen eines Schubert-Impromptus oder eines Nocturnes von Chopin hingeben.

Gutes Vom-Blatt-Spielen ist für den Berufspianisten quasi selbstverständlich. Aber auch für den, der nur Liebhaber des Klaviers ist, bedeutet es eine große Erweiterung seiner pianistischen Glücksmöglichkeiten, wenn er sich als Spieler nicht auf einen kleinen Bereich eintrainierter Stücke beschränken muß, sondern sich in der einzigartig reichen Klavierliteratur frei bewegen kann. Franz Liszt, ein Gigant des Klaviers, konnte mit dieser Fertigkeit selbst Edvard Grieg in Erstaunen versetzen, als dieser ihn in Weimar besuchte und ihm die frisch geschriebene Partitur seines a-Moll-Konzerts auf das Notenpult legte. Liszt – so wird überliefert – habe, ohne einen Moment zu zögern, das ihm bis zu diesem Augenblick völlig unbekannte Werk mit einer solchen Kraft und Schönheit und mit vollendeter Sicherheit gespielt, daß der zuhörende Komponist schlechthin überwältigt gewesen sei.

Die Musik hatte also früh ihren festen Platz in meinem Leben. Die Lust am Bauen vergaß ich rasch, als die Chemiephase einsetzte. Der Experimentierkasten war der Auslöser. Mein Vater, dem die Naturwissenschaften fernlagen, widersetzte sich dieser meiner Neigung nicht, sondern förderte sie sogar. Er gab mir Extrataschengeld, damit ich mir im Spezialgeschäft an der Technischen Hochschule zur Ergänzung meines Experimentierkastens weitere Geräte, Reagenzgläser, Verbindungsstücke für Glaskolben und anderes kaufen konnte. Da es an meinem humanistischen Gymnasium das Fach Chemie nicht gab, engagierte er über eine Anzeige in den *Münchner Neuesten Nachrichten* einen Studenten, der den »aufgeweckten Knaben«, wie es in der kleinen Anzeige geheißen hatte, in die Grundlagen der Chemie einführen sollte. Der gesuchte Student wurde gefunden. Er kam zweimal in der Woche und bewährte sich durch sein Geschick und Engagement.

Die Natur der chemischen Prozesse faszinierte mich: ihre Dynamik, die Synthesen, die Verwandlungen, Farben und Strukturen, die ganze reiche Welt der Erscheinungen, von denen ein etwas unbedarfter Klassenkamerad, dem ich von meinem Tun erzählte, meinte, was ich da mache, sei doch wohl im Grunde nur eine Art gehobener Kochkunst.

Bei den erforderlichen bescheidenen technischen Zurichtungen für die Experimente half mir mein Klassenkamerad Rolf Zenneck, Sohn des Experimentalphysikers und Professors an der Technischen Hochschule in München Jonathan Zenneck. Ich besuchte Rolf gern dann und wann in der schönen Wohnung seiner Eltern nahe dem Englischen Garten. Wenn Vater Zenneck zu Hause war, erzählte er uns manchmal aus seinem Leben. Er war als eines von – ich glaube – acht Kindern eines württembergischen evangelischen Landpfarrers aufgewachsen. Bei so vielen Kindern mußte eisern gerechnet werden, doch alle erhielten, so erzählte Professor Zenneck, die rechte Förderung und Zuwendung. Er selbst verschrieb sich der Physik und brachte es zum technischen Direktor der Badischen Anilin- und Soda-Fabrik (BASF). Das war eine sehr interessante, vielseitige und hochbezahlte Position. Als er aber nach Jahren einen Ruf an die Technische Hochschule in Danzig erhielt, konnte er, obwohl das Professorengehalt nur die Hälfte der Ludwigshafener Bezüge betrug, diesem Angebot nicht widerstehen. Forschen und Lehren, das hatte seinen innersten Wünschen doch am meisten entsprochen. Übrigens erklärte er, daß er als Studenten lieber Abiturienten vom humanistischen Gymnasium als solche vom Realgymnasium habe. Die Humanisten träten, gerade weil ihre physikalischen Vorkenntnisse geringer seien als die der »Realisten«, dem Neuen, das auf sie zukomme, meist unbefangener und damit produktiver gegenüber als manche auf ihr größeres physikalisches Vorwissen stolze Kollegen vom Realgymnasium. Von Danzig wechselte Jonathan Zenneck dann zur Technischen Hochschule (heute wie überall Technische Universität genannt) nach München. Mein Schulfreund Rolf Zenneck wurde ebenfalls Physiker und als solcher leitender wissenschaftlicher Mitarbeiter beim Elektrokonzern Siemens.

In die Zeit meiner Chemiepassion fielen auch regelmäßige Besuche im Deutschen Museum. Ich konnte dort stundenlang verweilen, betrachtete mir auch gedankenvoll die Porträts der Großen »meines« Fachs.

Bei den heimischen Experimenten ging einmal etwas daneben. Wir wollten Knallgas erzeugen, und zwar kontrolliert erzeugen, und es beim Austritt aus einem langen Glasrohr entzünden. Unsere Versuchsanordnung schien zu funktionieren, doch plötzlich, wahrhaft vorzeitig, ein scharfer Knall, Stücke des Kolbens flogen in allen Richtungen durchs Zimmer. Ein gottlob kleines Glasstück hatte Rolf nur ein paar Zentimeter über dem rechten Auge getroffen. Ein entsetzlicher Schreck und dann ein Aufatmen, weil nichts Schlimmes passiert war. Ich weiß nicht, was wir mit der an sich einfachen Versuchsanordnung falsch gemacht hatten. Jedenfalls veranlaßte uns der Vorfall, bei den chemisch-physikalischen Versuchen in Zukunft dreifache Vorsicht walten zu lassen.

Wenn ich nicht Naturwissenschaftler wurde, dann deshalb, weil ich nach meinem fünfzehnten oder sechzehnten Jahr mehr und mehr in der »angestammten« Welt von Literatur und Kunst lebte und mich zunehmend auch Politik und Zeitgeschichte interessierten. Ich habe oft darüber nachgedacht, wie die beiden Welten – einerseits die Beschäftigung mit den Gesetzen und Phänomenen der Naturwissenschaft und andererseits die schöpferisch-individuelle Herstellung des Kunstwerks durch den

Menschen – sich zueinander verhalten. Die Horizonte der beiden Welten sind unermeßlich. Der fundamentale Unterschied scheint mir zu sein: Die aus einer tiefen, gefaßten Wehmut stammende Schönheit eines Impromptus von Schubert oder den männlichen Zauber eines Intermezzos von Brahms würde es so nicht geben, wenn die schöpferischen Menschen Schubert und Brahms nicht gelebt hätten. Ebenso verhält es sich mit einem Gedicht von Ingeborg Bachmann oder einem Porträt von Max Beckmann. Die großen Taten der Wissenschaft aber sind zu ihrer Zeit einfach fällig gewesen. Die Gravitationsgesetze wären auch ohne Galilei und Newton, die Unschärferelation auch ohne Heisenberg entdeckt beziehungsweise konzipiert worden. Oder ist das zu oberflächlich gesehen? Bedürfen nicht die großen schöpferischen Leistungen in beiden Lagern der menschlichen Genialität, der intuitiven Kraft des einzelnen?

Inzwischen hatte mir das Klavier eine Welt erschlossen, die in meinem Innern mindestens den gleichen Rang wie die Naturwissenschaften erreicht hatte und keinesfalls eine Gegenposition bildete. Wir wissen aus vielen Beispielen, daß sich im empfindenden Gemüt des Menschen musikalische und naturwissenschaftlich-mathematische Strukturen oft als seinsverwandt erweisen. Ich möchte in diesem Zusammenhang hinweisen auf die wunderbare deutsche Übersetzung, die Karl Popper in seiner Autobiographie *Ausgangspunkte* von einer Stelle aus Keplers Schrift über die Musik der Himmelskörper vorgelegt hat. Sie sei hier wiedergegeben, nicht nur wegen ihrer Einzigartigkeit, sondern auch weil diese Sätze vielleicht das Schönste sind, was ich überhaupt über Musik in der Weltliteratur gefunden habe.

»So sind die Bewegungen der himmlischen Körper nichts anderes als ein ewiges Konzert; ein Wohlklang, der vernünftig ist und nicht hörbar und tönend. Sie bewegen sich durch die Spannungen der Dissonanzen, die ähnlich wirken wie die Synkopen oder die Vorhalte mit ihren Auflösungen (durch die die Menschen die Dissonanzen der Natur nachahmen). So erreichen sie mit Sicherheit ihre vorausbestimmten Kadenzen, die je sechs Elemente enthalten – wie ein Akkord, der aus sechs Stimmen entsteht. Und in dieser Weise rhythmisieren und artikulieren sie die Unendlichkeit der Zeit. Kein Wunder ist schöner oder erhabener als die Regeln, nach denen man zusammen in Harmonien singt, in mehreren Stimmen; eine Kunst, die in der Antike unbekannt war, die aber endlich entdeckt wurde vom Menschen, dem Abbild und Nachahmer des Schöpfers; so daß er durch den kunstvollen Zusammenklang von mehreren Stimmen in einem kleinen Teil einer Stunde ein Bild der zeitlichen Ewigkeit der Welt spielend hervorzaubern kann. So kann er durch die Musik, das Echo Gottes, in süßester Seligkeit fast jene Zufriedenheit kosten, die Gott, der Schöpfer, in seinem eigenen Werke findet.«

Ich berichtete schon davon, wie unser Vater mit uns die Klavierauszüge der Stücke, die auf dem Programm des jeweils nächsten Konzerts standen, durchnahm. Das war die denkbar beste Vorbereitung auf die Abende in der »Tonhalle« oder im »Odeon« und ermöglichte uns, die Musik mit tieferem Verständnis anzuhören. Mein Bruder Martin wurde, wie ich schon erzählte, Pianist und war viele Jahre hindurch ein von seinen Schülern sehr geschätzter Klavierprofessor an der Münchner Musikhochschule. Mir wurde das Klavier bis zum heutigen Tag ein unentbehrlicher Glücksspender.

Endlich muß aber auch die Rede sein von der Literatur. Lesen, lesen – das hat mein Leben nicht nur begleitet, nein, gefüllt. Eh und je und bis heute. Von Karl May las

ich nur wenig, einiges aber mit großer Hingabe. Es sind
mit literarischer Prägung nacherzählte Indianergeschichten. Die Geschichten des amerikanischen Pioniers *Leder-
strumpf*, geschrieben von dem in Amerika aufgewachsenen
James Fenimore Cooper, las ich in der sehr eindrucksvoll
von Max Slevogt illustrierten Ausgabe. Ein anderes sehr
spannendes Buch, an das ich mich erinnere, war eine
Nacherzählung der Eroberung von Mexiko durch Cortés.

Meine Deutsche-Museums-Epoche hatte, als ich auf die
fünfzehn, sechzehn Jahre zuging, ihren Höhepunkt überschritten. Zu der Zeit entdeckte ich Fjodor Dostojewski.
Das war zumindest äußerlich sehr leicht für mich, denn
die große deutsche Dostojewski-Ausgabe, eine verlegerische Großtat meines Vaters, lag zu Hause bereit. Zugleich
fesselten mich Wilhelm Hauff, E.T.A. Hoffmann, Joseph
Conrad und Thomas Mann. Ich empfand dabei immer
wieder, daß verborgene Brücken die Kontinente Kunst
und Naturwissenschaften verbinden.

In der Bibliothek meines Vaters waren die stattlichen,
schwarzgebundenen Bände der von ihm verlegten großen,
historisch-kritischen Deussen/Hübscher-Gesamtausgabe
der Werke Arthur Schopenhauers nicht zu übersehen. Ich
ließ mich nicht so sehr wie mein Vater von Schopenhauers
grauschwarzem Pessimismus beeindrucken, wie es bei ihm
in starkem Maße der Fall war. Bis heute aber ist für mich
die Aussage im Titel seines Hauptwerks *Die Welt als Wille
und Vorstellung* ein Leitsatz der Erkenntnis geblieben. Der
Mensch erfährt die Welt, die Zustände und Verhältnisse,
die anderen Menschen, an sich selbst. Das, was vergangen
ist und was er plant, hofft oder fürchtet, sieht er in tausend
inneren Bildern vor sich: Es ist seine Vorstellung. Diese
Vorstellung wäre aber blind, unfruchtbar wie eine taube
Nuß, wenn er nicht neben seiner Vorstellungskraft über
den Willen als den vitalen inneren Motor seines Lebens

verfügte. – Karl Jaspers hat übrigens Schopenhauer nur den Rang eines bedeutenden Schriftstellers zugebilligt, nicht aber den eines großen Philosophen.

Alles in allem war ich gut vorbereitet, als mein Vater mich kurz vor dem Abitur auf einen Spaziergang im Ebersberger Forst mitnahm und die schicksalsschwere Frage an mich richtete, ob ich Verleger werden wolle. Ohne zu zögern, sagte ich ja.

Lehrjahre

Musik mit Münchs, Jaspers-Initialzündung,
Paris und Wiener Theater

Nur sechs oder sieben Gehminuten von uns entfernt, nahe dem heute noch existierenden Luitpoldpark, wohnten Münchs in der Hiltenspergerstraße. Die beiden Söhne waren in unserer Schule, dem Max-Gymnasium, und durch sie wurden wir im Hause Münch eingeführt, in dem Musik eine bedeutende Rolle spielte. Gottfried Münch, von uns »der alte Münch« genannt, war ein hervorragender Geiger. Er hatte sich in seiner Jugend dem Wunsch seines Vaters gefügt, einen soliden, sicheren Beruf zu ergreifen. So war er Jurist und schließlich Direktor der Rückversicherung geworden. Hans, der ältere der Söhne, spielte Cello. Mit Leidenschaft wurden Sonaten und Trios geübt und aufgeführt. Das Programm bestand meist aus drei Sonaten; dabei herrschte strenge Disziplin. Hernach gab es bunte, anregende Gespräche. Die Münchs stammten aus dem Elsaß, was zu einer schönen Symbiose von französischem Lebensgenuß und, wie soll ich es formulieren, dem Streben nach deutscher Ausdruckstiefe führte.

Die Münchs führten ein gastliches Haus. Ganz selbstverständlich wurden wir Freunde der Söhne und dazu noch unsere Freunde Felix Richter und seine spätere Frau Marianne Rech mit eingeladen, wenn es einen geselligen Abend mit Erwachsenen gab. So lernten wir, unsererseits natürlich in stummem Respekt, bei Münchs Hans Pfitzner kennen und auch andere Musiker, von denen uns mancher gern ins Gespräch mit einbezog. An einem solchen Abend, aber auch, wenn wir nur ganz »unter uns« waren, spendierte der alte Münch auch einmal einen

seiner allerkostbarsten elsässischen Mirabells. Mußte er
zu einem wichtigen Telephonat in den oberen Stock,
machte er rasch, bevor wir seinen Blicken entschwunden
waren, eine Bleistiftmarkierung an der Mirabellflasche
und kam später mit drohendem Gesichtsausdruck herunter: »Hat jemand von euch an der Markierung radiert?«
Diese Vorsichtsmaßnahme fand aber vor allem vor dem
Beginn unseres Musizierens statt. Denn natürlich – auch
der beste Mirabell fördert nicht unbedingt die Treffsicher-
heit bei einer delikaten Mozart-Stelle. Deshalb also die
strenge Regel: Mirabell oder auch ein »Sandkraut« von
der Mosel erst nach der Coda des letzten gespielten Stücks.

Kleine freundliche Gesten, die man empfängt, bleiben
oft viel länger im Gedächtnis als großartige Aktionen.
Gottfried Münch hatte sein Büro in der Leopoldstraße.
Eines Tages, die Schulzeit lag schon länger hinter mir, sah
ich ihn mit dem Fahrrad durch die Georgenstraße zum
Büro fahren. Ich hatte gerade den Verlag verlassen. Münch
sah mich von der anderen Straßenseite aus, sprang vom
Fahrrad und eilte auf mich zu, um mich zu begrüßen. Dieser spontane, herzliche Einfall des Vaters unserer Schul-
freunde, immerhin einer Respektsperson, beeindruckte
und freute mich.

Ende der zwanziger Jahre zog die Familie Piper um. Sie
wechselte aus der etwas eng gewordenen Wohnung in der
Hiltenspergerstraße in eine um die Ecke, kaum hundert
Meter weiter, in der einladend breiten Elisabethstraße gelegene, großzügig weite Wohnung. Das Haus, das übrigens
ebenso wie das erste im Zweiten Weltkrieg zerstört wurde,
lag an der Nordseite der Straße, hatte also Fassade und
Blick nach Süden gerichtet. In beiden Häusern waltete ein
Hausmeister seines Amtes. Die Hausmeister wohnten mit
ihren Familien jeweils im Souterrain, grober, aber wahr-
heitsgetreuer gesagt, im Keller.

Autos, also benzingetriebene Kraftwagen, waren noch
überaus selten. Abgesehen von Dr. Bergholz, einem uns
befreundeten Arzt ganz in der Nähe, der ein sportlich
engagierter Autofahrer war, besaß nach meiner Erinnerung keine der uns bekannten oder befreundeten Familien, meist Künstler, ein Auto.

Dieser PS-bewehrte Arzt war ein Liebhaber der lateinischen Sprache und außerdem ein Freund des österreichischen Dichters Heimito von Doderer. Der war nicht bei
Piper, sondern bei C. H. Beck verlegerisch beheimatet. Doderer war aus Wien zu Besuch zu seinem Freund gekommen. Während dieser Tage wurden wir von Dr. Bergholz
zu einem Abendbesuch eingeladen. Es war, wie gesagt, nur
um die Ecke und eine Verlockung, der wir nur zu gern folgten. Doderer, von hoher Intellektualität und Bildung, war
ganz österreichisch in der Art, wie er sich gab. Mein Bruder und ich hörten nur zu und versuchten möglichst viel
zu verstehen. Neugierig genug waren wir. Und plötzlich
wechselten die beiden Herren Doderer und Bergholz die
Umgangssprache, vom Deutschen ins Lateinische. Martin
und ich hatten ja beide schon mit Latein zu tun, doch
staunten wir über das Feuerwerk, das sich zwischen diesen beiden Herren entzündete. Nach dem lateinischen
Sprachgewitter ging die Unterhaltung zu unserm Trost,
aber wohl auch dem meines Vaters, der das Gymnasium
nur bis zur Mittleren Reife besucht hatte, im vertrauten
Deutsch weiter.

Eine andere Einladung, die mir in lebendiger Erinnerung geblieben ist, spielte sich bei uns ab. Es war sehr
selten, daß ein Autor zum Mittag- oder Abendessen zu
uns nach Hause eingeladen wurde. Meine Mutter hätte
die Zurichtungen dabei – wegen des »kategorischen Imperativs« – allzu ernst genommen. Einmal aber war, ein
wahrhaft würdiger Gast, der Kunsthistoriker Julius Meier-
Graefe zu unserm Mittagstisch geladen. Was ebenfalls

selten vorkam: Eine Flasche französischen Rotweins
stand auf dem Tisch. Das nach den Anweisungen meiner
Mutter von unserer Köchin Anna sorgfältig zubereitete
Mahl mundete vorzüglich. Der Gast war sichtlich zufrieden, wurde aber etwas unruhig, denn das Glas vor ihm
blieb leer. Schließlich reckte er sich und sagte zu meinem
Vater: »Lieber Piper, steht die Bouteille nur zur Dekora-
tion auf dem Tisch?« Mein Vater schenkte ein, und der
weltmännische Meier-Graefe kostete und war durchaus
einverstanden. Sein Vater war ein großer oberschlesi-
scher Hüttendirektor gewesen. Daher die elegante Allü-
re. Es waren übrigens die Bücher Meier-Graefes, die den
Deutschen erstmals den künstlerischen Reichtum der
französischen Impressionisten erschlossen.

Ich berichtete schon, daß mir als »Freireligiösem« in dem
doch im guten Sinne bayerisch-katholischen Gymnasium
wegen meiner konfessionellen Sonderstellung keinerlei
Mißtrauen oder Abwehr oder sonst stimmungsmäßig Ne-
gatives entgegenbracht wurde. Ich sagte ebenfalls schon,
daß ich am »Max-Pennal« – mit der erwähnten Ausnahme – auch keine pränazistischen Tendenzen oder
Stimmungen bei Lehrern im Unterricht erlebt habe. Dazu
trug wohl auch die wirtschaftlich-politisch relativ positive
Periode von 1926 bis 1929 bei. Aber auch während meiner
beiden Lehrjahre 1930 bis 1932 in der Buchhandlung
Chr. Kaiser kann ich mich nicht an Kunden erinnern, die
mit martialisch knallendem Schritt angespannt-forschen
Gesichts den Laden betreten hätten, womöglich schon in
brauner Uniform. Auch buche ich als doch wohl bemerkenswert für die politisch-gesellschaftliche Lage damals
die Tatsache, daß ich nie persönlich einem fanatisch auf
mich einredenden Nationalsozialisten begegnet bin, wenn
ich auch NS-Glaubensbereitschaft bei dem und jenem in
meiner Umgebung angetroffen habe. Aber unser Leben

spielte sich vor allem unter Gleichgesinnten ab, heute würde man sagen: in einer »Nische«. Ein befreundeter Mitschüler war ein begabter Maler. Ungegenständliche, abstrakte Kunst lag ihm nicht. Er wurde aus aufrichtigem Idealismus Parteimitglied und zog daraus nicht den geringsten, gar materiellen, Vorteil. Bevor es mit dem NS-System wirklich ernst wurde, trat er aus der Partei wieder aus.

Festhalten möchte ich allerdings, was längst bekannt ist und was ich einige Male miterlebte: daß sich nämlich der nationalsozialistische Krebs dort, wo er in deutschen Gesinnungen und Meinungen sich festfressen konnte, des deutschen Nationalgefühls, ja des echten Patriotismus und einer echten Liebe zur deutschen Heimat »bediente«. Er mißbrauchte vorhandene soziale Tugenden, und die Mißbrauchten haben nicht verstanden, was mit ihnen geschah.

Als Sohn aus liberal gesinntem Bürgerhaus habe ich erlebt, wie verhängnisvoll sich die Politikferne des deutschen Bürgertums ausgewirkt hat. Seine führenden Vertreter, das heißt die breite Schicht der Akademiker, insbesondere der Universitätsprofessoren, der Erzieher, Unternehmer und selbst Politiker, hatten den Ernst der Gefahr einfach nicht erkannt. Gewiß mag es schwer gewesen sein, diese Gefahr in ihrer ganzen Bedeutung zu begreifen, denn die meisten Menschen im Ausland, einschließlich der führenden Politiker, sahen sie offenbar auch nicht. Trotzdem bleibt dieses Versagen des deutschen Bürgertums eine meiner entscheidenden politischen Lebenserfahrungen.

Inzwischen hatte mich mein Vater auf eine Instruktionsreise nach Istrien mitgenommen und hernach bei Albert Lempp, dem Inhaber der Buchhandlung Chr. Kaiser im Rathaus am Marienplatz, als Lehrling untergebracht. Die Kaisersche Buchhandlung wurde sehr stark frequentiert.

Lempp war gleichzeitig auch Inhaber des Chr. Kaiser Verlags, in dem vornehmlich evangelische Literatur erschien, Bücher namhafter Theologen, deren berühmtester Karl Barth war. Anläßlich eines Besuchs von Karl Barth in München luden Herr und Frau Lempp meine Eltern und mich zu einem gemeinsamen Abendessen bei sich zu Hause ein. Ich empfand es natürlich als Auszeichnung, daß ich mit von der Partie sein durfte. Im Gespräch ging es besonders um Barths berühmten Kommentar zum Römerbrief. Nach dem Essen wurde ich aufgefordert, etwas am Klavier zu spielen; ich erinnere mich, daß ich – eigentlich ein sehr kühnes Unterfangen – die *Mondscheinsonate* wählte.

Im zweiten Lehrjahr oblag es mir, mit meinem Mitlehrling namens Baedeker – er gehörte zur Familie des Verfassers der berühmten Reiseführer – die täglich vom Stuttgarter Barsortiment Koch, Neff & Oetinger & Co. eintreffenden Expreßgutballen mit Neuerscheinungen und älteren Werken am Bahnhof per Taxi abzuholen und dann in der Firma auszupacken, die Eingänge zu sortieren und an den passenden Stellen in den Regalen einzuordnen oder auf den Novitätentischen zu präsentieren. Dabei fiel mir eines Tages ein kleines Buch in die Hände, dessen Titel mich elektrisierte: *Die geistige Situation der Zeit* von Karl Jaspers, soeben, 1931, erschienen als Band 1000 der Sammlung Göschen im Verlag de Gruyter.

Auf dieses Thema hatte ich gewartet. Begierig zu erfahren, was dieser Philosoph zu sagen hatte, nahm ich den Band zur Hand und fing an zu lesen; die Mittagspause stellte etwas Zeit zur Verfügung. Die Luft freier geistiger Entscheidung wehte mich an. Hier saß ich in meiner Ecke zwischen Bücherstapeln und Regalen, abgeschottet vom Lärm der Welt. Nur wenige Kunden waren im Laden. Aber die politische Erregung lag in der Luft. Man hörte und fühlte, daß die Dinge in Deutschland auf eine Entscheidung zutrieben. Hatte die Demokratie noch eine

Chance? Jaspers konnte in der *Geistigen Situation der Zeit* keine konkreten Heilmittel anbieten und erst recht keine politischen Rezepte zur Überwindung der Gefahr. Schon damals, 1931, war vielleicht wirklich »nichts mehr zu machen«. Dennoch appellierte Jaspers an das Gewissen der Leser in der verzweifelten Hoffnung, daß eine entschlossene geistige Haltung der Führungsschicht die Wende zu bringen vermöchte.

Diesem Buch verdanke ich einen neuen Aufbruch meines Denkens. Ich begriff als Wahrheit, daß sich Philosophie nicht in Verstandesoperationen allein erschöpft, sondern daß sie sich nur dann ereignet, wenn sie den ganzen Menschen erfaßt. Vor allem lehrte diese Schrift, daß eine Weltanschauung, ein totaler politischer oder auch wissenschaftlicher Glaubensanspruch, letztlich scheitert. Denn er zerstört die Freiheit des Menschen. Er kann seine Anhänger für eine Weile berauschen, geistig betäuben, wird aber im Kampf der Wünsche und Ideen, der Ansprüche und Belastungen nicht standhalten. Exempla docent. Einen drastischeren »Unterricht« als die Nazizeit kann die Geschichte nicht geben. In jedem Fall hat mir die Lektüre der *Geistigen Situation der Zeit* die Augen geöffnet, und sie hat mich darüber hinaus motiviert, mich für diesen Autor, wenn ich einmal selbst Bücher verlegen würde, mit allem Nachdruck einzusetzen. Ich werde später darauf zurückkommen.

Mein ein wenig älterer Schulfreund Felix Richter, im Freundeskreis Fips genannt und bis zum heutigen Tage mein Urfreund, hatte Lust auf eine gemeinsame Reise nach Paris, das er schon gut kannte. Außerdem war er gut in Französisch, was ihn dazu befähigte, ein fanatischer Proust-Leser, eben im Original, zu sein. Zu dieser glücklichen Voraussetzung, die verführerische Kapitale an der Seine nicht gerade zu »erobern«, aber eben doch ernsthaft

kennenzulernen, kam ein zweiter unser Unternehmen
fördernder Umstand. Robert Freund, seit 1926 Teilhaber
meines Vaters und über beste Kontakte in Frankreich ver-
fügend, schlug mir vor, einige französische Verlage zu
besuchen, die dem Piper Verlag interessante neue Bücher,
seien es Romane, sei es allgemeine Literatur, anbieten
könnten. Auf Grund seiner Empfehlung wurde ich überall
freundlich empfangen.

Ich möchte hier etwas zur Person von Robert Freund
sagen. Er war Jude und frankophil. Er stammte aus Pil-
sen, sein Vater besaß dort eine Fabrik. Als Student war er
nach Wien gegangen und hatte dort in den Häusern des
gebildeten Wiener Judentums verkehrt. Er kannte unter
anderem Karl Kraus sowie Oskar Kokoschka und dessen
Künstlerkreis. Freund hatte seine Kontakte in den Verlag
eingebracht. Nach der Machtergreifung durch die Nazis
konnte er sich noch eine Weile bei uns halten, weil er tsche-
choslowakischer Staatsangehöriger war. Dann aber wurde
die Lage für Juden in Deutschland zusehends bedrohlicher. In einem Schreiben der Reichsschrifttumskammer
vom 14. November 1935 an meinen Vater hieß es: »Ich bitte,
mich über die Besitzverhältnisse Ihres Verlages zu unter-
richten. Angeblich arbeitet in Ihrem Unternehmen nicht-
arisches Kapital.« Am 18. Januar 1936 folgte ein Brief von
der Reichsstelle zur Förderung des deutschen Schrifttums
mit dem Satz: »Sie müssen unsere Grundsätze verstehen,
daß wir als Parteidienststelle eine schärfere Einstellung zur
Judenfrage haben, als sie vom Staat vertreten wird.« 1937
stieg Freund notgedrungen bei uns aus. Wir haben ihm,
damit er weiterhin eine Existenz hatte, alle Rechte an den
ausländischen Autoren übertragen. Freund emigrierte erst
nach Wien, später über Paris nach New York. Dort gab
er die *Twin Prints* heraus, eine Art Nachahmung der Pi-
per-Drucke. Diesen Verlag hatte er zusammen mit einem
New Yorker Kunstunternehmen gegründet, der New York

Graphic Society, deren Verleger übrigens auch aus Wien stammte. Freund hat uns nach dem Ende des Krieges in München besucht. Leider starb er wenig später.

Doch zurück in das Jahr 1934. Unterschwellig waren die seit der nationalsozialistischen Machtergreifung zunehmenden Spannungen auch in Paris zu spüren. Im »Café des deux Magots« lernten wir einen deutschen Journalisten kennen. Da er vermutete, daß wir daran interessiert seien, nahm er uns mit zu einer abendlichen Zusammenkunft von, wie er sagte, politisch unkonventionell interessierten jüngeren Leuten. Es waren Schriftsteller, Journalisten und Studenten. Initiator und sozusagen Haupt der Gruppe, die sich »L'Ordre Nouveau« nannte, war Robert Aron, ein Bruder des Geschichtsphilosophen und Soziologen Raymond Aron, den ich damals noch nicht kannte. Robert Aron machte unserer kleinen dreiköpfigen Besuchergruppe klar, es werde zu einer krisenhaften Situation in Europa kommen. Darum sei eine neue, verbesserte Ordnung nötig, für die Deutschland und Frankreich die wichtigsten Träger sein müßten: das »Rapprochement Franco-Allemand«. So sprach er noch 1934, ein in seiner Haltung, wenn man so will, rechtskonservativer, jüdisch-französischer Intellektueller, trotz des Krisenbewußtseins aufrichtig hoffnungsvoll, obwohl der unheilvolle Zug doch schon abgefahren war.

Einer Anregung von Robert Freund folgend, besuchte ich damals in Paris auch den durch ihn ins Piper-Programm gekommenen französischen Schriftsteller, Erzähler und Essayisten André Maurois. Mir selbst hatte es besonders sein kleiner, mit leichter Hand geschriebener, aber sehr ernst zu nehmender Roman *L'Instinct du bonheur* angetan. Wie sehr bedürfen die meisten von uns dieses Instinkts für das Glück! Wenn er in uns lebt, dann befähigt er uns zu der Selbstliebe, die sich so viele Menschen in überstürztem, hastigem Egoismus selbst zerstören. Beim Abschied in seiner großbürgerlichen, wahrhaft eleganten Wohnung in der Avenue de la Grande Armée gab er meinem Freund Fips und mir je ein Exemplar seines Essays *Introduction à la méthode de Paul Valéry*. Er sagte, zu diesem Essay sei er seinerseits angeregt worden, als er Paul Valérys *Introduction à la méthode de Léonard da Vinci* gelesen habe. Das kleine Buch mit der Widmung des Autors war mir kostbar, geschrieben in der fein geformten Schrift des geistigen Frankreichs. Ich stelle mir vor, daß schon René Descartes sich solch einer luziden, sorgfältiges Denken und Begabung zur Ironie verratenden Handschrift bedient hat.

Eine bemerkenswerte Begegnung bei diesem meinem ersten Parisbesuch, der meine großen Erwartungen durchaus nicht enttäuschte, will ich noch erwähnen. Unser väterlicher Freund Gottfried Münch, von dem ich schon erzählte, hatte uns zusammen mit einem Empfehlungskärtchen die Adresse seines Bruders Carl gegeben, der als Charles Münch (auch Munch) berühmt geworden war. Fips und ich machten von dieser Einführung gern Gebrauch. Nach gehöriger telephonischer Anmeldung fanden wir uns in einer nicht sehr großen, aber wiederum höchst attraktiv ausgestatteten Wohnung ein, ebenfalls in der Gegend zwischen Arc de Triomphe und Bois de Boulogne. Nach einer freundlichen Begrüßung seiner jungen Besucher erzählte der Hausherr von seiner Karriere als Dirigent.

In noch ziemlich jungen Jahren wurde er – wir hatten das schon in München gehört – erster Geiger, das heißt Konzertmeister, des berühmten Leipziger Gewandhausorchesters. In dieser Position hätte er durchaus zufrieden sein können. Sein Streben ging aber weiter – hin zu einem Orchesterchefposten. Große Hilfe, erzählte er, sei ihm durch seine sehr wohlhabende Frau zuteil geworden. Sich allein auf seine Begabung zu stützen war damals schwieriger als heute. Madame Charles Münch war, wie wir hörten, eine Hauptaktionärin des Weltkonzerns Nestlé. Ihre Hilfe bestand im wesentlichen darin, daß sie vor allem in Frankreich Konzerte mit namhaften Orchestern organisierte, die ihr Mann dirigierte. Madame Münch war übrigens bei unserem Besuch im Hause anwesend, und wir wurden ihr vorgestellt. Literarisch hochgebildet – sie war eine angesehene Übersetzerin ins Französische zum Beispiel von Thomas Mann –, würdigte sie uns in liebenswürdiger Weise eines kleinen Literaturgesprächs. Ihre Gesichtszüge waren sehr ausdrucksvoll und grenzten in ihrer Intensität ans Häßliche. Sie beeindruckte uns beide.

Jahrzehnte nach dem damaligen Erlebnis, in den sechziger Jahren, hörte ich in München ein Konzert, das Charles Münch mit federnder Eleganz und großer klanglicher Differenzierung dirigierte: klare Strukturen, eingetaucht in suggestive Gesamtklänge des Orchesters. Mozart war im Programm, dynamisch, für mein Gefühl etwas unterkühlt, wenn auch mit den deutsch-französischen Elementen des Elsässers doch ein fesselnder Mozart. Es gab außerdem Berlioz, Dukas und Ravel oder Prokofjew.

Anfang 1935 schlugen meine beiden Chefs, mein Vater und Robert Freund, mir einen längeren Instruktionsaufenthalt in Wien vor. Ich nahm die Idee mit Freuden auf. Mein Stützpunkt wurde die Kommissionsbuchhandlung Dr. Franz Hain, mitten in der Stadt, nahe beim Stephansdom in der Wallnerstraße, gelegen. Die Firma Dr. Hain lieferte schon seit einigen Jahren die Piper-Produktion aus und besorgt dies übrigens bis zum heutigen Tag. Hain instruierte mich über die Wiener Buchhandlungen, die zu besuchen besonders wichtig sei. Wenn ich nun aus meiner damaligen Wiener Zeit erzähle, so möchte ich mich auch hier wieder auf einige wenige Eindrücke beschränken.

Ich beginne mit Ernst Reinhold. Als ich ihn kennen-
lernte, war er fünfundsechzig Jahre alt. Auch er gehörte in
die Welt der Söhne jüdischer Väter, die in Österreich-Ungarn als Kaufleute oder Unternehmer zu Wohlstand und
Erfolg gekommen waren. Er war es, der seinerzeit meinem
Vater Robert Freund als neuen Teilhaber für seinen Verlag
zugeführt hatte. Wie mein Vater in seinen Erinnerungen
berichtet, kam die Verbindung zu Reinhold dadurch zustande, daß dieser als literarischer Testamentsvollstrecker
von Karl Eugen Neumann sozusagen Autor-Partner von
Piper wurde, als es um die Veröffentlichung der von Neumann ins Deutsche übertragenen buddhistischen Texte
Die Reden Gotamo Buddhos ging. Neumann – übrigens der
Sohn des eng mit Richard Wagner verbundenen Sängers
und Operndirektors Angelo Neumann –, dessen leiden-
schaftliches Interesse von Jugend an der Philosophie und
Religion galt, war als junger Mann nach Ceylon gereist,
um die buddhistischen Texte in der Originalsprache, im
Pali-Kanon, zu studieren. Dieser ist im indischen Sprachraum eine tote Sprache, die nur noch in Klöstern auf der
Insel Ceylon gesprochen wird. Neumann hat diese Sprache erlernt und mit einem ungeheuren Arbeitsaufwand
Buddhas Reden dichterisch übersetzt. Die Werke Buddhas
sind auch für uns Heutige von unerhörter Weisheit. Ich
habe hier wegen der Bedeutung der Sache wiederholt, was
mein Vater schon berichtet hat. Karl Eugen Neumanns
Buddha-Übertragungen wurden eine der großen verlegerischen Unternehmungen Reinhard Pipers.
   Neumann entstammte, wie gesagt, dem osteuropäi-
schen Judentum und hatte sich als Sohn aus vermögen-
dem Hause ein Leben als Privatgelehrter leisten und völlig frei auf die eigene schöpferische Arbeit konzentrieren
können. Ich sprach später einmal mit Yehudi Menuhin
darüber, wie es kommt, daß zum Beispiel achtzig Prozent
der Geigerelite der Welt aus Odessa oder Minsk stammt

oder zumindest jüdischer Herkunft ist. Menuhin erklärte dies durch die große jüdische Tradition: »Wenn da jemand begabt war, als kleiner Bub nett gesungen hat, dann gab es irgendeinen reichen Onkel, der sagte: ›Den müssen wir Musik studieren lassen.‹« Das war dann der Bote in die Welt hinaus. So war es bei Milstein, Oistrach und bei Menuhin selbst.

Als ich nun in Wien Ernst Reinhold und einem hinter ihm aufgestellten Buddha-Kopf mit dem unergründlichen Lächeln des Erleuchteten gegenübersaß, dachte ich an die *Lieder der Mönche und Nonnen,* und der *Wahrheitpfad* stand mir vor Augen. Ich prüfte, ob die Lehre des Erleuchteten mich stärken könnte. Ja, vielleicht von Zeit zu Zeit, vorübergehend könnte ich mich in die große Ruhe, die Gelassenheit versenken. Das Kreuz aber ist und bleibt mir Symbol der großen Wahrheit in den Gegensätzen, der schneidenden Konflikte – und des unlösbaren Zusammengehörens der Menschen.

Doch zurück in die Welt und nach Wien! Ernst Reinhold, in seiner liebenswürdigen Hilfsbereitschaft gegenüber dem jungen Verlegersohn aus München, bemühte sich auch um meine post-k.u.k.-kulinarische Bildung. Er lud mich zum Abendessen im luxuriösen »Grandhotel« ein – oder war es das »Bristol«? –, ein Erlebnis, denn Hotelrestaurants dieser Klasse hatte ich bisher kaum kennengelernt. Einige Tage später unternahm er mit mir einen Ausflug nach Klosterneuburg, nicht weit von Wien. Stift und Kloster Neuburg haben eine weit zurückreichende Geschichte. Erst spät, nämlich 1730, wurde auf Wunsch von Kaiser Karl VI. mit dem Neubau des Stifts begonnen. Es sollte mit dem Escorial wetteifern, blieb jedoch ein Torso, wenn auch ein großartiger. Die magische Strahlkraft des Verduner Altars, eines der bedeutendsten mittelalterlichen Emailkunstwerke des Abendlands, beeindruckte mich tief. Sie ist bis heute nicht erloschen.

Ernst Reinhold war zum Schauspieler ausgebildet worden, brachte aber dieses Können nur in besonderen Fällen zur Geltung. So erzählte er mir, daß er einmal auswendig (!) den *König Lear* mit allen Rollen im Burgtheater vorgetragen habe. 1938, gerade noch rechtzeitig, emigrierte er nach London. Dort besuchte ich ihn nach dem Krieg in seiner eindrucksvollen Wohnung am Berkeley Square. Er war mittellos, nur mit dem Nötigsten versehen, in London angekommen. Die Stimmausbildung, die er sich im Schauspielunterricht erworben hatte, gewährte ihm eine Existenzbasis. Er entwickelte besondere Methoden der Atemtechnik und erzählte mir, daß die infolge der schlechten Heizverhältnisse so ungesunde Londoner Luft ihm bald Kunden lieferte. Darunter waren Sänger, auch Richard Tauber, denen er wirksam helfen konnte. Reinhold lebte, wie auch vorher schon, in London allein, fand aber bald Gesprächsfreunde. Einer der liebsten darunter war ihm der Bobby, der Verkehrspolizist, am Berkeley Square. Reinhold erzählte, daß die nachbarschaftliche Sympathie zwischen ihm und dem Polizisten erst richtig aufgeblüht sei, als sie beide entdeckten, daß ihnen die Musik von Franz Schubert über alles ging. Beide achteten sich nicht nur als Schubert-Liebhaber, sondern als profunde Kenner seines Liedwerks.

Inzwischen nahm mich auch das Wiener Theater gefangen – stillte meinen Hunger nach Nestroy-Aufführungen. Das Tief-Tragische und dabei so oft Verrückt-Komische des Lebens hatte es mir angetan. Ich teilte die Nestroy-Vorliebe meines Vaters, die dazu führte, daß 1940 das von dem Nestroy-Forscher Otto Rommel herausgegebene Nestroy-Brevier *Närrische Welt* bei Piper erschien. Die im Zeichen von DAX, Internet und dergleichen finanzbewußten Leser, an die ich mich nun, sechzig Jahre später, wende, kann ich vielleicht durch den an Johann Nestroy erinnernden Satz animieren oder auch trösten: »Wenn man lebt, braucht man a Göld. Und weil man in einem fort lebt, braucht man in einem fort Göld.«

Eine wichtige Begegnung in Wien war die mit Joseph Gregor, dem Direktor der Theatersammlung in der Nationalbibliothek. Er zeigte mir aus seinen Schätzen herrliche Dokumente der Bühnenkunst, Entwürfe für Oper und Theater, beginnend mit Entwürfen für geistliche Feste im späten Mittelalter. Eine umfangreiche Auswahl dieser Blätter, geordnet nach Epochen und Themen, hatte Piper schon in den zwanziger Jahren herausgebracht. Die Originale waren im Lichtdruckverfahren in hoher Qualität reproduziert worden. Das Unternehmen hieß *Denkmäler des Theaters.* Ich erwähne diese Publikation des Verlags, zu der ich ja selbst nichts beigetragen hatte, weil sie mir den Weg öffnete zu jenen Stunden bei Professor Gregor in der Nationalbibliothek von Wien, die sich dauerhaft in meiner Erinnerung festgesetzt haben.

Fünfzig Jahre später haben diese Eindrücke aus der Wiener Nationalbibliothek dazu beigetragen, daß ich mich auf das größte Abenteuer meiner verlegerischen Produktionsgeschichte eingelassen habe. Das kam so: August Everding schrieb mir 1973 oder 1974, kurz nach Beginn seiner Tätigkeit als Intendant der Hamburgischen Staatsoper, einen Fünfzeilenbrief, etwa dieses Inhalts: Lieber Herr Piper! Ich sitze nun hier in Hamburg und muß Opern machen. Dabei stelle ich fest, daß ich für meine Arbeit kein ausreichendes Handbuch zur Verfügung habe. Wäre das vielleicht ein Tip für den Verleger? Herzliche Grüße Ihres ...

Dieser Zuruf hakte sich in mir fest. Auch mir war in der Tat ein umfassendes Informationswerk dieser Art noch nie begegnet. Die Sache paßte gut in unser von Martin Gregor-Dellin mitgeprägtes Musikprogramm, für das die von ihm mitherausgegebenen *Tagebücher* der Cosima Wagner (erschienen 1976/77) bereits geplant waren und in dem 1980 seine große Biographie über Richard Wagner erscheinen sollte. Die Aufgabe war nun, den kompetenten Herausgeber und den wissenschaftlichen Organisator für die erfolgreiche Realisierung des aufregend-schönen Projekts zu finden. Der Vertrag über das *Handbuch des Musiktheaters* konnte 1976 geschlossen werden. In den ersten Arbeitsjahren war Carl Dahlhaus, Professor für Musikgeschichte an der Technischen Universität Berlin, zusammen mit dem Forschungsinstitut für Musiktheater der Universität Bayreuth Herausgeber. Dieses Institut wurde bis 1982 von Dietrich Mack, seit 1983 von Sieghard Döhring geleitet. Zuerst war Mack leitender Redakteur, später hat Döhring die Verantwortung für die Enzyklopädie übernommen. Das Endglied dieser langen Wirkungskette war, daß wir ein wissenschaftlich fundiertes großes Nachschlagewerk über die ganze Welt des musikalischen Theaters, also Oper, Operette, Musical und Ballett, herausbrachten. 1997 konnte das Corpus von *Pipers Enzyklopädie des Musiktheaters* mit dem Erscheinen von Band 6 und dem Registerband abgeschlossen werden.

Das aber geschah alles lange nach der Zeit, von der ich hier erzähle. Nach der Episode Wien kam ich nach München zurück und nahm die reguläre Arbeit im Verlag wieder auf. Ich hatte mich um alle Sektoren der praktischen Arbeit zu kümmern, wobei ich mich auf die für die einzelnen Ressorts zuständigen Mitarbeiter stützen konnte. Inzwischen hatte die NS-Führung in immer stärkerem Maße die wirtschaftlich verfügbaren Ressourcen zur militärischen Aufrüstung herangezogen, so daß die für die Herstellung von Büchern benötigten Stoffe, vor allem das Papier, kontingentiert wurden. Dies geschah in der Weise, daß der Verlag an die zuständige, selbstverständlich von

der Partei kontrollierte, Amtsstelle innerhalb der Reichsschrifttumskammer einen Antrag zu richten hatte. Der
Antrag mußte neben dem Autor und dem geplanten Buch-
titel sowie der vorgesehenen Auflagenhöhe eine knappe
Schilderung des Manuskriptinhalts aufweisen. Wenn auf
Grund dieser Angaben der Druck des Werkes genehmigt
wurde, so blieb die ideologisch-politische Haftung für
das Manuskript beim Verlag, denn die Genehmigungs-
behörde hatte ja das Manuskript selbst nicht zu Gesicht
bekommen, vielmehr nur die Inhaltsangabe. Die Obrig-
keit in Gestalt dieser Behörde – Partei und Staat waren
bereits ein monolithischer Block geworden – ersparte sich
durch den Verzicht auf eine eigene Vorzensur sehr viel
Arbeit und behielt alle Trümpfe, zum Beispiel das Verbot
des Werkes nach seinem Erscheinen, in der Hand. Es ist
einleuchtend, daß der Versuch, mit Hilfe einer falschen
Inhaltsangabe ein antinazistisches Manuskript durchzu-
schmuggeln, eben wegen des Verzichts auf die Vorzensur
mit Sicherheit für Verlag und Autor katastrophale Folgen
gehabt hätte. Ein offen antinazistisches Manuskript im
Druck herauszubringen wäre selbstmörderisch gewesen.
Aber auch liberale, zeitkritisch kühne, geistig emanzi-
pierte Bücher, zumal von ausländischen Autoren in deutscher Übersetzung, hatten keine Chance.

Einmal gelang es mir, ein Buch, das sicher nicht ganz
im Sinne der Nazis war, über die Hürde der Papierbewilli-
gung zu bringen. Ich erhielt 1936 oder 1937 von Elisabeth
Kaerrick den von ihr ins Deutsche übersetzten Text eines
nicht lange zuvor auf Russisch erschienenen Buchs von
Dmitri Mereschkowski über *Franz von Assisi*. Diese schöne,
einfühlsame Lebensdarstellung des Freundes der Tiere
und Menschen kam 1938 bei Piper heraus.

Auch die von meinem Vater entwickelten Kunstunsteditio-
nen konnten zum großen Teil nicht mehr erscheinen.
Künstler des Expressionismus wie Ernst Barlach und Max

Beckmann waren als »entartet« gebrandmarkt. 1935 hatte mein Vater noch einen Band mit Zeichnungen von Barlach herausgebracht, doch wurde er bereits 1936 beschlagnahmt mit der Begründung, die Zeitungen seien »geeignet, die öffentliche Sicherheit und Ordnung zu gefährden«. Das Buch wurde schließlich sogar eingestampft. Die von Robert Freund aufgebaute Reihe *Was nicht im »Baedeker« steht* half dem Verlag zu überleben; es waren kommerzielle Bücher, ähnlich wie die Reihe *Was nicht im Wörterbuch steht* mit *Bayerisch* von Joseph Maria Lutz oder *Sächsisch* von Hans Reimann. Die hohen Auflagen der Bücher von Bruno Brehm, die – wie ich an anderer Stelle berichten werde – während des Krieges für die Truppenbetreuung eingesetzt wurden, taten ein übriges.

Das »Nazikapitel«

Ermächtigungsgesetz, Alltag, »entartete Kunst«
und Versuchungen

Zahllose Publizisten und Historiker haben sich seit
1945 mit der Frage beschäftigt, wie es zu dem absto-
ßenden, zwölf Jahre währenden Nazikapitel in der Geschichte Deutschlands kommen konnte. Auch ich muß
und will mich dieser Frage stellen.

Ich erinnere mich gut an den Tag, der Hitler – nachdem er am 30. Januar 1933 von Hindenburg zum Reichs-
kanzler ernannt worden war – endgültig und unwiderruf-
lich zum Diktator gemacht hat, und auch an die Zeit davor.
Ich hatte 1932 eine Pfingsttour mit Skiern unternommen.
Ziel war der Olperer mit fast 3500 Meter Höhe. Er ist die
westliche Bastion der Zillertaler Alpen und liegt schon
ziemlich nahe dem Brenner. Mit einem Bergkameraden
vom Alpenverein stieg ich mehrere Stunden auf zum Ol-
pererhaus, wo wir nächtigten. Es war zwar schon pfingst-
lich warm, aber in der Höhe gab es doch noch reichlich
Eis und Schnee. Von der Hütte führte ein schöner und
interessanter Aufstieg zum Gipfel. Nach der Rückkehr zur
Hütte trennten wir uns, denn mein Partner mußte schnell-
stens zurück nach München. Ich übernachtete noch einmal und fuhr dann durch ein riesiges Schneekar nach
Osten hinab, bis ich im Zemmgrund angelangt war und
weiter ostwärts zur Berliner Hütte in den Zillertaler Bergen aufsteigen konnte. Auf der Berliner Hütte lernte ich
zwei Studenten kennen, wie sich zeigte, tüchtige Berg-
steiger. Wir machten zusammen ein paar Touren; am
schönsten waren die über felsige, steile Gratstücke hinauf
auf das Mösele, das auch fast 3500 Meter hoch ist. Wir

mußten uns dann, weil die Pfingsttage zu Ende waren, trennen. Jeder reiste in seine Richtung: die beiden Bergpartner nach Westfalen und Stuttgart, ich nach München zurück. Wir trennten uns jedoch nicht, ohne zu verabreden, daß wir im kommenden Spätwinter, also März 1933, zusammen Skitouren in der Bernina, die wir noch nicht kannten, unternehmen wollten.

So geschah es. Wir kamen in München zusammen, um von dort mit der Eisenbahn in die Schweiz zu fahren. Ein Auto hatte natürlich niemand von uns. Beim Umsteigen im Bahnhof Lindau, der letzten deutschen Station, nutzten wir die Gelegenheit, unsere Stimmen zu den Reichstagswahlen abzugeben. Es war der 5. März 1933. Jeder von uns machte schweigend sein Kreuzchen in dem im Bahnhof eingerichteten Wahllokal. Wie die beiden anderen gewählt haben, weiß ich nicht. Wir drei hatten uns ja bisher nur recht kurz kennengelernt. Es gab keine Vertrautheit, sich untereinander politisch auszutauschen. Ich selbst wollte zur Mitte hin wählen, keinesfalls rechts, und heute noch, nach mehr als fünfundsechzig Jahren, bedaure ich, daß ich mich nicht entschloß, der Sozialdemokratischen Partei meine Stimme zu geben. Sie war die einzige Partei, die im Reichstag bei der Abstimmung am 24. März 1933, also knapp drei Wochen später, gegen das Ermächtigungsgesetz zu stimmen wagte. Die Bayerische Volkspartei ebenso wie das Zentrum und die bürgerlichen Mittelparteien stimmten dem Ermächtigungsgesetz zu und besiegelten so Hitlers Alleinherrschaft und damit alles, was daraus für Deutschland und die Welt erwachsen sollte.

Das Versagen der Bayerischen Volkspartei hat mich stark getroffen. Trotz meiner immerhin zweiundzwanzig Jahre war ich jedoch politisch zu bürgerlich geprägt gewesen, um zu erkennen, daß nur die Sozialdemokraten gemäß ihrer großen demokratischen Tradition sich diesem Selbstmord der Demokratie widersetzen würden. De facto hatte Hitler zwar bereits durch Hindenburg die absolute Macht erhalten; durch das Ermächtigungsgesetz war ihm nun aber auch die formale Absicherung seiner Diktatur gegeben.

Unterdessen ging das tägliche Leben weiter. Wir, die Familie Piper, lebten, wie ich schon sagte, in einer »Nische«, und wir lebten ein Doppelleben. Die NS-Herrschaft war totalitär. Sie hob den Rechtsstaat aus den Angeln. Im »Führerstaat« gab es nur eine Quelle für »Recht und Gesetz« und für alle politischen Entscheidungen nach innen und außen: den Willen des »Führers« Adolf Hitler. Auf der einen Seite gab es zwar noch die relative Bewegungs- und Meinungsfreiheit in der privaten Lebenszelle. Diese relative Freiheit war allerdings überschattet von dem Bewußtsein, daß man erbarmungslos verfolgt würde, wenn etwas Nazikritisches – zum Beispiel durch Verrat – nach außen durchsickerte. Und Verrat, etwa von Kindern an ihren Eltern, wurde von den Nazis sehr begünstigt, ja im Grunde verlangt. Das Konzentrationslager Dachau war vom Stadtzentrum Münchens nur wenige Kilometer entfernt; daß dort Menschen gequält und auch umgebracht wurden, hörte man nur klammheimlich. Wer von dort zurückkam, sprach nicht darüber und durfte das auch nicht, ohne erneute Verfolgung zu riskieren.

Auf der anderen Seite ging es wirtschaftlich geradezu stürmisch aufwärts, die Menschen fanden wieder Boden unter den Füßen. Die politischen Führer in der eben unterworfenen Demokratie, der Weimarer Republik, hatten keine übergeordneten großen Ziele aufzeigen können, hatten sich vielmehr durch innerparteiliche Selbstzerfleischung und durch Kämpfe der Parteien untereinander verbraucht und ihre Kraft vergeudet. Alles das ist längst bekannt. Es beschäftigt mich dennoch bei der Rückschau auf mein Leben. Hitler und die NS-Herrschaft haben in Deutschland einen Menschentyp nach oben geschwemmt, der unter »normalen« Umständen gar nicht zum Zuge gekommen wäre. Was in dieser Zeit an Unvorstellbarem von Deutschen an Juden und zahllosen anderen Wehrlosen verübt wurde, geht mich als Deutschen mehr an als andere europäische Zeitgenossen.

Die Ursachen für das Fehlen einer tatkräftigen, zur Verteidigung gegen den Angriff dieser »NS-Besatzer« entschlossenen Schicht reichen weit zurück. Das Heilige Römische Reich Deutscher Nation war ein Gebilde nur halb von dieser Welt, die andere Hälfte schwebte in den Wolken. Die religiöse Spaltung später, im Gefolge der Reformation, zerriß das Land auch politisch. Bei der Reichsgründung, noch später, blieb Österreich-Ungarn draußen vor der Tür. Die christlich-protestantische Devise: »Gebt Gott, was Gottes ist, und dem Kaiser, was des Kaisers ist« hat die Staatsfrömmigkeit und Untertanenbereitschaft bei den Deutschen sehr gefördert. – Doch all das sind vielleicht Erklärungen, aber keine Entschuldigungen für das, was geschehen ist.

Im Jahre 1937 fand in München die berüchtigte Ausstellung *Entartete Kunst* statt. Ich kann mich gut an sie erinnern. Die Ausstellungsräume waren nicht groß, es waren die der leergeräumten Gipsabgußsammlung des Archäologischen Instituts im Galeriegebäude am Münchner Hofgarten. Die Enge ließ die Aura von Not, innerer und äußerer Spannung in den Bildern und den figürlichen Formen noch bedrängender wirken; die Herausforderung der Bilder an den Betrachter wurde dadurch noch gesteigert. Werke fast aller vom Geist der Moderne geleiteten Künstler waren ausgestellt. Selbstverständlich war Max Beckmann, einer der Großen in den verlegerischen Aktivitäten Reinhard Pipers, deutlich vertreten, dazu die Garde

79

der Maler, die uns durch ihre die »banale« Wirklichkeit
steigernden Schöpfungen eine neue Welt hatten sehen
lassen.

Ich versuchte aus den Gesichtern und Gesten der Aus-
stellungsbesucher ihre Einstellung herauszuspüren. Natürlich gab es, das war zu konstatieren, Spießerseelen,
denen die Brandmarkung solcher »Abscheulichkeiten«
ganz aus dem Herzen sprach, doch die meisten Besucher
promenierten, da und dort zu genauerem Studium ste-
henbleibend, mehr oder weniger schweigsam an den ausgestellten Kunstwerken vorbei.

Der mit meinem Vater befreundete Maler Karl Caspar
hatte uns zu Hause einmal von einem schönen Beispiel
dafür berichtet, daß die »Macht« vorsichtig-menschlich,
unvoreingenommen mit der neuen Kunst umgehen kann.
Caspar erzählte von der Eröffnung der Jahresausstellung
im Münchner Glaspalast, der später, im Jahre 1931, mit
allen gerade ausgestellten Bildern abbrannte. Caspar hatte
die Aufgabe, König Ludwig III., den letzten Sproß des
alten Wittelsbacher Geschlechts auf dem Bayernthron,
durch die Ausstellung zu führen. Da waren also die neuen,
die positiven Provokateure, die Marc, Kandinsky, Mueller,
Grosz und Feininger, welche die bayerische Majestät doch
ein wenig zum Erstaunen brachten. Ludwig III. reagierte
jedoch keineswegs unwillig betroffen. Er bat Caspar: »Ich
sehe schon, daß da ganz neue Linien, Stimmungen in den
Bildern ausgedrückt sind. Es wäre deshalb wirklich sehr
nett von Ihnen, Professor Caspar, wenn Sie mir ein bißchen zum Verständnis da und dort behilflich wären, ein
paar Hinweise gäben.« Mit einer solch freundlich-gelasse-
nen Bereitschaft war es ein Vierteljahrhundert später endgültig vorbei.

Meine Position im »Dritten Reich« war schlicht die: Ich versuchte mit den Problemen fertig zu werden. Im Verlag war

ich vor allem für die technische Durchführung des Verlagsprogramms zuständig. Die nationalsozialistische »Bewegung« war mir fremd, ja stieß mich ab. Mit ekstatischen Versprechungen von deutscher Größe, die alles bisher von Menschen Geleistete in den Schatten stellen würde, damit konnten wir – und damit ist das kleine, vertraute Kollektiv von Familie und Freunden gemeint – nichts anfangen. Das grobe Auftreten der SA, die oft verkniffenen und brutalen Visagen ihrer Repräsentanten mußten wir als feindlich empfinden. Es war uns, als habe sich Deutschland einer fremden Besatzungsmacht ausgeliefert. Aber ich muß betonen: Ich war kein Held. Wir haben uns angepaßt. Wir haben einfach weitergelebt. Wir haben schlicht vermieden, etwas zu tun oder zu sagen, was uns ins KZ gebracht hätte.

Trotz meines Nischendaseins trat aber auch an mich die Versuchung heran: Die für mich in München zuständige NSDAP-Ortsgruppe forderte mich zu einem Gespräch auf. Damals ergriff mein Freund Karl Amadeus Hartmann – von dem ich noch berichten werde – die Initiative, ging an meiner Statt hin und entschuldigte mich mit der Behauptung, ich sei sehr krank. Später, es muß etwa 1940 oder 1941 gewesen sein, der Krieg war schon im Gange, nahm mich dann ein väterlicher Freund beiseite: »Klaus, du bist jetzt Teilhaber geworden, selbständiger Unternehmer. Meinst du nicht, daß es zweckmäßig wäre für den Verlag und für dich selbst, wenn du in die Partei einträtest?« Ich erschrak. Wir hatten eben gemeinsam musiziert, und ich war mit meinen Gefühlen noch ganz bei der herrlichen A-Dur-Sonate von César Franck. Nun die Ernüchterung: Ach, du mußt ja wohl überlegen, was du da eben gehört hast. Mir fiel ein: Frag Wilhelm Dieß.

Wilhelm Dieß gehörte zum Freundeskreis des Schriftstellers Ernst Penzoldt. Er war Anwalt und hatte Karl

Valentin rechtlich beraten. Dieß schrieb nebenbei aus seiner Erfahrung als Anwalt bayerische Geschichten von Rang. Später ebnete er mir den Weg zu Valentin.

Ich ging also zu Dieß und erklärte ihm den Grund meines Besuchs. Er hörte aufmerksam zu und sagte dann kurz und entschieden: »Sie müssen, lieber Piper, überhaupt nicht in die Partei. In keinem Fall!« Daß von dem erfahrenen Anwalt diese eindeutige Antwort kam, war für mich, den Jüngeren und nicht so Erfahrenen, eine Hilfe, für die ich noch heute dankbar bin. Mit dieser klaren Antwort eines gebildeten und praktisch viel erfahrenen Mannes war die Versuchung ein für allemal erledigt. Ich weigerte mich nicht, in die Partei einzutreten, ich tat es einfach nicht. Die wenigsten traten ihr übrigens bei, weil sie von der Gültigkeit des Parteiprogramms, zumal der Rassenlehre, überzeugt gewesen wären. In vielen Fällen führte Opportunismus, normaler Trieb zur Förderung des Ichs, in die Arme der Partei.

In der Tat legte die Nationalsozialistische Partei keinen Wert auf Zwangsmitgliedschaften, sie wollte Mitglieder, Gefolgsleute und Mitvollstrecker aller Art haben, die freiwillig die »Solidaritätserklärung«, nämlich die Parteimitgliedschaft, unterzeichneten. Mitläufer, gezwungene Sympathisanten sind für totalitäre Machtapparate im Grunde wertlos. Denn man kann ihnen nicht wirklich vertrauen, sich nicht »bedingungslos« politisch auf sie verlassen. Dennoch konnte der Druck, in die Partei einzutreten, etwa auf einen Volksschullehrer – der Druck also auf einen beamteten Menschen, der für seine Familie zu sorgen hatte –, unter Umständen sehr groß sein.

Eines Tages, ich denke, es war im Jahre 1940 oder 1941, erhielt der Verlag ein Schreiben vom »Schwarzen Corps« mit dem Ansinnen, man möge doch in die bevorstehende neue Ausgabe des jährlich erscheinenden *Piper-Kunstkalenders* Photos von Waffen-SS-Soldaten beim

Angriff aufnehmen. Das wollte ich nun wirklich nicht. Ich schickte die Photos zurück mit einem knappen, sachlich gehaltenen Begleitschreiben, das besagte, die Kriegsphotos paßten thematisch nicht zu einem Kunstkalender. Darauf erfolgte keine Reaktion. Der Kalender erschien inhaltlich so gestaltet wie in den Vorjahren auch.

Obwohl ich die militärische Grundausbildung absolviert hatte, wurde ich als »GVH«, das heißt »garnisonsverwendungsfähig Heimat«, eingestuft und konnte so, da auch mein Vater wegen seiner schlechten Gesundheit nur noch wenig zu arbeiten in der Lage war, dem Kriegsdienst entgehen. Meine Gefühle dabei waren zwiespältig: Einerseits wollte ich, daß der Krieg verlorenging, andererseits war nach dem Fall von Stalingrad zu befürchten, daß die Sowjets ganz Europa überfluten würden. An Hitlers Sieg hatten wir alle nie geglaubt; einzig die rasche Niederwerfung Frankreichs hatte bei uns vorübergehend Zweifel ausgelöst: Wenn der Hitler Frankreich so überrennt, dann ist Europa wohl nicht mehr zu retten. Aber das war wirklich nur ein fatalistisches Gefühl von kurzer Dauer geblieben.

Musik
Sternstunden und Kettenreaktionen

S chon früher in diesem Buch habe ich davon erzählt, daß die Musik in meinem Vaterhaus eine große Rolle gespielt hat. Sie blieb für mich bis heute ein Lebensthema.

Ich habe viele Pianisten gehört, die im 20. Jahrhundert durch ihre Ausdruckskraft und den geistigen Rang ihres Spiels die Klaviergeschichte mitgestaltet haben. Einige, deren interpretatorische Prägekraft ich in besonderem Maße mit dankbarem Glück erlebte, will ich nennen. Der erste war Claudio Arrau, der, ein junger Mann noch, in einem kleinen Nebensaal der Münchner Residenz spielte und mich mit Debussy fast »aus dem Häuschen« geraten ließ. Dieses Stück wurde allerdings offensichtlich von einigen älteren Zuhörerinnen als so schockierend modern empfunden, daß ein befremdlich-protestierendes Geraschel mit Süßigkeitenpapier einsetzte. Sehr jung noch, hörte ich mit meinem Bruder in dem wunderbaren klassizistischen Saal des Münchner Odeons auch den eindrucksvoll-maskulinen Beethoven-Spieler Frederic Lamond.

Die Abende der großen deutschen Trias Edwin Fischer, Wilhelm Kempff und Walter Gieseking hat unser klavierenthusiastisches Häuflein, also mein Bruder Martin, Fips Richter und ich, nach Möglichkeit nie versäumt. Es gab damals die sogenannten Kategorieplätze, das waren Stehplätze zu achtzig Pfennig oder einer Mark. Wir postierten uns auf der linken Seite neben den vorderen Reihen, denn wir konnten damit rechnen, daß hier ein paar Plätze frei blieben. Wir warteten, bis die Tür des Künstlerzimmers sich öffnete, und stürzten dann, fast immer mit Erfolg, auf die leergebliebenen Plätze. Die Glücksmomente, wenn das Konzert anfing, waren unvergleichlich.

Edwin Fischer, von gedrungener Gestalt, mit Löwenmähne und blitzenden Augen, nahm Platz am Flügel, musterte kurz das Publikum und begann – zum Beispiel – mit den gedämpft pochenden C-Dur-Akkord-Repetitionen der Anfangstakte der *Waldstein-Sonate*. Oder er begann ein anderes Mal mit Schumanns *Fantasie*, wiederum in C-Dur. Seinen großen Beethoven-Sonaten-Abend, vielleicht waren es auch mehrere, aus Anlaß der Feiern zum hundertsten Todesjahr 1927, empfanden wir in der Monumentalität und zugleich menschlich nahen Wiedergabe als meisterhaft und unübertrefflich. Soweit ich mich erinnere, gab er die *Wut über den verlornen Groschen* als erste Zugabe.

Zugaben gewähren ein kurzes, besonderes Glück: Das bedeutende Programm ist absolviert, die Spannung beim Vortragenden läßt nach, er fühlt sich entlastet und läßt die Musik in seinem Extrastück ganz frei sprechen.

Wilhelm Kempffs Götter waren Beethoven, Bach und Schumann, aber nicht nur sie allein. Es muß 1928/29 gewesen sein, als wir hörten, ein junger, schon berühmter Pianist spiele erstmals in München. Er komme aus Potsdam. Wir stellten uns etwas »Preußisch-Blondes-Straffes« vor und gingen mit großer Erwartung ins Odeon, den bis zum Krieg repräsentativen Konzertsaal Münchens. Es war ein Chopin-Liszt-Abend mit den beiden grandiosen Sonaten, der b-Moll von Chopin und der h-Moll von Liszt, die mit Recht als die nach Beethoven bedeutendste Klaviersonate überhaupt genannt wird. Die geistreiche Virtuosität, der groß disponierte Schwung, die strukturelle Klarheit, das kontrollierte Feuer, womit die Werke geboten wurden – alles bezauberte uns. Mir selbst ist von den Zugaben Liszts *Au bord d'une source*, ein wahres Klavierjuwel, besonders in Erinnerung geblieben. Entscheidend bei dieser Zugabe war: Die ruhevoll sich wiegenden Triolensechzehntel gaben die innere Verfassung dessen wieder, der am Rand der Quelle sitzt, nicht das Wesen des aufsprühenden Wasserstrahls. Die innerste Idee des Stücks war durch Kempffs Spiel erfaßt, bis hin zur pianissimo herabrieselnden Schlußfigur. Das in der zweiten, endgültigen Fassung von Liszt nicht mehr notenüberladene Stück ist allerdings außerordentlich schwierig zu realisieren. Ich habe *Au bord d'une source* an meinen vielen Klavierabenden nicht ein einziges Mal wieder hören können, weder im Hauptprogramm noch als Zugabe.

Walter Gieseking hatte die besondere Begabung für die beiden großen Klaviererfinder Frankreichs im 20. Jahrhundert: Claude Debussy und Maurice Ravel. Man sagt, ein genetisches Moment habe bei Gieseking die starke Inklination zu den Franzosen bewirkt: Seine Mutter war Französin. Nebenbei: Auch mein Vater (Jahrgang 1879) hatte durch uns Brüder gelernt, Debussy und Ravel zu lieben. Wenn er bei mir zu Hause den Flötisten Kurt Redel traf, dann wünschte er sich von ihm Debussys *Syrinx*, eine musikalische Dreiminutenreise ins unendliche Reich der Schönheit. Das letzte Mal hörte ich Gieseking, den Klangzauberer und Rhythmiker, mit Schumanns fis-Moll-Sonate, die leider zu selten gespielt wird: ein äußerstes Ausmessen emotionaler Spannungen.

Ich kehre zurück zu Wilhelm Kempff. Er lebte, wenn er nicht gerade in Positano weilte, seinem italienischen Domizil, in einem schönen Haus in Ambach am Starnberger See. Nicht weit von ihm hatte der Schriftsteller Ernst Wiechert sein Haus. Von Wiechert hatte der Piper Verlag das Buch *In der Heimat* mit Aufnahmen von Walter Gerull-Kardas herausgebracht. Das führte dazu, daß wir Kempff kennenlernten. Er lud meinen Vater und mich zur Generalprobe eines Konzerts im Bayerischen Rundfunk ein. Zur

Aufführung stand an das vierte Konzert für Klavier und
Orchester in G-Dur von Beethoven. Die gelassen-eindring-
lich das Kommende ankündigenden Akkorde des Klaviers
erregten unsere hohe Erwartung. Sie wurde voll erfüllt.
Wir waren entzückt von der poetisch-kraftvollen Darbietung. Besonders der lebensvolle Triller, der die Kadenz
des ersten Satzes beschließt, oder auch der gleich nach Beginn des Soloparts taten es mir an. Ich sprach Kempff, als
wir nach der Probe mit Wiechert beim Essen zusammensaßen, darauf an. Er antwortete, eine Trillerpassage wie
hier im G-Dur-Konzert müsse sich durchaus über das bloß
Mechanische hinaus entfalten. Ein guter Triller müsse
einen Roman erleben. Und sein Lehrer Heinrich Barth,
der noch Schüler von Hans von Bülow gewesen war, habe
ihm gesagt, daß die wirklich schönen Triller nur gelingen, wenn sie schon in der Jugend des Pianisten geblüht
haben.

Was Wilhelm Kempff für mein Empfinden besonders
auszeichnete, war die Synthese aus einer deutschen, den
tieferen Dimensionen des musikalischen Textes verpflichteten Art und der Anmut, mit der er beispielsweise die
Französische Suite Nr. 5 in G-Dur von Bach spielte. Diese
Anmut ging einher mit einem improvisatorischen Gestus.
Strenge und Freiheit verbanden sich aufs glücklichste bei
ihm. Es gab Kritiker, die diesen improvisatorischen Geist
seines Spiels nicht schätzten oder nicht verstanden und ihn
als Manierismus auslegten. Das geschah auch in einer Kritik des damals renommierten Musikkritikers der *Münchner Neuesten Nachrichten*, Richard Würz. Mich, der ich damals noch ein junger Mann war, enttäuschte diese Kritik
so stark, daß ich ihrem Verfasser einen mehrseitigen Brief
schrieb, in dem ich meine Auffassung darlegte: daß eben
gerade in der nicht schon vorher starr festgelegten Agogik
von Kempffs Spiel seine Qualität liege. Ich glaube, ich erinnerte den Kritiker daran, daß Oscar Bie über den gewiß

hochbedeutenden Pianisten Hans von Bülow in wohl doch einschränkendem Sinn gesagt hatte: »Er spielte die Beethoven-Sonate so, als ob alle Linien im Werk schon vorher gezogen worden seien.«

Aus meiner Hochachtung vor Kempffs Meisterschaft ergab es sich sozusagen ganz von selbst, daß ich 1981 mit Vergnügen sein Buch *Was ich hörte, was ich sah. Reisebilder eines Pianisten* veröffentlichte und später noch *Unter dem Zimbelstern*, das zunächst in einem anderen Verlag erschienen war. Sie sind unterhaltend, sehr anschaulich. Kempff bezeichnete sich selbst als »Spielmann«. Als solcher machte er den inneren Organismus eines Sonatensatzes oder einer Fuge »durchsichtig« oder eher »durchhörig«. Ich empfand es als große Ehre, daß Kempff mich bat, die Laudatio zu seinem achtzigsten Geburtstag im Jahre 1975 zu halten. Er wollte an diesem Tag, der in der Münchner Siemensstiftung gefeiert wurde, keine Rede von einem Musikkritiker hören, sondern eine Würdigung aus dem Mund eines Musikliebhabers.

Inzwischen hatte ich mit einem Pianisten der jüngeren Generation, dessen plastisch-organisch durchgestaltetes Spiel mir manche Entwicklungen in einer Schubert-Klaviersonate erst voll erschlossen hatte, Bekanntschaft gemacht: mit Alfred Brendel. Sein Buch *Nachdenken über Musik* erschien erstmals 1977 und erreichte seitdem viele Auflagen. Ich schickte *Nachdenken über Musik* an Wilhelm Kempff. Als ich bald darauf bei ihm in Ambach war, sagte er mir, er habe nicht wenig von der Lektüre seines jüngeren Kollegen profitiert, müsse mir aber sagen, daß analytische Aufhellungen, wie sie Brendel biete, nicht im Bereich seiner eigenen Möglichkeiten lägen. Seine, Kempffs, musikalische Erkenntnisfähigkeit werde als solche wohl nur in seinem Spiel manifest werden.

Kempffs musikalische Erkenntniskraft offenbarte sich für mich, als er in den frühen dreißiger Jahren Bachs

Goldberg-Variationen vortrug. Der Ort des Geschehens war der damals viel für Konzerte benutzte, nicht sehr große Festsaal des Hotels Bayerischer Hof in München. Bekanntlich sind zehn der dreißig Variationen des Themas auf dem modernen Flügel sehr schwer zu spielen, da die beiden Hände versuchen müssen, auf dem einen Manual, auch wenn's arg eng wird, miteinander zurechtzukommen. Bach hatte sie für ein zweimanualiges Instrument komponiert, wo die beiden Hände einander naturgemäß nicht ins Gehege kommen können. Noch Ferruccio Busoni, der eine enorme Technik hatte, glaubte, die *Goldberg-Variationen* durch Streichung dieser zehn Variationen »für den Konzertsaal« retten zu müssen; tatsächlich hat er sie auch selbst als Ausführender weggelassen. Ganz anders Kempff! Ich will nicht schwärmen, muß aber bekennen: Wir hörten die Verwandlungen des Themas in dieser befreienden Spielmusik in allen dreißig Variationen wie mühelos und ganz selbstverständlich gespielt. Kempff hatte, wenn er als Bub neben seinem Vater, dem Orgelmeister, auf der Orgelbank saß, unabhängige Mehrstimmigkeit und Kontrapunkt sozusagen spielend mitbekommen.

Kempff selbst erzählt in seinen Erinnerungen eine kleine Geschichte aus seiner Jugend. Der Vater nahm ihn einmal mit zu Busoni, der damals in Berlin lebte, um den begabten Sohn dem großen Meister vorzustellen. Busoni fragte ihn bei der Gelegenheit: »Nun, was kannst du denn spielen?« Kempff antwortete darauf, wie er selbst berichtet: »Eigentlich ziemlich alles.« Er litt offenbar nicht an großer Schüchternheit. Tatsächlich fand, was er dem Hausherrn am Flügel vorführte, durchaus dessen Zustimmung.

»Kettenreaktionen« ereignen sich überall im Geflecht der menschlichen Beziehungen. Für den Verleger als Vermittler zwischen geistigen Produzenten, den Autoren, und den Konsumenten sind sie naheliegenderweise von vitaler Bedeutung. Ich bleibe – wenn ich auch die Pianisten vorläufig verlasse – bei der Musik, um zu zeigen, wie aus Freundschaft und Neigung eine Fülle auch beruflich fruchtbarer Folgen entstanden sind.

Mein Bruder Martin hatte, wie berichtet, den Komponisten Karl Amadeus Hartmann kennengelernt, und ich – ebenso wie natürlich Felix Richter – kam bald dazu. Die Hartmanns waren vier Brüder, unter ihnen der Maler Adolf. Beide Brüder, Karl Amadeus und Adolf Hartmann, waren harte und entschlossene Arbeiter. Zugleich liebten sie den Lebensgenuß, aßen und tranken mit Hingabe, wenn auch nie ausufernd. Der Beginn unserer Freundschaft fiel in die Zeit unmittelbar vor Beginn des Zweiten Weltkriegs. Die Hartmänner, aus guter bayerischer, politisch eher links stehender Familie stammend, und wir Brüder, zwar südlich des Weißwurstäquators, eben in München, geboren, aber doch durch unsere norddeutsche Herkunft geprägt, paßten durch gegenseitige Sympathie und ein lebhaftes Interesse füreinander aufs beste zusammen. Bald stellten wir fest, daß uns auch der Haß auf die Nazis einte, diese brutalen Vergewaltiger von Menschen und Kultur. Karl Amadeus Hartmann war beispielhaft in seiner künstlerisch-politischen Kompromißlosigkeit. Ab 1934 oder 1935 lehnte er jede Mitwirkung an öffentlichen Konzerten konsequent ab. Sein Beispiel bedeutete viel für manche Schwankenden.

Martin, Felix und ich waren oft und gern zu Gast in der schönen und großzügigen Wohnung der Hartmanns in der Franz-Joseph-Straße. Der wohlhabende Schwiegervater des Komponisten hatte das Haus erworben. Die gastliche, nun verwitwete Elisabeth bewohnt das Haus noch heute und lädt gegen das Jahresende hin gern Musiker und Freunde zu sich ein.

Ein Abend bei Hartmanns, zu dem auch wir Brüder eingeladen wurden, hatte für uns besonderen Glanz durch

die Anwesenheit bedeutender Repräsentanten der zeitgenössischen Musik: Ich erinnere mich an Luigi Dalla-
piccola, Bruno Maderna, Pierre Boulez und Hermann
Scherchen. Scherchen war ein bedeutender Promotor
neuer Musik, sowohl als Dirigent wie auch als Lehrer.
Hartmann war sein Schüler gewesen. Auf meine Bitte hin
erzählte mir Scherchen kurz von seinem Experimental-
Tonstudio in Gravesano in der Schweiz, das viele Jahre
lang ein Magnet gewesen war für junge Musiker, die neues
Gelände zu erkunden versuchten. Ich war in der etwas
naiven Erwartung zu diesem Abend gekommen, daß sich
für mich in den Gesprächen interessante Aufschlüsse über
bestimmte Zusammenhänge und Probleme der neuesten
zeitgenössischen Musik ergeben könnten. Es ging aber
doch mehr um den Austausch geschäftlicher Erfahrungen wie zum Beispiel um die Dirigentenhonorare in Hamburg oder Kairo. Natürlich war das ganz in Ordnung,
wie auch ich bald einsah. Eine Zusammenkunft von lebhaft gestimmten, befreundeten produzierenden Künstlern ist nicht der Ort für theoretische Debatten, sondern
eher für den Austausch professioneller, handwerklicher
Erfahrungen.

Gelegentlich spielte Hartmann uns am Klavier Themen
oder Phrasen aus einem neuen Stück vor, an dem er gerade arbeitete. Er sagte dann: »Das soll nur eine Andeu-
tung sein. Ich kann ja nicht Klavier spielen. Das geht nicht
gut mit meinem Mörderdaumen.« Aber so eine kleine
Kostprobe am Klavier schenkte doch sofort dem Hörer
den inneren Kontakt zum Charakter des Neuen.

Doch zurück zu dem Phänomen der verlegerischen Kettenreaktion. Eines Abends, wir waren wieder im kleinen
Kreis in der Hartmannschen Wohnung versammelt, eröffnete mir Karl: »Klaus, ich habe eine Mitteilung, die
für dich interessant sein sollte. Ich habe Ernest Ansermet
getroffen, der einen deutschen Verleger für sein Buch

sucht, das in französischer Originalausgabe kürzlich in der Schweiz erschienen ist. Es heißt: *Les fondements de la musique dans la conscience humaine.* Es kommen in dem Buch bestimmte Gedanken zum Ausdruck, die ich nicht unbedingt teile. Was mir Ansermet selbst zu dem Buch sagte, scheint mir aber in jedem Fall eindrucksvoll und wichtig zu sein. Es ist eine Untersuchung des Wissens über Musik, für die ich jedenfalls bisher in unserer Zeit kein Gegenstück sehe. Übrigens war Ansermet zuerst Mathematiklehrer an einem Gymnasium. Er geht, wenn ich es recht sehe, vom Rational-Philosophischen aus. Dafür hast du ja ein Organ.« Ich antwortete, daß ich mich mit einem so bedeutenden, wenn auch gewiß schwierigen Objekt gern befassen würde. Karl sagte mir dann noch, daß Ansermet bald in München dirigieren und sich dann die Gelegenheit zu einem Gespräch ergeben werde. Er gab mir die Originalausgabe mit der Bemerkung, seiner Ansicht nach werde Ansermet das Problem der deutschen Übersetzung finanziell erleichtern.

Wir knüpften zunächst brieflich die Verbindung neu, denn ich hatte Ansermet vor einigen Jahren in Begleitung der Philosophin und Jaspers-Schülerin Jeanne Hersch in Genf besucht und ihm damals mein großes verlegerisches Interesse an seiner Autobiographie bekundet. Nun erklärte ich noch zusätzlich mein Interesse an der deutschen Ausgabe der *Fondements de la musique.* Am 4. April 1962 antwortete Ansermet in seinem liebenswürdigen Deutsch: »Ich danke Ihnen für Ihren werten Brief, und ich habe Ihren liebenswürdigen Besuch mit Jeanne Hersch nicht vergessen. Aber ich [habe] nie gehabt und ich habe gar nicht die Absicht, eine Autobiographie zu schreiben, weil es sind heutzutage in der Musik viel wichtigere und dringendere Probleme zu behandeln als die Geschichte meines Lebens. Das Buch, von welchem Sie sprechen – *Die Grundlagen der Musik im menschlichen Bewußtsein* – ist die

Frucht [von] zwanzig Jahren Arbeit. Es ist eigentlich das Buch meines Lebens. Es ist mir gelungen, das musikalische Phenomen und [seine] Gesetze zu erhellen – was bis jetzt nie getan wurde, und damit ist auch eine ganze Weltanschauung in Sicht entstanden …«

Ich wußte von Ansermets Ruhm als Dirigent moderner Musik und selbstverständlich, daß Debussy und Ravel die Götter an seinem Komponistenhimmel waren. Ich wußte auch, daß er ein Vorkämpfer für Strawinskys Werk gewesen war. Als wir uns dann trafen, kam es zu folgender Unterhaltung. Ansermet sagte: »Monsieur Piper, Strawinsky: un drame!« Ich fragte, wieso. »Ja deshalb, weil der von mir so hochgeschätzte Igor – wir waren wirklich musikalische Gefährten – es für nötig befunden hat, in seiner späten Zeit Zwölftonmusik zu machen, mindestens Zwölftonpassagen in die Werke aufzunehmen. Leider: dieser geniale Musikerfinder, warum hat er es nötig gefunden, sich so, eigentlich verspätet, an die vermeintliche Spitze des Fortschritts zu stellen? Ich liebe seine Meisterwerke unverändert, aber mit seinen späten Experimenten konnte und kann ich nicht mitgehen. Wir sind beide auseinandergekommen. Es war eine bittere Stunde für mich, als ich, es ist noch nicht lange her, ein Konzert in der Carnegie Hall besuchte. Ich hatte einen Rangplatz, sah mich um und bemerkte plötzlich Strawinsky auf der gegenüberliegenden Seite auf seinem Platz. Wir erkannten uns, starrten schweigend jeder auf das einstmals doch so verehrte, ja geliebte Gegenüber… Wir sprachen in der Pause nicht miteinander. Un grand drame.«

Wir verständigten uns rasch über das Erscheinen der deutschen Ausgabe. Mit über 800 Seiten und 230 Musikbeispielen ausgestattet, ist das Werk sehr anspruchsvoll. Der Autor übernahm, wie von Karl Amadeus Hartmann schon angedeutet, gern die Kosten der deutschen Übersetzung, die hervorragend von Horst Leuchtmann und Erik

Maschat geleistet wurde. Beide waren als Musikfachleute unter anderem für den Bayerischen Rundfunk tätig. Ansermets Untersuchung ist aus gründlich durchdachter Musikererfahrung ein großangelegter Versuch, den Voraussetzungen und Prozessen in der musikalischen Produktion des 20. Jahrhunderts auf die Spur zu kommen. Sein Werk ist dazu berufen, das Nachdenken über Wesen und Zukunft der Musik weiterhin zu befruchten.

Ansermets Grundlage war eigentlich die phänomenologische Philosophie. Er war ja ursprünglich Mathematiklehrer am Gymnasium in Lausanne, aber natürlich auch Musiker und gläubiger Katholik. Sein Grundgedanke lautet: Der Mensch ist ein geschaffenes Wesen, das nicht beliebig mit seinem seelischen Vermögen umgehen kann, aber ein affektives Grundbedürfnis besitzt: Unsere Gefühle wollen erregt werden. Dies gelingt in wunderbarer Weise in der Musik bis zum Übergang in die Atonalität. Debussy, Strawinsky und Bartók erfüllen noch diesen Wunsch. Aber da, wo es für Ansermet dogmatisch wird, weil man die Tonalität auflösen muß, sieht er die Leere, eine Art Nichts, etwas Unverbindliches. Schönberg selbst wollte keinen Dogmatismus, obgleich er ihn bewirkt hat.

Bei uns dauert die Entwicklung einer konsequent atonalen Kopfmusik tatsächlich schon lange, aber – das ist mein subjektives Empfinden – die höchsten Glücksmomente werden durch sie nicht erzeugt. Ich behaupte, das ändert sich auch nicht, wenn man diese Musik fünfhundert Jahre lang spielt. Mir scheint schon ein Beweis dafür zu sein, daß sich die gegenwärtige Musikentwicklung von diesen rigorosen Schemata total befreit hat. Komponisten wie Alfred Schnittke, Aribert Reimann oder Wolfgang Rihm gehen ja mit ihren musikalischen Modi ganz frei um. Sie komponieren sehr undogmatisch, unabhängig von Schemata.

Horst Leuchtmann hat 1964 zu der sehr schwierigen Materie, die Ansermets Buch behandelt, folgendes gesagt:

»Es erweist sich, daß die Bewußtseinsphänomene, die bei der Musik eine Rolle spielen, dieselben sind, die am Ursprung aller Grundbestimmungen des Menschen in seiner Beziehung zur Welt, zu Gott und zur menschlichen Gesellschaft stehen. Unmöglich, eine klare Vorstellung von der Musik zu gewinnen, ohne sich eine Vorstellung vom Menschen zu machen, ohne eine ganze Philosophie und Metaphysik zu entwerfen ... Die musikalischen Strukturen haben also für uns Bedeutungen, die wir in sie hineinlegen; da aber die musikalische Wahrnehmung vor der Reflexion liegt, ist die Sprache der Musik eine Sprache der Gefühle und nicht des Denkens.«

Seit Ansermet sind bei uns keine musikphilosophischen Werke mehr erschienen. Ansermets *Grundlagen* haben da und dort Debatten ausgelöst, sind aber meines Wissens bis heute noch nicht Gegenstand einer größeren öffentlichen Debatte geworden. Manche haben ihn kritisiert, aber niemand hat eine Gegenschrift verfaßt. So ist dies eine bis heute sehr wichtige Auseinandersetzung mit der modernen Musik. Nach Ansicht von Werner Heisenberg, dem hochmusikalischen Physiker, kann dieses Werk in seiner Komplexität in einer normalen Rezension in der Presse oder auch einer Zeitschrift gar nicht ausreichend reflektiert werden. Er schlug vor, es an einer interessierten Universität in großem Kreis nach den verschiedenen Richtungen Philosophie, Mathematik, Ästhetik zu diskutieren.

Ähnlich äußerte sich Herbert von Karajan. Er hatte mich in Sankt Moritz im Hotel Kulm, wo ich mich zu einer vorweihnachtlichen »Sunshine-Woche« aufhielt, abgeholt. Stolz lud er mich ein, in seinem neuen Audi Quattro Platz zu nehmen. Es ging auf schneeglatter Straße flott dahin und schließlich steil hinauf zum nahen Flugplatz bei Samedan. »Halten Sie sich ein bißchen fest!« Erstaunlicherweise ging alles gut. Wir saßen alsbald entspannt und ungestört auf einer sonnigen Bank. Ich fragte natürlich – Verlegersein verpflichtet – Karajan zuerst, ob er bereit wäre, ein Buch »ad me ipsum« zu schreiben. Karajan dankte und überlegte: Ja, dieser Antrag könne ihn interessieren, aber er müsse in erster Linie seinen Zeit- und Kräftehaushalt prüfen. Anders verhielte es sich mit dem Buch von Ansermet, das ich ihm, wie einigen anderen prominenten Musikern auch, geschickt hatte. Für den ohne Zweifel auch zu kontroversen Stellungnahmen reizenden Inhalt des Buches sollte, so seine Ansicht, an geeigneter Stelle, vor allem auch mit jüngeren Musikern und Musikwissenschaftlern, eine gründliche Diskussion seiner Prämissen und Thesen stattfinden. Salzburg, so meinte er, sei der dafür gegebene Ort. Karajans Anregung bewegte sich in derselben Richtung wie Heisenbergs Vorschlag. Leider ergab sich keine Möglichkeit mehr, den Plan konkret weiterzuverfolgen.

Ernest Ansermet gehörte zu den Menschen, mit denen mich sogleich ein Gefühl der spontanen Sympathie verband. Er war ein glänzender Erzähler. Bei einem Abendessen in München, zu dem meine Frau Elisabeth und ich ihn einluden, erzählte er so lebendig von Sergei Rachmaninow, dem großen russischen Pianisten und Komponisten, daß wir glaubten, ihn vor uns zu sehen – und zu hören.

Es war aber besonders eine Konzerttournee, die Ansermet mit Strawinsky unter bescheidensten äußeren Bedingungen gleich nach dem Ersten Weltkrieg mit der *Histoire du soldat* unternahm, an der uns Ansermet erzählend teilnehmen ließ. Komponist und Dirigent mußten mit sehr einfachen Quartieren vorliebnehmen. An einem Abend war eine Schweizer Provinzstadt der Ort der Darbietung. Diese gelang völlig nach Wunsch. Erschöpft, aber glücklich kehrten die beiden musikalischen Heroen in ihren

Gasthof zurück, um sich schlafen zu legen. Man betrat das geräumige Schlafzimmer. Die beiden schweren Waadtländer Betten darin hatten genügend Abstand, aber die Gasthäuser waren nach den Erschütterungen des Krieges selbst in der Schweiz unsicher geworden. Strawinsky, so die Schilderung von Ansermet, ging zur Tür, um ihre Festigkeit zu prüfen, war aber von dem Ergebnis nicht vollständig überzeugt und wandte sich mit den Worten zu Ansermet um: »Wir müssen dein Bett an die Tür rücken, so daß es quer davorsteht. Dann kann uns keiner so leicht überfallen. Ernest, du mußt einsehen, daß das Bett an der Tür der Ort ist, wo *du* schlafen wirst. Denn, so ist es nun einmal, ich bin ein schöpferischer Künstler. Du bist nur, wenn auch mit hoher Qualität, ein Ausführender.« Sprach's und bestieg sein Bett an der Innenwand des Zimmers. Ansermet blieb nichts anderes übrig: Er bezog das schützende Bollwerk direkt an der Tür.

Es wird Mitte der dreißiger Jahre gewesen sein, als sich die Kunde verbreitete: Rachmaninow ist in München zu hören. Ich wußte, wer er war: einer der großen Pianisten des Jahrhunderts und ein Komponist, der dem Klavier viele Werke von zauberischem Reiz, epischer Gewalt und tief berührender Melodik geschenkt hat. Wir gingen frühzeitig zum Odeon, um noch günstige Karten zu ergattern. Es gelang. Mit höchster Spannung saßen wir im Saal und warteten darauf, daß dieser Magier des Klaviers tatsächlich aus dem Künstlerzimmer heraus und aufs Podium treten würde.

Wir kannten Rachmaninow von Photos. Die Erscheinung, die vor uns trat, ist mir noch nach sechzig Jahren faszinierend gegenwärtig: die hohe, schlanke Gestalt, der leicht asiatisch wirkende Schädel, die ledrige Haut und der brennende Blick, der einen völlig in den Bann zog. Die durch den leibhaftigen Anblick noch weiter gestei-

gerte Erwartung wurde wahrlich nicht enttäuscht. Die
Hauptstücke des Programms sind mir im Gedächtnis: Chopins grandios geraffte b-Moll-Sonate mit den in rasender
Eile sich verfolgenden Unisono-presto-Triolen des Schlußsatzes, von denen der russische Pianist, Komponist und
Dirigent Anton Rubinstein (kein Verwandter von Artur
Rubinstein) gesagt haben soll: »Wie wenn der Nachtwind
über die Gräber weht.« Unter den anderen Stücken dieses
denkwürdigen Abends sind mir noch Schumanns *Carnaval*
und genial-aufregend, von höchster Lebendigkeit Mozarts
letzte Klaviersonate (in D-Dur KV 576) in Erinnerung.
Und worauf wir gehofft hatten, das trat ein: Rachmaninow
spielte auch einige seiner betörend schönen *Préludes*.

Rachmaninows Kompositionen sind vielleicht in ihrer
allgemeinen Wirkung seit einiger Zeit etwas zurückge-
treten. Er ist und bleibt ein großer Melodiker, ein Magne-
tiseur. Er war ein genialer Pianist, der aus dem Geist seines
Instruments heraus komponierte, ebenso wie, wenn auch
naturgemäß anders, sein Landsmann Alexander Skrjabin. Für dessen ekstatische Musik konnten Martin und
ich sogar unseren Vater gewinnen. Skrjabins Entwicklung,
ausgehend von einem Chopin-Nachklang und bis hin zu
Schönbergs futuristischen Klängen weisend, prägte sich
mir so stark ein, daß ich Jahre später als Verleger gern zugriff, als sich die Gelegenheit bot, den Schweizer Musik-
wissenschaftler und -kritiker Sigfried Schibli als Autor für
eine Skrjabin-Monographie zu gewinnen. Er hat seinem
Buch den Untertitel *Grenzüberschreitungen eines promethei-
schen Geistes* gegeben.

Viele Jahre vorher hatte ich, was bedeutende Klavierinter-
preten angeht, ein besonderes Erlebnis. Für den verhinder-
ten Solisten des in Hamburg angesetzten b-Moll-Konzerts
von Tschaikowski sprang ein junger, bis dato unbekannter
Russe namens Vladimir Horowitz ein. Die Wirkung seines

Spiels war sensationell. Ich hörte davon und schätzte mich glücklich, diesen neuen Stern kurz nach seinem Hamburger Auftritt in München hören zu können. Das Ereignis fand im intimen Saal des Bayerischen Hofs statt. Auf dem monumentalen Chopin-Programm standen zuerst die vier Balladen, dann als Mittelstück die b-Moll-Sonate und abschließend zwölf Etüden. Mehr konnte man sich wahrhaftig nicht wünschen. Chopins typischer Mazurka-Rhythmus mit dem leichten Verzögerungsakzent je auf dem zweiten Taktteil der Triole blieb mir eine Weile im Blut.

Ich bleibe bei der von heute aus gesehen schon älteren Welt der Chopin-Interpreten und entsinne mich des eleganten Ignacy Friedman, den ich vor dem Zweiten Weltkrieg mehrfach gehört habe. Seine unnachahmliche Darbietung des kleinen, aber keineswegs unscheinbaren Kosmos von Chopins 24 *Préludes* blieb in meiner Seele lebendig. Friedman liebte es, wenn er in München einen Klavierabend in der Faschingszeit gab, seine Hörer zum Schluß mit der technisch gepfefferten, von Hanns Eisler verfaßten Klaviertranskription der *Schönen blauen Donau* zu entzücken.

Buchstäblich atemberaubend war es, wenn der sagenhaft virtuose Moriz Rosenthal die *Terzenetüde* von Chopin spielte. Die Sechzehntelterzen, ich habe es an Hand einer Platte kontrolliert, nahm er mit Metronom 160, und dabei war sein Spiel vollendet schön. Es stimmt nicht, was ich neulich in einer Konzertbesprechung las, daß nämlich die großen Pianisten der älteren Generation dem hohen technischen Niveau der meisten Jungen heute nicht mehr gewachsen wären.

Zum »Chopin-Kreis« gehörte auch ein besonderer Fall: Wladimir von Pachmann. Ich hörte ihn einmal. Der Künstler bestätigte seinen Ruf, einen bis ins Feinnervig-Subtile gehenden Stil zu haben. Er habe so gespielt, sagten die Kenner, daß er vielleicht von allen Pianisten in den letzten hundert Jahren der Spielweise von Frédéric Chopin am nächsten gekommen sei. Chopin hatte die großen Säle gemieden, in ihnen ließ er sich sozusagen von Franz Liszt vertreten. Er selbst liebte es, seine Musik in der intimen Atmosphäre der Salons erblühen zu lassen. Pachmann sprach, wie berichtet wird, zwischen zwei Werken des Programms gern zum Publikum. Das konnte, wie ich hörte, ausufern. Deshalb gab es in der zweiten Reihe zur eventuellen Hilfeleistung eine diskrete Begleitperson, die ihn »bremsen« sollte, von der ich jedoch im Konzert nichts bemerkte. Die Delikatesse des Spiels blieb ungetrübt. In der Tat: Der Geist von Chopins Spiel schien im Saal zu schweben. Es war auch dies, in besonderer Weise, eine Sternstunde der Musik.

Eines Tages kam auf der Frankfurter Buchmesse der Züricher Literaturagent Rainer Heumann auf mich zu und bot mir Manuskript und Exposé für eine Autobiographie von Yehudi Menuhin an. Das war natürlich ein sehr erfreuliches Angebot. Ich hatte schließlich den großen Geiger schon als Zwölf- oder Vierzehnjährigen – ich bitte mich auf die genaue Zahl nicht festzulegen – auf dem Podium der »Tonhalle« erlebt. Diese Tonhalle war neben dem Odeon der zweite große Konzertsaal in München. Menuhin spielte im Matrosenanzug, vergnügte Sicherheit ausstrahlend, das wunderbare Violinkonzert von Johannes Brahms. Erich Kleiber dirigierte. Eine Lebensbeschreibung dieses Zauberkünstlers – par lui-même –, das war etwas! Es war jedoch angegeben, daß sich der Autor eines Mitarbeiters bedient hatte. Von der Buchmesse nach München zurückgekehrt, lasen wir, Verleger und Lektor, das Manuskript. Es wirkte nicht überzeugend. Der Magnetismus der Selbstdarstellung fehlte. Wir teilten dies Rainer Heumann mit, der offenbar ähnlich dachte und sofort sagte, er werde mit dem Autor konferieren. Bald hörten

wir dann zu unserer Erleichterung, daß Menuhin sich entschlossen hatte, sein Manuskript, die *Unvollendete Reise,*
noch einmal selbst, eigenhändig zu schreiben.

In verblüffend kurzer Zeit nach dieser Meldung kam
das Manuskript – und es war faktisch ein neues Manuskript – zu uns in den Verlag. Es war ein kleines Wunder
geschehen: Jetzt war die Frische, die Unmittelbarkeit da,
die man doch von der Autobiographie eines Musikers erwartet, der nicht nur ein Zauberer auf der Geige war, sondern auch ein moralisch in der Welt engagierter Mensch.
Noch dazu war dies die Selbstdarstellung eines Juden,
der nach 1945 nicht etwa den Deutschen ein für allemal
den Rücken gekehrt, sondern ihnen durch seine offene
Menschlichkeit geholfen hat, nach der furchtbaren inneren Erschütterung – wenn auch mühsam – wieder ein inneres Gleichgewicht zu finden. Der Leser wird verstehen, daß
es mich mit besonderer Befriedigung erfüllt hat, daß ich
Menuhins *Unvollendeter Reise* mit meinen Mitarbeitern den
Weg zu den deutschen Lesern bahnen konnte. Während
die Übersetzungsarbeit an Menuhins Manuskript noch im
Gange war, kam er 1976 mit seiner Schwester Hephzibah
nach München und spielte im Kongreßsaal des Deutschen
Museums die Beethoven-Sonate in c-Moll, Bachs Partita in
E-Dur und die Bartók-Sonate von 1926. Es kam dann noch
zu einer kleinen Begegnung nach dem Konzert.

Als Menuhin als Jugendlicher in München das Brahms-
Konzert gespielt hatte, war ich begierig gewesen, die Geige
gleichsam als Gegeninstrument zum Klavier zu entdek-
ken. Das Klavier hat den fertigen Klavierton und damit
eine Grenze seiner Ausdrucksmöglichkeit. Wie soll man
mit ihm eine freie Kantilene zaubern? Am Klavier Stimmen gegeneinander zu setzen, Modulationen durchsichtig
zu machen, ein Crescendo zum Fortissimo aufzutürmen,
das ist schon eine großartige Sache. Aber das »Singen«
einer Melodie ist wohl das Privileg der menschlichen

Stimme und des Instruments Geige. Ich lauschte damals
dem Zauberer Menuhin und vergaß völlig, daß er eigentlich noch ein Kind war. Ich hatte die Empfindung einer
vollkommenen inneren Identität mit dieser einen Stimme
der Geige. Es war eine Offenbarung der Kunstwahrheit in
Tönen. Dieser biegsam-modulierende, zugleich kraftvolle
Geigenton bedrückte mich ein wenig, wenn ich an mein
»armes« – und doch auch so reiches – Klavier dachte.

Hier ein Wort zu Büchern über Musik. Sie sind ja im
Grunde etwas Absurdes. Literatur stellt sich als Sprache
dar, und auch die Philosophie ist an die Schrift gebun-
den. Anders die Musik: Sie findet statt, sie wird gespielt,
gesungen. So ist die Bedeutung von Musikbüchern doch
sekundär. Etwas anderes ist das Verlegen von Noten und
Texten, wie es ein Musikverlag macht. Gleichwohl ist das
Musiksegment auch für uns reizvoll gewesen, nicht zuletzt
gerade deshalb, weil der Musikschriftsteller etwas Unmög-
liches tut: Er versucht Musik in Worten zu beschreiben.
Da gibt es bestenfalls Annäherungen durch Analogien,
doch sie ergeben keinen Sinn. Es macht indessen Sinn,
Beiträge zur Entstehungsgeschichte von Kompositionen
zu liefern und den Hintergrund aufzuhellen, indem das
musikalische Werk im Zusammenhang mit der Biographie
des Komponisten gesehen wird. Nehmen wir Yehudi Menuhins Autobiographie als Beispiel: Er beschreibt darin,
wie er Musiker geworden ist, und legt auch seine Auffassung über die Musik dar, sein humanistisches Credo,
das weit über das Musizieren hinausgeht. Solche Musikbücher, die Biographien oder Selbstzeugnisse zum Gegenstand haben, gab es im Piper Verlag schon vor vielen
Jahrzehnten. Mein Vater verlegte die ersten Bücher über
Gustav Mahler, Arnold Schönberg, Max Reger, auch große
Biographien über Beethoven und andere Musiker. Aber
der Kreis von Menschen, die etwas über die Musik lesen

wollen, die sie gerne hören, ist klein. Trotz dieser Probleme habe ich immer wieder Musikbücher in das Verlagsprogramm aufgenommen.

Ich traf Nicolas Nabokov, der in den sechziger Jahren als künstlerischer Leiter der Berliner Festwochen wirkte. Nabokov, aus großer russischer Familie stammend und Bruder des berühmten Schriftstellers Vladimir Nabokov, bat mich, seine Erinnerungen an seine Jugend in Rußland zu verlegen. Mit großem Vergnügen, aber leider nur sehr mäßigem Verkaufserfolg, brachten wir *Zwei rechte Schuhe im Gepäck* heraus.

Ich hatte mit Nabokov über den Vertrag verhandelt. Er erzählte anschließend von einem Konzert in der Carnegie Hall in New York, das er mit dem ihm seit langem befreundeten Igor Strawinsky besucht hatte. In der Programmfolge – ich glaube als zweites Werk – wurde das Stück eines deutschen Komponisten gespielt. Das Werk – so hat er mir berichtet – habe ruhig angefangen, sich dann aber immer weiter gesteigert. Die beiden Konzertbesucher ließen sich von den Klangstürmen hinreißen. Schließlich flüsterte Igor seinem Nachbarn Nicolas deutlich verständlich ins Ohr: »Fasten your seatbelt!« Man erkundigte sich näher nach dem Komponisten des gewaltigen Stücks und erfuhr, es sei von einem wichtigen bayerischen Komponisten namens Karl Amadeus Hartmann.

Dieses Konzerterlebnis muß ein Anstoß dafür gewesen sein, daß Strawinsky und Hartmann in Verbindung traten. Die Verbindung entwickelte sich besonders durch die berühmte, von Hartmann kurz nach dem Krieg gegründete Münchner Konzertreihe »musica viva«. Die »musica-viva«-Konzerte waren ein großartiges Unternehmen, weil Hartmann mit richtigem Instinkt in den Programmen Werke der klassischen Moderne, also etwa Bartók, Prokofjew, Hindemith oder eben Strawinsky, mit Orchesterwerken neuester Provenienz paarte. Diese Paarung hatte einen einfachen, aus der Zeitgeschichte zu verstehenden Hintergrund: Den meisten, besonders aber den jüngeren Hörern der »musica viva« waren die in der ersten Hälfte des 20. Jahrhunderts komponierten klassisch-modernen Werke überhaupt noch nicht zu Gehör gekommen. Denn viele von ihnen waren durch das Verdikt »entartete Kunst« in den Jahren des »Tausendjährigen Reichs« öffentlich nicht aufgeführt worden, das heißt überhaupt nicht. Denn was heißt »öffentlich«? Wäre es möglich gewesen, eine Symphonie oder ein Violinkonzert zu Hause in den vier Wänden für einen Kreis von Eingeweihten darzubieten?

Einen Augenblick verweile ich noch bei der Musik, bei den großen Pianisten, die mein Leben bereichert haben. Wenn ich hier den schon genannten Klaviermeistern noch einige weitere hinzufüge, so soll darin keinerlei subjektive Rangordnung liegen. Sie alle haben mir, jeder auf seine Weise, Sternstunden des Mit- und Neuerlebens geschenkt. In seinem Buch *Große Pianisten in unserer Zeit* ist es Joachim Kaiser gelungen, sie im einzelnen zu charakterisieren, ihre musikalischen Profile zu entwerfen. Auf Kaiser hatte mich seinerzeit Hermann Proebst, von dem noch zu berichten sein wird, aufmerksam gemacht, als jener als junger Redakteur bei der *Süddeutschen Zeitung* eingetreten war. Ich hatte mich bald darauf mit Kaiser getroffen. Auch er liebte, wie ich, das Klavier und hält ihm bis heute die Treue. Wir trafen uns zum Vierhändigspielen. Natürlich wollte ich bald ein Buch von ihm verlegen, und so kam es, daß wir das erwähnte – zuvor bereits in einem anderen Verlag erschienene – Buch 1972 in einer Neufassung ins Piper-Musikprogramm übernehmen konnten, wo es weiterhin Jahr für Jahr neue Leser findet. Es entwickelte sich eine langjährige fruchtbare Autor-Verleger-Beziehung.

Ich erinnere mich gern an Arturo Benedetti Michelangeli und seinen jüngeren Landsmann Maurizio Pollini mit seinem männlich durchgeformten Stil. Aus einer tiefen inneren Wahlverwandtschaft heraus hat Benedetti Michelangeli ebenso wie der viel ältere Walter Gieseking Claude Debussy und Maurice Ravel in mein inneres Leben gerufen. Von den Großen, die nicht mehr leben, möchte ich Artur Rubinstein nennen. Rubinstein hatte sich schon nach dem Ersten Weltkrieg wegen des deutschen Einfalls in Belgien geschworen, nie mehr ein Konzert auf deutschem Boden zu geben. Ein Konzert in Bern gab mir Gelegenheit, ihn kennenzulernen. Ich hatte gehört, daß Rubinstein nicht nur ein wahrer Zauberer auf dem Klavier sei, sondern amüsant zu erzählen verstünde. Ich wollte ihn fragen, wenn es sich ergäbe, ob er bereit sei, für den Piper Verlag seine Lebenserinnerungen zu schreiben. Die Situation in Bern war angenehm und geeignet, denn Rubinsteins Hotel war zugleich das meine und lag nahe beim Konzertsaal.

Ich machte dem Meister nach meiner Ankunft telephonisch meine Aufwartung und deutete mein Vorhaben an. Rubinstein sagte: »Wir könnten doch, es wäre das einfachste, den kurzen Fußweg vom Hotel zum Konzertsaal gemeinsam machen und uns dann weiter in der Pause unterhalten. Die Schweizer sind sehr höfliche Leute. Es wird uns niemand in der Pause stören.«

Rubinstein spielte zuerst »Ondine« aus Ravels dreiteiligem Klavierzyklus *Gaspard de la nuit*. Ein absolutes Wunder an entfesselt-durchgeistigten Klangfarben. Danach drei Intermezzi von Brahms. Dann war Pause. Ich betrat das Künstlerzimmer; in der Tat war niemand sonst anwesend, und ich konnte mein Anliegen vorbringen. Rubinstein hörte freundlich zu und sagte dann: »Herr Piper, ich habe gehört, daß Sie der Musik nahestehen, und habe auch Gutes über Ihren Verlag gehört. Aber, bitte, bedenken Sie: Schon als Knabe im Matrosenanzug habe ich vor Gästen im Hause von Samuel Fischer in Berlin gespielt. Ich muß doch also mein Buch, wenn ich damit fertig bin, dem S. Fischer Verlag geben.« Das sah ich ein und sagte, daß ich das Buch nach seinem Erscheinen bestellen wolle. Die Lektüre war in der Tat sehr vergnüglich. Analysen oder Deutungen von musikalischen Werken sind bei Rubinstein nicht zu lesen. Das Organ dafür haben nur sehr wenige musikalische Interpreten.

Übrigens war Rubinsteins erste Frage, als ich in sein Künstlerzimmer trat: »Wie hat's geklungen?« Gerade bei den tragisch verschatteten, reifen Klavierstücken aus Brahms' Spätzeit war die klangliche Schönheit von Rubinsteins Spiel, die von der strukturellen Wahrheit dieser Musik nicht zu trennen ist, einzigartig.

Ältere Großmeister des Klaviers konnte ich nicht mehr hören. Mein Vater erzählte mir aber von einem Klavierabend Ferruccio Busonis in München, den er mit einem Freund besucht hatte. Als Hauptwerk stand Beethovens *Hammerklaviersonate* auf dem Programm. Ich fragte, wie's gewesen sei. Die Antwort: »Der erste Satz großartig, energisch-diszipliniert. Aber, Klaus, dann das überirdische Adagio! Busoni nahm das Tempo dieser Zwiesprache mit Gott, dem Universum, entschieden zu lebhaft. Nur meine Jugend damals kann entschuldigen, was ich tat – mehr spontan als in bewußter Absicht. Als Zeichen meines Mißfallens über das, wie ich entschieden fand, unpassende Tempo entsandte ich einen leisen Pfiff in Richtung des Pianisten. Der reagierte sofort, sandte einen Gegenaugenblitz in die Richtung, aus der der leise Pfiff gekommen sein mußte, und spielte, ohne die geringste Irritation zu zeigen, das wahrhaft transzendente Stück zu Ende. Um sich danach ungesäumt in Zwischenspiel und große Fuge zu stürzen.«

Ausnahmsweise berichte ich hier über ein Klavierereignis aus zweiter Hand. Ich tue es, weil ich in meiner

Galerie großer Pianisten auf Busoni nicht verzichten will. Busoni war Sohn eines italienischen Klarinettisten und einer deutschen Pianistin, Anna Weiß. Deshalb vielleicht schlug bei ihm, als er zum großen Adagio der *Hammerklaviersonate* kam, das schnellere romanische Lebensgefühl bei der Tempowahl etwas stärker durch als deutsche Schwerblütigkeit. Der Leser kann sich, wenn er auf CD verschiedene Darbietungen ein und desselben Werkes hört, leicht selbst eine Vorstellung machen von der Schwankungsbreite der Tempi in der musikalischen Aufführung.

Die Klavierliteratur verfügt über ein Repertoire, dessen Spannweite kaum geringer ist als das der Orchestermusik. Ein Leben reicht kaum aus, alles kennenzulernen. Weil das so ist, konnte der geniale Frédéric Chopin seine Eingebungen in allen ihren Schattierungen dem Klavier, seinem Instrument, anvertrauen. Auch der Russe Alexander Skrjabin schrieb, wenn auch nicht so ausschließlich wie Chopin, aus innerster Wesensverwandtschaft mit dem Instrument vor allem für das Klavier. Es genügt, eine der späten mystischen Skrjabin-Klaviersonaten oder Franz Liszts hochpoetische Klavieretüde *Un sospiro* oder seine *Jeux d'eau de la Villa d'Este*, diese von stärkster innerer Kraft erfüllten zarten Gebilde, anderen Meisterwerkcn wie Bachs *Goldberg-Variationen* oder Beethovens *Hammerklaviersonate* oder Strawinskys *Trois mouvements de »Pétrouchka«* gegenüberzustellen, um sich der enormen schöpferischen Möglichkeiten des Klaviers bewußt zu werden.

Was ich nach Lage der Dinge einsehe, aber doch als schmerzlichen Verlust empfinde, ist die Tatsache, daß das Klavier für die zeitgenössische Musik seine wunderbare zentrale Rolle von einst eingebüßt hat.

Vielleicht will mein Leser wissen: Wie hältst du es mit der Musik unserer Zeit? Ich weiche der Frage nicht aus und wünsche mir gleichzeitig, daß es den heutigen

Komponisten gelingt, Werke zu schaffen, die den Hörer in ihrer Ausdrucksart heimisch zu machen vermögen, und daß die Nabelschnur der neuzeitlichen Schöpfungen zurück zu der großen, unvermindert lebenskräftigen Musik der Vergangenheit nicht ganz durchschnitten wird.

Arbeit mit den Autoren

Überleben im Krieg, Dostojewskis »Idiot« auf
»Mein Kampf«-Papier

Ehe ich in meinem verlegerischen Lebensbericht fort-fahre, hier ein grundsätzliches Wort zur Arbeit des Verlegers mit seinen Autoren. Die Autoren sind des Verlegers Kostbarstes. Sie sind seine schöpferischen Auftraggeber. Der Verleger verdankt ihnen, den Urhebern seiner Verlagswerke, seinen ganzen Daseinszweck. Das psychologische Spektrum der Beziehung zwischen Autor und Verleger ist fast unerschöpflich an Zwischentönen. Ein großer, zu rühmender Vorzug seines Berufs ist, daß der Verleger mit seinen Autoren befreundet sein kann. Gut bediente, die Wellenlänge seiner Arbeit bejahende Autoren sind die wichtigsten Förderer des Verlegers. Sympathie, Beifall, Ermutigung, Geduld und Kritik, auch einmal Ungeduld und Widerstand – das alles muß der Autor, über den umfassenden geschäftlichen »Service« hinaus, von seinem Verleger zu jeder Zeit erwarten können.

Einem Ondit zufolge näherten sich die Autoren in früheren Zeiten zögernden Schritts den »Palästen der Verleger« wie Tempeln, in denen sich ihr Schicksal entscheiden würde. Zu schön, um wahr zu sein! Jedenfalls, wenn es überhaupt je stimmte: Tempi passati. Tausend Manuskripte und manchmal weit mehr laufen jährlich bei einem bekannten Verlag ein, aber die bedeutenden Sachen flattern nicht oft von selbst ins Haus. Die Verleger unserer Tage müssen mehr noch als ihre Väter auf der Suche nach den gewünschten Autoren in- und aushäusig tätig sein, sich günstigen Zufällen aussetzen, fragebereit und neugierig immer und überall.

Noch leitete mein Vater den Verlag, doch – wie ich schon berichtete – hatte ich nach Beendigung meiner Wiener Zeit die reguläre Arbeit im Verlag wiederaufgenommen. Von Robert Freund dazu aufgefordert und von den Wiener Eindrücken noch stimuliert, besuchte ich in der gemütlichen Badeanstalt am nahe Kufstein gelegenen Thiersee den Schauspieler, Kabarettisten und Autor der rasch berühmt gewordenen *Kulturgeschichte der Neuzeit*. Ich war zur vereinbarten Zeit dort, und Egon Friedell trat mir als wohlig-beleibter Wassergott in einer rotweißen Badehose entgegen. Dieses Treffen ereignete sich noch in der unabhängigen Republik Österreich, wohl 1935 oder 1936. Mir sind die Freundlichkeit Friedells und sein Interesse für meine verlegerischen Neigungen deutlich in Erinnerung. Ich überhörte dabei nicht den besorgten Unterton in seiner Stimme, war doch zu ihm, dem jüdischen Künstler und Schriftsteller, ein junger Mann aus dem nationalsozialistisch »besetzten« Deutschland gekommen.

Friedells *Die Reise mit der Zeitmaschine* erschien bei Piper im ersten neuen Verlagsprogramm nach dem Krieg 1946, also vielleicht zehn Jahre nach der Begegnung am Thiersee. Entsetzliches war inzwischen geschehen. Vier Tage nach dem Einmarsch der deutschen Truppen in Wien – sie kamen natürlich in politischer »Begleitung« (Gestapoleute, Sicherheitsdienst) – hatten sich einige NS-Funktionäre dem Haus, in dem Friedell wohnte, genähert und Einlaß gefordert. Friedell fürchtete sofort das Schlimmste, geriet in Panik, trat auf seinen Balkon und stürzte sich auf die Straße. Wie sich herausstellte, hatten die Besucher keine Order für seine Verhaftung. Also ein dummer Zufall? Dieser Mensch fiel aber doch einem in Menschenhirnen entstandenen Wahn zum Opfer und nicht einem schicksalhaften Verhängnis. Ich teile diesen bekannten Sachverhalt hier mit, um begreiflich zu machen, wie gräßlich-schockierend der Vorgang von mir empfunden wurde, besonders nach dem so menschenfreundlich und geistig anregend von mir erlebten Treffen mit Friedell damals in der Tiroler Badeanstalt.

Aus dem Fundus einer immensen Belesenheit hat Friedell in seinen Werken Charakterbilder der Epochen und großen Persönlichkeiten entworfen, die auch dem Leser von heute und morgen viel geben können.

Ein Autor, der zwar noch in der Ära meines Vaters durch den in Wien lebenden Schriftsteller Leo Perutz über Robert Freund zum Piper Verlag gekommen war, den aber auch ich, als ich ins Geschäft der Autorenbetreuung hineinwuchs, sehr ernst und wichtig nahm, ist Bruno Brehm. Ich hatte Brehm schon in Wien kennengelernt, wo er mich an einem Juninachmittag mitnahm zu einem Ausflug auf den Bisamberg, der sich am nördlichen Rand Wiens, links der Donau, erhebt. Brehm deutete, als wir oben standen, über den Strom zum Wienerwald hin und sagte: »Sehen Sie, Piper, da drüben den Kahlenberg! Das ist der letzte Ausläufer der Alpen – es ist das Ende von Mitteleuropa. Hier, wo wir stehen, beginnt eine andere Welt. Sie sehen andere Pflanzen, drunten die Häuser sind anders, am Himmel ist ein neues Licht. Hier fängt Osteuropa – der Balkan – an.«

Bruno Brehm war – ich will diesen wichtigen, heiklen Punkt nicht umgehen – positiv in seiner Produktivität, »belastet« andererseits durch die damals »typischen« deutschnationalen Affekte vieler Österreicher, auch vieler Schriftsteller und Künstler darunter. Er kam als Kind eines k. u. k. Offiziers schon früh durch die Länder der Monarchie und wurde von der nun einmal geschichtlich gegebenen, aber von ihm auch delikat empfundenen Sonderrolle des Deutsch-Österreichers stark bestimmt, ja geprägt. Das zog ihn – sozusagen »genetisch« – in die nationale Richtung.

Die deutschnationale Strömung breitete sich damals in Österreich auf andere Weise aus als in Deutschland. Sie fand bei den nichtjüdischen Schriftstellern und Kulturleuten in Wien gerade deshalb Anklang, weil sie den Donauraum als eine übernationale Idee proklamierte: die Donau als Schicksalsstrom. Brehm war davon nicht unbeeinflußt, wie übrigens viele andere auch, zum Beispiel Josef Weinheber, der zum engeren Kreis um Brehm und Perutz gehörte und ein großer Dichter war. Auch er ließ sich von der Großraumidee mitreißen, die sich dann in den nationalsozialistischen Wahn steigerte. Die jüdische Intelligenz blieb auf Distanz zu diesen nationalistisch-völkischen Ideen. Sie war für diese intellektuelle Verführung zu klarsichtig, sah die Gefahren.

Der Verleger steht dem Autor, der ihm sein Werk anvertraut hat, nicht mit der Distanz, ja Neutralität gegenüber, wie das bei dem öffentlich tätigen Kritiker der Fall ist. Der Verleger respektiert politische, religiöse und künstlerische Überzeugungen des Autors, die er nicht unbedingt in jeder Hinsicht teilen muß. Bruno Brehms Trilogie über Anfang und Ende des Ersten Weltkriegs war und ist ein großer epischer Wurf. Die beiden Bände *Apis und Este* und *Weder Kaiser noch König* wurden von der damals führenden *Berliner Illustrirten* im Ullstein Verlag vorab gedruckt. Das geschah um Anfang 1931, in der letzten Zeit, die der todkranken Weimarer Republik gegönnt war.

Von Brehms Trilogie erschien der Band *Apis und Este* als Buch bei Piper im April 1931. Darauf folgte im Oktober 1932 als zweiter Band *Das war das Ende*. Der dritte Band der Trilogie, *Weder Kaiser noch König. Der Untergang der habsburgischen Monarchie* kam im November 1933 heraus. Alle drei Werke sind episch meisterhaft durchgestaltet. Brehms Trilogie ist ein historisches Romanwerk, in dem keine der Figuren erfunden ist. Dies Werk gehört in der Art der

Darstellung etwa dem von John Dos Passos in Amerika zu großer Wirkung gebrachten Typus der »faction« an. Die dramatischen Ereignisse von 1913/14 bis 1919 spielen sich schicksalhaft-tragisch wie auf einer großen zeitgeschichtlichen Bühne vor den Augen des Lesers ab.

Ich verweile bei Bruno Brehms Weltkriegstrilogie länger, weil sie für den Piper Verlag große Bedeutung hatte. Jeder der drei Bände erschien im Laufe der Jahre in hohen Auflagen. Sie wurden, wie viele andere Romane im Zweiten Weltkrieg, für die Truppenbetreuung angekauft. Dieserhalb hatte ich einmal mit dem für diese Ankäufe mit zuständigen Kriegsverwaltungsrat Jürgen Eggebrecht zu verhandeln. Er empfing mich in seinem Büro am Matthäi-Kirchplatz in Berlin und erzählte von seiner Lektoratstätigkeit für den Verleger Peter Suhrkamp.

In Eggebrechts weiträumigem Büro war an der Stirnseite eine große Wandkarte befestigt, von Westeuropa bis Sibirien reichend. Unser Gespräch muß wohl 1941, ziemlich kurz nach dem deutschen Einmarsch in Rußland, stattgefunden haben, vielleicht sogar noch vorher. Jedenfalls deutete Eggebrecht auf die Tafel und sagte: »Wollen wir einmal kurz hier ins Auge fassen: links, eigentlich nicht imponierend groß, das Deutsche Reich und weiter nach rechts, im Osten, diese riesige Landmasse, die Sowjetunion. Allein die Größenverhältnisse also! Ob das Hitler deutlich ist?« Eggebrecht, hochgebildet, klar denkend, war eben als Kriegsverwaltungsrat und Offizier bei der Wehrmacht untergekommen. Männer wie er haben immerhin, in diesem Fall durch Beschaffung von Lesestoff für (lesende) Soldaten, Gutes bewirkt; er achtete auf »anständige«, nicht naziverseuchte Literatur.

So standen zwei Nichtparteigenossen, verbunden in ihrem Abscheu vor der Diktatur, die Deutschland besudelte und die Welt bedrohte, einander gegenüber und sprachen über einige deutsche Romane, die der Unterhaltung der Truppe dienen sollten. Wir waren nicht Träger der Naziideologie, aber doch in der »Normalverstrickung«, in der sich jeder erwachsene Deutsche »automatisch« durch sein bloßes Weiterleben in diesen furchtbaren Jahren befand.

Ich könnte mich in meinen Aufzeichnungen natürlich ganz auf das konzentrieren, was ich mit den Autoren geistig-zeitgeschichtlich erlebte, auf Verlegerisches, Literarisches und Wissenschaftliches, aber das erschiene mir als Angehörigem des Jahrgangs 1911, der schon die zwanziger Jahre bewußt erlebt hat und natürlich erst recht die zwölf Jahre des »Dritten Reiches«, unerlaubt.

Ich komme noch einmal zu Bruno Brehm. Von der besonderen österreichisch-deutschnationalen Politikverstrickung hatte er sich nicht ganz freihalten können. Derselbe Brehm aber sagte mir, als wir uns – es wird 1939/40 gewesen sein – zur Besprechung verschiedener Fragen der Herstellung seiner Bücher trafen: »Mit den Juden liegen gefährliche Entwicklungen in der Luft; wenn etwas passiert, kann es für die Geltung Deutschlands, seiner Sprache und Kultur in vielen Teilen des östlichen Europas sehr große Rückschläge geben. Wenn Sie bisher in Bukarest oder Belgrad, Temesvar oder Czernowitz in eine große Buchhandlung gingen oder eine jüdische Kaufmannsfamilie zu Hause besuchten, konnten Sie Beethoven- und Schubert-Noten auf dem Klavier, Goethe, Heine und Hölderlin oder Kant und Hegel im Bücherregal stehen sehen. Ich fürchte, alle diese kleineren oder größeren Wirkungszellen für deutsche Kultur, die den gebildeten Juden in Osteuropa zu danken sind, werden so, wie es sich jetzt zu entwickeln droht, beseitigt werden.« Welche Voraussicht – welch innerer Widerstreit! Wie ich später erfuhr, hat Brehm dem Schriftsteller Leo Perutz zur rechtzeitigen Ausreise nach Palästina verholfen. Hier möchte ich bemer-

ken, daß nicht nur in den zahlreichen Werken des Erzäh-
lers Brehm, die bei Piper herauskamen, an keiner Stelle
der Name Adolf Hitler überhaupt nur vorkommt, sondern
daß diese Fehlanzeige für die gesamte Buchproduktion
von Piper bis zum Jahre 1945 gilt.

In einer vom Autor gestrafften einbändigen Ausgabe erschien Bruno Brehms Weltkriegstrilogie erstmals 1951 und
dann in mehreren Auflagen in den fünfziger und sechziger
Jahren unter dem Titel *Die Throne stürzen*. In Zusammenarbeit mit einer österreichischen Buchgemeinschaft wurde
das Werk erst 1991 wiederum aufgelegt – mit einem Nach-
wort, das ich verfaßte. Die Wochenzeitung *Die Zeit* kanzelte
mich wegen dieser Ausgabe persönlich ab, was mich nicht
erfreute. Ich hatte die Wiederauflage sorgfältig geprüft
und hielt und halte sie für wichtig, allein schon deshalb,
weil die dramatisch erzählte Geschichte der Ermordung
des k. u. k. Thronfolgers Franz Ferdinand den Anfang einer
Entwicklung zeigt, die sieben oder acht Jahrzehnte später
auch zum Zerfall von Jugoslawien geführt hat.

Zum Abschluß noch ein Nachtrag zur Persönlichkeit
Bruno Brehms. Der junge Brehm war, wie er mir erzählte,
früh schon kunsthistorisch-anthropologisch interessiert.
Sein Professor an der Wiener Universität plante mit ausgewählten Studenten eine Forschungsreise nach Sibirien,
um dort bestimmte archäologische Kultur- oder Zivilisa-
tionsdenkmäler kennenzulernen. Brehm wäre brennend
gern mit von der Partie gewesen. Er hatte aber kein Geld,
konnte es sich nicht leisten und gründete statt dessen
einen Verlag. Kühne Pläne, deren Erfolg sich nicht reali-
sierte. Bald konnten die Verpflichtungen nicht mehr bedient werden. Brehm verfiel auf den Gedanken, einen
Roman zu schreiben, in dem gerade das, was aktuell-
dramatisch in und mit seinem kleinen Verlag passierte,
dargestellt wurde. Der Roman erschien unter dem Titel
Der Sturm auf den Verlag. Leider wollten ihn nur ein paar

Freunde lesen. Die Pleite war perfekt, und der Verleger beschloß, endgültig Schriftsteller zu werden.

Diese Geschichte erinnert mich entfernt an Honoré de
Balzac, der eine Druckerei gründete, um nicht den Verlegern die gemutmaßten Riesengewinne aus seinen Büchern zu lassen, sondern diese, neben seinen Honoraren,
selbst einzustreichen. Ein Freund hat mir in Paris das
heute noch existierende Balzacsche Druckereigebäude gezeigt. Ähnlich machte es geraume Zeit später Arno Holz,
der naturalistische Schriftsteller und erste Autor von Reinhard Piper. Der springende Punkt war: Holz wollte dem
Verleger Piper nicht, wie üblich, die gesamten Rechte an
seinem Buch übertragen, sondern diese selbst behalten
und dem Verlag sein Buch nur in Kommission geben.
Er wollte damit auch materieller Eigentümer der herge-
stellten Bücher bleiben. Der Verlag sollte sich mit einer
Kommissionsgebühr begnügen, das wirtschaftliche Risiko
blieb beim Autor. Tatsächlich wurden aber nur wenige Exemplare verkauft, so daß Holz für den Fehlbetrag vertrag-
lich eintreten mußte. Dies verweigerte er, verlor aber vor
Gericht und mußte zahlen. Damit war der Bruch zwischen
Autor und Verleger vollzogen.

Ich kehre noch einmal zurück zum Lebens- und Geistes-
bereich von Wien und gedenke des Malers, Schriftstellers
und Akademiedirektors Albert Paris Gütersloh. Erst lange
nach dem Krieg lernte ich ihn näher kennen, und wir
freundeten uns an. Er hat einige bemerkenswerte, große
Werke geschrieben. Aber es waren Liebhaberwerke, für
die »happy few«. Ich nahm das Manuskript zu seinem
Roman *Sonne und Mond. Ein historischer Roman aus der
Gegenwart* 1960 mit in den Sommerurlaub bei Gilleleje
auf Dänemarks Hauptinsel Seeland. Der Spaziergang an
Dornenhecken vorbei führte zu einem auf die See hinaus-

blickenden Kierkegaard-Denkmal. Durch Søren Kierke-
gaards von der Wurzel her fragenden Geist fühlte ich mich
auf merkwürdige Weise an das kosmische Weltgefüge
Güterslohs erinnert. Gütersloh ist mir auf eine real-mysti-
sche Weise ein geistig Verwandter.

Wegen der häufigen Fliegerangriffe in der letzten Kriegszeit hatte ich meine erste Frau Cäcilie und die Töchter
in Murnau am Staffelsee untergebracht, etwa siebzig Kilometer südlich von München; mein älterer Sohn Hans kam
1944 in einer Behelfsklinik auf Schloß Pähl am Ammer-
see auf die Welt. Die Murnauer Kaserne war Haftort für
gefangene polnische Offiziere. Durch den dortigen Pfarrer Satzinger konnten wir den Gefangenen Lebensmittel-
päckchen zukommen lassen. Pfarrer Satzinger war es
übrigens auch, der die Partituren von Karl Amadeus Hartmann – dessen Musik als entartet galt – in seinem Garten
vergrub. Es ging auf das Ende zu; erhöhte politische Vorsicht war, wie überall in Deutschland, in jenen Tagen und
Wochen geboten. Die anhaltende Präsenz der politischen
Nazimacht war fast körperlich zu spüren. Die BBC-Nach-
richten über den wahren Stand der Dinge verbreiteten
sich »unter der Decke« immer schneller.

Ich pendelte mit Fahrrad und Eisenbahn so gut es ging
zwischen München und Murnau hin und her. Im Verlag
ging die Arbeit notdürftig weiter, eine Neuproduktion gab
es nicht mehr. Die deutsche Wehrmacht kapitulierte an
allen Fronten. Ich weiß nicht, wie viele Deutsche den militärischen Zusammenbruch herbeigesehnt hatten, damit
all die unzähligen Opfer ein Ende fänden und die Nazi-
diktatur beseitigt würde, und bei wie vielen Deutschen die
endgültige Niederlage eine tiefe Verstörung anrichtete,
weil sie ihren Glauben an den Führer in Stücke schlug.

Dazu eine Geschichte. Ein Zahnarzt namens Husler,
mit Schweizer Staatsangehörigkeit, der seinerzeit in

unserer Nähe am Englischen Garten wohnte, erzählte mir kurz vor Kriegsende: »Ich hatte einen Nachbarn, mit dem ich mich öfter von Gartenzaun zu Gartenzaun unterhielt. Er war vielleicht von zu harmloser Gemütsart, um zu begreifen, was in Deutschland politisch vor sich ging. Er war ein, man darf wohl sagen, anständiger Mensch, so daß ich, wenn wir uns ohne Zeugen sprachen, aus meiner Abneigung gegen das herrschende Regime kein Hehl zu machen brauchte. Übrigens war ich als Schweizer im Gegensatz zu manchen meiner Landsleute durchaus deutschfreundlich. Nun also der Krieg. Stalingrad. Wer nicht verbohrt war, mußte merken, was die Stunde geschlagen hatte. Mein Nachbar hörte sich meine Warnungen an, aber er hörte sie auch wieder nicht. Er wollte sie nicht hören. Er glaubte an den Endsieg. Übrigens war er Parteigenosse, wo und in welchem Rang, das weiß ich nicht. Aber es war mir ganz zweifelsfrei, daß er in keiner Weise ein übler Naziopportunist war. Er glaubte wirklich an Hitler als Meister der deutschen Zukunft. Ich sagte diesem Mann: ›Richten Sie sich doch etwas ein auf das, was kommt!‹ Wenige Tage nach diesem letzten Gespräch war es soweit. Mein Nachbar sagte zu meinen Warnungen: ›Ich glaube Ihnen nicht, ich weiß genau, daß die Wunderwaffe des Führers kurz vor dem Einsatz steht.‹ Ich schwieg. Der Nachbar drehte sich, ebenfalls schweigend, um und verließ mich. Bald darauf hörte man das Geräusch von fahrenden Panzern, die sich München von Norden her näherten.«

Am Abend des nächsten Tages traf ich Dr. Husler auf der Straße. Er berichtete mir, daß man seinen Nachbarn im Englischen Garten erschossen aufgefunden habe. Er hatte sich umgebracht. Offenbar war seine Welt zusammengebrochen.

Sicher war die Kapitulation für die meisten die Stunde des großen Aufatmens. Auch die Trauer um die Opfer und die Angst vor der unsicheren Zukunft konnten diesem schönen, durchdringenden Gefühl nichts von seiner belebenden Kraft nehmen. Unterdessen waren die amerikanischen Truppen im Anmarsch auf Murnau, das mahlende Geräusch der Panzerketten kündigte sie an. Der erste amerikanische Panzer kam in Sicht, weitere folgten. Einer hielt vor unserer Haustür, und ein Soldat bat von der Luke herab um Wasser. Er hatte ein freundliches schwarzes Gesicht. Meine beiden kleinen Mädchen, sechs und vier Jahre alt, kamen neugierig herbei und wurden – wirklich wie im Bilderbuch – mit »Guttis« beschenkt.

Das Ungeheure des Vorgangs war: In wenigen Minuten veränderte sich die Welt. Die Menschen, die Häuser, Himmel, Tiere und Bäume blieben dieselben. Aber die Welt, unsere Welt, hatte sich in diesen Minuten von Grund auf geändert. Die Naziherrschaft existierte von einer Stunde zur anderen nicht mehr. Die neu geschenkte Freiheit, die Chance, wieder in einer offenen Gesellschaft leben und arbeiten zu können – es war überwältigend! In jenen Tagen und Wochen des Übergangs vom mörderischen Hitler-Spuk zur Normalität reifte in mir der Entschluß, beim Neuaufbau des Verlagsprogramms solchen Büchern und Themen besondere Beachtung zu schenken, solche Autoren zu gewinnen, die für die Entwicklung eines neuen politisch-demokratischen Bewußtseins Wichtiges und Notwendiges zu sagen haben würden.

Um wieder mit der Verlagsarbeit beginnen zu können, bedurften wir, wie jeder Verlag, einer Lizenz der amerikanischen Militärregierung. Diese wurde nur erteilt, wenn man sich einem »Screening«-Verfahren unterzog. Ich hatte zunächst das Public Relation Office der Militärregierung in München in der Renatastraße aufgesucht. Ein recht Hemdsärmeliger fuhr mich ohne weitere

Einleitung barsch an mit den Worten: »You have been in the Nazi Party.«

Ich hatte einige Mühe, dem Captain klarzumachen, daß ich nicht in der Partei gewesen war. Daß er dies zunächst nicht glauben wollte, resultierte vielleicht aus meinem halbwegs »nordischen« Aussehen. Oder eher: Der Mann meinte, daß jüngere männliche Deutsche mehr oder weniger samt und sonders Nationalsozialisten waren. Man richtete an mich die Aufforderung, ich solle zusammen mit meinem Vater – wir beide waren als Lizenzträger für den Piper Verlag vorgesehen – nach Bad Orb fahren. Dazu wurde uns ein halboffener Jeep mit Fahrer zur Verfügung gestellt. Es herrschte nach meiner Erinnerung schon kühles Vorherbstwetter, und für meinen fast siebzigjährigen Vater wäre die Fahrt unzumutbar gewesen. Man sah dies ein, und ich fuhr mit dem Fahrer allein.

Der Empfang im Screening Center war sachlich-freundlich. Unter den Fragenden, denen ich gegenübergestellt wurde, befand sich ein Arzt und Psychoanalytiker aus New York. Er ließ mich Klecksographien machen. Ich mußte eine Menge verschiedenartiger Fragen beantworten. Er unterhielt sich mit mir und fragte zum Beispiel, ob ich als Baby oder kleiner Junge von meiner Mutter geküßt worden sei. Theoretisch fand ich die Frage sinnvoll, denn man wollte herausbekommen, ob in mir vielleicht mangels empfangener Zärtlichkeit eine gehemmt-autoritäre Persönlichkeit steckte. Ich nehme an, daß ich auch den bekannten großen Fragebogen mit seinen 132 Fragen ausfüllen mußte. Am 4. Januar 1946 erhielten wir als einer der ersten Verlage in Bayern die Lizenz zur Wiederaufnahme unserer Tätigkeit. Über Einzelheiten des Verfahrens berichtete der spätere Verleger Berthold Spangenberg, der von der amerikanischen Militärverwaltung als Berater für den Wiederaufbau des Presse- und Verlagswesens einge-

setzt worden war, ausführlich in seinem Beitrag in der Fest-
schrift zu meinem siebzigsten Geburtstag.

Die Prüfungsprozeduren, die die westlichen Besatzungs-
mächte in den drei Westzonen Deutschlands veranstalte-
ten, hatten das Hauptziel, zu verhindern, daß solche Leute
Zeitungen, Verlage oder Rundfunkanstalten leiten würden, deren politisch-demokratischer Zuverlässigkeit nicht
sicher zu trauen war. Es ist mir kein Fall bekannt geworden, in dem man hätte sagen können, daß in der Entscheidung bei einem Lizenzverfahren positiv oder negativ grob
danebengegriffen worden wäre.

Ich komme noch einmal auf die Erinnerungen meines
Vaters zurück. Schon im Jahre 1905, noch während Reinhard Piper mit seinem Kollegen Georg Müller in Paris war,
hatte der Kunsthistoriker und Kulturphilosoph Arthur
Moeller van den Bruck meinem Vater vorgeschlagen, eine
Gesamtausgabe von Fjodor Dostojewskis Werken zu machen. Er hatte zugleich seine Schwägerin Less (Elisabeth)
Kaerrick als Übersetzerin empfohlen. Sie war eine Baltin,
die das Russische perfekt beherrschte. Less Kaerrick, die
ursprünglich Architektur studiert hatte, besorgte unter
dem Pseudonym E. K. Rahsin bis 1914 die Übersetzung
aller dreiundzwanzig Bände. Damals begann mein Vater
mit den *Dämonen*, die 1906 erschienen. Dostojewski, von
dem bis dahin nur wenige Werke ins Deutsche übersetzt
und schnell vergessen worden waren, wurde zu einer tra-
genden Säule des Piper-Programms und zu einer geistigen
Macht von Dauer in Deutschland. Im Dritten Reich war
Dostojewski, ebenso wie ein Großteil der ausländischen
Literatur, in Deutschland verboten gewesen.

Zu Moeller van den Bruck möchte ich kurz erwähnen,
daß dieser, der bei Reinhard Piper schon den *Preußischen
Stil* und die *Italienische Schönheit* verlegt hatte, 1923 in einem
anderen Verlag das Buch *Das dritte Reich* herausbrachte.

Dieser Titel wurde von den Nationalsozialisten usurpiert. Moeller van den Brucks politisches Gedankengut war keine Naziideologie, bereitete jedoch in gewisser Weise den Boden dafür. Er wünschte eine germanische Besinnung auf »wahre« Kultur, die er durch Industrialisierung und Wertezerfall gefährdet sah.

Es war uns nach dem Krieg begreiflicherweise ein wichtiges Anliegen, die deutschsprachige Pipersche Dostojewski-Ausgabe so bald wie möglich wieder auf den Markt zu bringen. Die ursprünglich dreiundzwanzig Bände umfassende Ausgabe sollte in zehn Dünndruckbänden neu erscheinen. Unser Plan war: zuerst die großen Romane, Eckpfeiler der Weltliteratur. Der Vertrieb plädierte dafür, daß als erster Band *Der Idiot* herauskäme. Gut, einverstanden. Aber woher sollte das Papier kommen? Ich glaube, die amerikanische Militärregierung gab uns den Hinweis, daß bei der Buchdruckerei Müller & Sohn in der Schellingstraße aus den Beständen des von der NSDAP kontrollierten Franz Eher Verlags bedeutende Vorräte Dünndruckpapier lagerten, die für die nächstfälligen Auflagen von Hitlers *Mein Kampf* bestimmt gewesen waren. Aus diesem Vorrat erhielten wir die Zuteilung zum Druck der Neuauflage von *Der Idiot*. Diese Umwidmung des Papiers ist doch etwas mehr als nur ein Treppenwitz der Geschichte.

Less Kaerrick arbeitete für die Neuausgabe nach 1945 ihre über zehntausend Seiten umfassende Dostojewski-Übersetzung nochmals von Anfang bis Ende durch, mit dem Ziel, sie dem deutschen Sprachgebrauch, wie er sich seit den ersten Jahrzehnten des 20. Jahrhunderts entwickelt hatte, anzupassen. Das ist ihr wunderbar gelungen. Werner Bergengruen hat in seiner schönen Laudatio anläßlich der Verleihung des Übersetzerpreises 1960 durch die Deutsche Akademie für Sprache und Dichtung an Less Kaerrick unter anderem dazu gesagt: »... Übertragun-

gen, die ja nicht denkbar gewesen wären ohne die kundig-
ste Liebe zu zwei Sprachen, zwei Kulturen, zwei Völkern.
Sie haben mitgeholfen, Maßstäbe zu gewinnen, an denen
übersetzerische Leistungen gemessen werden konnten…
Sie [die Übersetzerin Kaerrick] hat als Substanz die Rein-
heit und Freiheit der deutschen Sprache zu behaupten
und doch als Aroma den Geist des Russischen zu erhalten
gewußt… Innerhalb eines solchen Lebenswerkes ist man
nicht nur Übersetzer – das wächst schon in ganz andere
Dimensionen hinein. Die Übersetzerin wurde auf die
natürlichste Weise zur Deuterin. In ihren unschätzbaren
Nachworten hat sie uns die Entstehungsgeschichte jedes
einzelnen Buchs… gegeben. Nehmen wir das alles zusammen, so haben wir Dostojewskis ganze innere und äußere
Biographie.«

Philosophie in prekärer Zeit
Erhellendes und die »Banalität des Bösen«

Auch viele andere Bücher harrten der Neuauflage. Die Leser verlangten stürmisch »ihre« Bücher und Autoren. Dazu kamen neue Manuskripte, die ins Programm aufgenommen werden wollten. Wie aber das Papier dafür beischaffen? Die *Mein-Kampf*-Dünndruckreserve genügte nur für Dostojewskis *Idioten*. Ich machte mich auf den Weg zu einer namhaften Zellstoffabrik, um den Zellstoff einzukaufen, zu »organisieren«, wie man das damals nannte, den die Papierfabrik für die Fertigung des Papiers benötigte. Ich hatte deshalb keine Bedenken, die Geschäftsleitung mit einigen glücklich gehorteten Kunstbüchern zu erfreuen. Das Papier wurde in bester Qualität geliefert und diente zum Druck des ersten Bandes der eigentlich mehrbändig angelegten philosophischen Logik *Von der Wahrheit* (1947) von Karl Jaspers. Jaspers hatte sich bereit erklärt, mir das umfangreiche Manuskript (im Druck über tausend Seiten) für das Piper-Programm anzuvertrauen, unter der Bedingung, daß zumindest ein Teil der Auflage auf holzfreiem Papier gedruckt würde. Er hatte sich zuvor mit diesem Anliegen an den Springer Verlag in Heidelberg gewandt, von dort aber die Mitteilung bekommen, daß man nur sehr wenig holzfreies Papier zur Verfügung habe und dies für anatomische Werke, bei denen es auf maximale Präzision der Abbildungen ankomme, reservieren müsse.

Ich habe schon geschildert, wie wichtig die Lektüre von Jaspers' *Geistiger Situation der Zeit* während meiner Lehrzeit für mich gewesen ist. Während des Krieges hatte ich Karl

Jaspers einen Brief geschrieben, in dem ich meinen entschiedenen Wunsch ausdrückte, baldmöglichst sein Verleger zu werden. Später durfte ich von Jaspers erfahren, daß dieser Brief, angesichts der höchst prekären Situation seiner jüdischen Frau, von beiden als positiver Zuruf empfunden wurde: »Schon im Kriege haben Sie früh, als Hitler noch im Siegeszuge war, Beziehungen zu mir angeknüpft, offenbar das Ende voraussehend, Künftiges vorbereitend. Seit 1945 haben Sie meine Schriften in die Öffentlichkeit gebracht, so hartnäckig, so besonnen, mit so wohlüberlegter Propaganda, vor allem aber mit solcher Beteiligung an meinen Ideen, daß Sie alle diese Jahre mich ermutigt haben…« Dies schrieb mir Jaspers am 23. Februar 1953.

Da ich Karl Jaspers noch nicht persönlich kannte, hatte ich mich nach Kriegsende, um bei ihm eingeführt zu werden, der Hilfe zweier ebenfalls bedeutender Gelehrter aus Heidelberg versichert. Der erste, der sich gern erbot, war der Kunsthistoriker Richard Benz, der bei Piper kunst- und geistesgeschichtliche Werke, unter anderem *Goethe und die romantische Kunst,* veröffentlicht hatte. Er animierte den Zeitungswissenschaftler und Kenner der russischen Geistesgeschichte Hans von Eckardt, mich Jaspers zu empfehlen. Eckardt war von den Nazis zwangspensioniert worden. Er war daraufhin von Heidelberg in das schon erwähnte literaturgeschichtlich geadelte Sommerhaus über dem Isartal gezogen. Ich besuchte ihn dort mehrere Male in der letzten Kriegszeit. Eckardt war bereit, am demokratischen Aufbau Bayerns durch Übernahme eines Amtes mitzuwirken. Das bayerische Kultusministerium wurde ins Auge gefaßt, und Eckardt glaubte, dafür junge Helfer in unserem Freundeskreis zu finden. Uns aber waren andere Wege vorgezeichnet: Musiker, Verleger, Antiquar, Wissenschaftler. Auch Eckardt wurde nicht Politiker. Wir brachten bald nach Kriegsende sein bedeutendes Buch *Russisches Christentum* heraus.

Noch bevor es zu einer persönlichen Begegnung zwischen Karl Jaspers und mir kam, wurden die schriftlichen Beziehungen geknüpft. In einem Brief vom 2. Februar 1946 teilte ich ihm mit, daß der Verlag die Lizenz erhalten habe. Am 5. April 1946 konnte ich schon an Jaspers schreiben: »Professor von Eckardt berichtete mir, daß Sie geneigt sind, Ihr neues Werk *[Von der Wahrheit]* unserem Verlag anzuvertrauen, da Sie fürchten, daß seine Wirkung, wenn es in einem rein wissenschaftlichen Verlag erschiene, nicht die Breite haben würde, die Sie sich wünschen. Dazu glaube ich sagen zu dürfen, daß wir in der Lage sind, Ihrem Werk die Wirkung, die ihm zukommt, zu verschaffen ...« Jaspers antwortete am 11. April 1946: »Ich danke Ihnen herzlich für Ihren ungemein verständnisvollen Brief vom 5. April, – verständnisvoll im Geistigen und im Technisch-Materiellen. Ich freue mich Ihrer Bereitschaft, meinem Werke den Weg in die Welt zu bahnen. Nun haben Sie mit Recht den Anspruch, das Manuskript zu sehen, bevor Sie mit mir den Vertrag machen. Leider ist das Manuskript nicht völlig versandbereit. Es fehlt die letzte Toilette ... Besonders froh bin ich, daß Sie einen Teil der Auflage auf holzfreiem Papier drucken wollen. Dann können die Exemplare für die Bibliotheken und Universitäten auf Dauerhaftigkeit rechnen, hoffentlich können wir bald Bücher wieder über die Grenzen an die Welt liefern ...«

Eckardt und Benz bauten unterdessen, wie berichtet, die Brücke zu meinem ersten Besuch. Anfang 1948 stand ich Karl Jaspers in Heidelberg zum ersten Mal gegenüber. Die im schönen Sinn professorale Atmosphäre der Wohnung an der Plöck 66 – Rembrandtfarben, Bücherschränke und Teppiche – ist mir heute noch so gegenwärtig, als wäre seither nicht ein halbes Jahrhundert vergangen. Gertrud Jaspers musterte mich freundlich, mit lebhaften Augen. Sie war klein, beweglich und paßte wunderbar zu ihrem hochgewachsenen friesischen Professor.

Während der Nazijahre, besonders während des Krieges, hatten Karl und Gertrud Jaspers für sich selbst mit dem Schlimmsten rechnen müssen. Gertrud Jaspers war, wie erwähnt, Jüdin. Beide waren entschlossen, gemeinsam aus dem Leben zu scheiden, falls die Gestapo Frau Jaspers konkret bedrohen würde. Sie hatten beide für diesen Fall stets Gift bei sich. Zu erwähnen ist, daß in vielen Fällen deutsche Jüdinnen, deren Ehemänner zu ihnen hielten, das Dritte Reich lebend überstanden haben. Das galt nicht mehr, wenn der Schutz durch den arischen Ehemann fehlte.

Karl Jaspers hat in seinen Schriften mehrfach erklärt, warum er nach dem Krieg Heidelberg verließ und dem Ruf nach Basel folgte. Man hat es ihm verübelt, hat wohl nicht einsehen können oder wollen, was er selbst als Grund genannt hat. Viele waren der Meinung, daß er als politisch-moralische Leitfigur der Deutschen, wenn er in Heidelberg geblieben wäre, Deutschland einen großen Dienst hätte erweisen können. Dazu erklärte Jaspers, daß die Situation für ihn anders ausgesehen hätte, wenn er etliche Professoren an der Universität zur Seite gehabt hätte, die verläßliche Mitstreiter für eine sittlich-politische Erneuerung der Universität gewesen wären. Diese »Partisanen« aber fand er nicht, jedenfalls nicht in genügender Anzahl. Hinzu kam, daß er als eine Art Retterfigur, die von allen Seiten um Rat oder Einfluß angegangen wurde, seine Kräfte, die eines immerhin seit Jugendzeiten kranken Mannes, verbraucht und sie damit seinen Büchern, die seine ganze Kraft erforderten, entzogen hätte.

Jaspers fühlte sich in Basel sehr wohl. Die Schweizer sind nicht so aufgeregt wie wir Deutschen, die alles aufs Grundsätzliche zurückführen wollen. Besonders beeindruckt war er von dem winzigen Verwaltungsapparat der Basler Universität. Es waren damals nur fünfzehn, zwanzig Leute. Welch ein Unterschied zu Heidelberg! Sehr gefallen hat ihm auch die andere gesellschaftliche Moral, zum Beispiel daß Erfolg in der Schweiz anders eingestuft wird. Er sagte dazu: »Die Generaltendenz in Deutschland ist doch, den Erfolgreichen noch weiter nach oben zu heben. In der Schweiz verweist man den Erfolgreichen in die zweite oder dritte Reihe: Man sucht den Ausgleich.« Wenn auch natürlich in der Schweiz die sozialen Unterschiede ebenfalls ausgeprägt sind.

Als erste Veröffentlichung von Karl Jaspers bei Piper erschien der von ihm gleich nach dem Krieg bei den »Rencontres Internationales« in Genf gehaltene Vortrag *Vom europäischen Geist*. In dichter Folge kamen bald darauf seine neuen Bücher heraus. Er hatte die Jahre der Entfernung von der Universität produktiv genutzt. Auf den Band *Von der Wahrheit* folgten 1957 *Die großen Philosophen*. Gegenstand dieser Abhandlung sind zunächst die vier maßgebenden Gestalten Sokrates, Buddha, Konfuzius und Jesus. Darauf aufbauend beschrieb Jaspers im zweiten Teil die fortzeugenden, die drei Begründer des menschlichen Denkens: Plato, Augustin und Kant, schließlich acht Metaphysiker. Es folgte ein Buch von brisanter politischer Aktualität: *Die Atombombe und die Zukunft des Menschen* (1958). Große Teile daraus wurden Wochen hindurch in den Hauptprogrammen der deutschen Rundfunkanstalten gesendet, jeweils zur besten Sendezeit am Sonntag. Es war ein bedeutungsvoller, zu rühmender Vorgang, daß ein öffentliches Medium dem, wenn auch aktuellen, Werk eines einzelnen Denkers eine so breite Ausstrahlung ermöglichte. Binnen kurzer Zeit wurden 100 000 Exemplare des Buches verkauft. Anfang der achtziger Jahre haben wir übrigens in zwei Büchern dieses Thema wiederaufgenommen: Das erste heißt *Streitbriefe über Kernenergie* und besteht aus dem Briefwechsel zwischen dem Physiker Heinz Maier-Leibnitz und seinem jüngeren Kollegen Peter Kafka. Das zweite Buch stammt von dem Amerikaner Jonathan Schell, wurde zuerst im *New Yorker* veröffentlicht und heißt in der deutschen Übersetzung *Das Schicksal der Erde*.

Aber zurück zu Jaspers: 1960 hat sein Fernsehdialog mit Thilo Koch, dem fünf Artikel für *Die Zeit* folgten, Hunderttausende beunruhigt, ja verstört, andere bestätigt. Die Sendung und die Zeitungsartikel kamen in erweiterter Fassung als Buch unter dem Titel *Freiheit und Wiedervereinigung* im Piper Verlag heraus. Jaspers' Buch *Wohin treibt die Bundesrepublik?* (1966) – aus drängendem Verantwortungsgefühl geschrieben, in manchem notwendigerweise überspitzt, in entscheidenden Punkten vorausweisend und von einigen als »unpolitisch« mißverstanden und denunziert – erreichte im Verkauf ebenfalls bald über 100 000 Exemplare. Ohne Zweifel haben diese Bücher Entscheidendes zur Vertiefung des politischen Bewußtseins in Deutschland beigetragen. Trotzdem ist zu sagen, daß Jaspers vom geistigen und politischen Establishment der Bundesrepublik als politischer Denker weitgehend nicht angenommen worden ist. Seine Forderung nach öffentlicher Moral trifft auf ein geschichtlich-konstitutionell tiefsitzendes deutsches Vorurteil: daß nämlich für die öffentlichen, die politischen Dinge im Grunde nur das Gesetz der Opportunität gelte, die Moral aber hübsch zu Hause bleiben möge.

Schon 1946 hatte Jaspers – dringendes Desiderat nach der Niederlage des nationalsozialistischen Deutschlands – Erkenntnishilfe für die Schuldfrage bereitgestellt mit der grundlegenden Unterscheidung von Schuld und Haftung. Ich habe schon darauf hingewiesen, daß er in der *Schuldfrage* klar und maßgeblich herausgearbeitet hat, daß es keine Kollektivschuld gibt, sondern nur individuelle Schuld durch faktische Ausübung oder Duldung von Verbrechen an Menschen. Jaspers hat aber ebenso unmißverständlich gezeigt, daß wir persönlich Nichtschuldige an den Naziverbrechen als deutsche Zeitgenossen uns doch zur Haftung für das Geschehene bekennen müssen. Dies schmale, wichtige Buch war zuerst bei Lambert Schneider in Heidelberg erschienen. Das Echo auf die Neuauflage (1979) bei Piper war erstaunlich gering, obwohl die Frage der Schuld an dem Nichtentschuldbaren eine Frage allererster Bedeutung für die Deutschen war. Auch die Presse reagierte auf Jaspers' *Schuldfrage* nur sehr verhalten.

Die außerordentliche Wirkung von Jaspers' Philosophie aber spiegelt sich in der Verbreitung seiner Werke. Allein die seit 1946 bei Piper erschienenen Bücher, deren verlegerische Publikationsfragen Thema vieler Gespräche zwischen dem Autor und mir in Basel waren, hatten Ende 1969 eine Gesamtauflage von rund einer Million Exemplaren erreicht. Jaspers wollte gelesen werden, er wollte wirken. Er bejahte alle modernen technischen Möglichkeiten, die der Verbreitung seiner Gedanken nützlich sein konnten.

1958 wurde Karl Jaspers der Friedenspreis des Deutschen Buchhandels in der Frankfurter Paulskirche verliehen. In der Laudatio sagte damals seine Schülerin Hannah Arendt: »Jaspers' Ja zur Öffentlichkeit ist einzigartig, weil es ein Philosoph ausspricht und weil es sachlich der Grundüberzeugung seines gesamten Philosophierens entspricht: Philosophie teilt mit Politik, daß sie alle angeht; dies ist der Grund, daß sie in die Öffentlichkeit gehört, wo nur die Person und die Bewährung zählen. Der Philosoph – im Gegensatz zum Wissenschaftler – gleicht dem Staatsmann darin, daß er für seine Meinungen mit seiner Person haftet. Wobei allerdings der Staatsmann noch in der gewissermaßen glücklichen Lage ist, nur dem eigenen Volk verantwortlich zu sein, während Jaspers, zumindest in seinen Schriften, die nach 1933 entstanden sind, immer so schreibt und spricht, als müsse er gegebenenfalls sich vor der ganzen Menschheit verantworten.«

Wenn ich mir das Bild von Karl Jaspers' Persönlichkeit vor Augen halte, tritt notwendig das Bild von Gertrud Jaspers hinzu. Jaspers selbst hat seiner Ehe in autobiographischen Äußerungen das schönste Denkmal gesetzt. Aber auch sie tat das nach seinem Tod in einem Brief an mich vom 8. August 1969: »Es war ja so, daß die tiefe und ganz wahre Philosophie alle Krankheit überstrahlte, auch für mich. Nur auf diesem Grunde entstand das große Glück. Immer wieder erfüllt es mich Tag für Tag. Und so ertrage ich den Schmerz der Vereinsamung in Gelassenheit.«

Diese Ehe zeigte sich dem befreundeten Besucher als etwas Einzigartiges in der Mischung von herzlicher Verbundenheit mit manchmal auch kleinen liebevoll-kritischen Signalen vom einen zum anderen. Einmal war ich dabei, als Jaspers mit dem Auto von der Vorlesung abgeholt wurde. Er saß hinten mit seiner Frau. Sie sagte:»Karl, heute warst du ganz schlecht.« Da antwortete er: »Na, Trudchen, versuchen wir's noch mal.« Es war köstlich, wie sie miteinander umgingen. Die Gemeinsamkeit im Philosophieren war das natürliche Medium, in dem beide gelebt haben. Ihre geistige Gemeinschaft reichte zurück bis in die Studienjahre. Dieses Leben war aber kein Leben im Elfenbeinturm. Problematisches, Gefährdetes oder auch Komisches in der menschlichen Umgebung wurde gründlich besprochen und mit Teilnahme und Sorge bedacht. Wortlos wurde geholfen.

Der Komponist und Musikpublizist Robert Oboussier war mit dem Ehepaar Jaspers befreundet. Oboussier lud uns zur Aufführung eines seiner Werke nach Zürich ein. Wir trafen nachher mit ihm zusammen, und das Gespräch eröffnete mir neue musikalisch-geistige Perspektiven. Nicht lange nach diesem Erlebnis meldete die *Neue Zürcher Zeitung*, daß der bekannte Komponist im Zürcher »Schrägen Viertel«, einem Treffpunkt der Homosexuellenszene, ermordet worden sei. Kurz darauf waren wir beim Ehepaar Jaspers. Beide waren tief betroffen. Sie hatten von der homosexuellen Neigung ihres Freundes nichts gewußt. Jaspers, der Verfasser von zwei wichtigen »Pathographien« über August Strindberg und Vincent van Gogh, sagte, er könne zur Deutung von Oboussiers Tragödie keine Erklärung anbieten, die uns einen Blick in die innere Welt des Opfers öffne. Auch Gertrud Jaspers bekannte ihre Ratlosigkeit: Sie werde Marcel Prousts *Sodom und Gomorrha* lesen.

Bei anderer Gelegenheit erzählte mir Gertrud Jaspers: »Stellen Sie sich vor, was mir recht bald nach dem Krieg in Heidelberg passiert ist. Ich war dabei, die Neckarbrücke zu betreten, um ans andere Ufer zu gehen. Halben Wegs sehe ich eine Bürgerin, die auf der anderen Seite der Brücke in die entgegengesetzte Richtung geht, die Seite wechseln, zu mir herüber. Ich wollte ausweichen, weil ich diese Frau erkannte. Es war aber zu spät. Sie kam also auf mich zu und sagte: ›Liebe, verehrte Frau Jaspers, welch große Freude, Sie hier zu sehen, Sie begrüßen zu dürfen!‹ Es war dieselbe Frau, die mir während der Nazizeit in derselben Situation fluchtartig ausgewichen war.«

Wie ich schon berichtete, war Karl Jaspers dem ehrenvollen Ruf an die Universität Basel gefolgt. Ich machte mich daran, in Begleitung meiner zweiten Frau Elisabeth, dem großen Autor recht bald an seinem neuen Wohnsitz meine Aufwartung zu machen. Wir näherten uns dem patrizischen Haus in der Austraße 126. Ich läutete. Gertrud Jaspers, freundlich-entschieden blickend, öffnete und begrüßte zuerst meine Frau – direkt, wie sie war – ohne Übergang mit den Worten: »Frau Piper, waren Sie im BDM?« Die so plötzliche Frage traf Elisabeth etwas unvorbereitet: »Nein, im BDM war ich nicht. Ich wollte da nicht hinein.« Gertrud Jaspers erwiderte daraufhin: »Sonst hätte Klaus

Piper Sie auch nicht geheiratet!« Dies auch wieder mit sehr bestimmter Stimme, aber lächelnd. Ja, das fanden wir, die Besucher, wirklich entwaffnend. Gleichzeitig näherte sich uns durch den ziemlich dunklen Gang der Hausherr. Er hatte alles gehört und meinte begütigend zu seiner Frau: »Gertrud, laß doch die Pipers erst einmal hereinkommen, bevor wir solche Fragen an sie stellen.«

Bis zum Mittagessen war noch etwas Zeit. Karl Jaspers bat mich in sein Arbeitszimmer. Es war die Gesprächssituation, wie sie nicht wenige Besucher erfahren haben. Jaspers liebte es, mit seinen Besuchern, die ihm »die Welt ins Haus trugen«, so zu sprechen, daß er einen bequemen und größeren Sitz in der einen Ecke des Raumes hatte und dem Besucher in der Diagonale des Zimmers, wenigstens drei Meter entfernt, ein anderer Sessel zugedacht war. Der Abstand zwischen Besucher und Hausherr vermied die Gefahr, daß ein etwa zu gemütliches Gespräch zustande kam, was leicht möglich ist, wenn die beiden Gesprächspartner intim nahe beieinandersitzen. In diesen Gesprächen hat Jaspers oft die Grundgedanken seines gerade entstehenden Werkes dargelegt: die Linie seines Denkens, das stets die Vernunft an die Existenz des Menschen zurückzubinden suchte. Einer seiner zentralen Gedanken lautete: »Existenz wird nur durch Vernunft sich hell, Vernunft hat nur durch Existenz Gehalt.« Diese Privatissima bedeuteten für mich eine ungeheure Horizonterweiterung.

Es blieb zwischen uns immer bei einer Distanz, die dennoch voller Wärme sein konnte. Aus der Fülle der Briefe, die zwischen Karl Jaspers und mir gewechselt wurden, möchte ich hier einen zitieren, der unser Verhältnis zueinander spiegelt: Er schrieb (handschriftlich) am 26. März 1961: »Dr. Roessner, dem ich danke, telephonierte mir, daß morgen Ihr 50. Geburtstag ist. Sie, der mir immer noch als Jüngling erscheint, sind nun schon so weit, den ersten der großen Geburtstage der Dezennien des späteren Lebens zu feiern! Jeder dieser Tage scheint einen eigenen Charakter zu haben. Der fünfzigste bedeutet noch nicht: alt geworden sein, sondern Höhepunkt, auf dem das nächste Jahrzehnt halten wird. In ihm liegt das kräftige Bewußtsein dessen, was man erreicht hat, was man ist und was weiter entfaltet werden soll. Es liegt noch kaum etwas von Abschied in ihm oder doch nicht anders als jedes Jahr von Jugend an einen Zug des Niewiederkehrenden hat... Ich denke mir, daß Sie manchmal, wie ich selber, ein Gefühl haben könnten, mit dem augenblicklichen Gelingen doch am Ende für eine verlorene Sache zu stehen. Ich glaube, daß dies Gefühl trügt. Nur Totalitarismen und der Atomkrieg könnten das Ende bringen. Wenn die politisch freie Welt bestehen bleibt, wird auch der Geist leben und es wird begehrt werden, was Sie durch Ihren Verlag zur Wirksamkeit bringen... Es war herrlich für mich, in der dunkelsten Zeit durch Herrn v. Eckardt Ihren Brief zu erhalten. Die Hoffnung, daß es ein Überleben geben könne und daß Sie und ich dann unter denen sein würden, die wieder Aufgaben haben, stärkte meine Lust an der Arbeit, von der andere meinten: wozu eigentlich? Es ist ja doch vergeblich. In der Folge haben wir dann miteinander gearbeitet... In unseren Gesprächen haben wir das gemeinsame Interesse im Spüren des Zeitalters, in dem wir trotz allem gern leben, ohne uns gedankenlos von ihm verzehren zu lassen.«

Als Karl Jaspers im Alter von sechsundachtzig Jahren in Basel starb, ist mir die Einzigartigkeit der Zusammenarbeit mit ihm noch einmal mit äußerster Intensität bewußt geworden. Jaspers wurde im kleinsten Kreis in der Aussegnungshalle des Basler Hörnli-Friedhofs beigesetzt. Eine freundliche Vorfrühlingssonne schien auf die Ausläufer des Schwarzwalds. Gertrud Jaspers, aus alter jüdisch-preußischer Familie stammend, war am Todestag

ihres Mannes neunzig Jahre alt geworden. Aufrecht, gefaßt
und gütig saß sie neben der langjährigen treuen Haus-
gehilfin in der ersten Reihe. Jaspers' persönlicher Assistent
Hans Saner verlas den von dem Verstorbenen selbst auf-
gesetzten knappen Lebensbericht. Hannah Arendt, aus
Amerika gekommen, sprach erschütternd in deutscher
und hebräischer Sprache die Worte der Bibel: »Der Herr
hat's gegeben, der Herr hat's genommen, der Name des
Herrn sei gelobt.« Am nächsten Tag war die offizielle Ge-
denkfeier der Basler Universität im Sankt-Martins-Mün-
ster. Lukas Burckhardt, Präsident der Kantonsregierung
Basel-Stadt, schloß mit den Worten: »Jaspers hat Basel
geehrt, indem er hierher gekommen ist und Philosophie
gelehrt hat.«

Es war ergreifend und für viele wohl ein unvergeßliches
Erlebnis, aus Anlaß seines Todes im Fernsehen den großen, fast einstündigen Lebensbericht zu sehen, den Han-
nes Reinhardt zwei Jahre zuvor in Basel aufgenommen
hatte. Er begann mit der Erinnerung von Jaspers an die
Spaziergänge, die der Vater mit dem Knaben am friesischen Meeresstrand gemacht hatte und die diesem für
immer die Anschauung der Unendlichkeit eingepflanzt
hatten. An dieses Bild erinnert mich immer ein Geschenk
von Hans Saner, das mir ein kostbarer Besitz ist: eine
kleine Zeichnung von Karl Jaspers' Vater, die den kleinen
Karl spielend neben dem Strandkorb an der Nordsee
zeigt.

Jaspers wußte, daß nur derjenige, der den geistigen
Kampf bejaht und in der Polemik seine Wahrheit auch
einmal auf die Spitze treibt, Gehör findet. Diese Entschie-
denheit verhält sich dialektisch dazu, daß die Philosophie
selbst keine Sicherheit gewährt. Es gibt keine heiligen
Texte der Philosophen, an die sich der Mensch blind halten kann, um mit dem Leben fertig zu werden. Die Philosophie, die keine Wissenschaft unter anderen Wissen-

schaften ist, macht produktiv »unsicher« und dadurch erst frei zur eigenen Entscheidung. Von Jaspers lernen wir, daß die »Wende«, der »Umbruch«, das »Scheitern« Bestimmungsstücke sind, um unser Dasein richtig zu verstehen. Was ich in meinem Leben als unverlierbare Erfahrung mitgenommen habe, ist dies: Karl Jaspers hat, immer vollkommen konzentriert und unbestechlich sich selbst gegenüber, in einer beispielhaften Identität mit sich, seinem geistigen Wollen und Vermögen gelebt. Er kannte die bohrenden Fragen ungesicherter Menschen und die Konflikte seiner Zeit. Er ist ihnen mit der Offenheit und Konsequenz seines Daseins begegnet, die seine philosophischen Werke zu Büchern machen, mit denen man leben kann. Er hat in den Grenzen, die jedem Menschen gegeben sind, auch dem schöpferischen Denker, gedacht und schreibend gehandelt. Der große Mensch erwies sich darin, daß er die Amplitude der Möglichkeiten innerhalb seiner Grenzen ins Universale spannte. So öffnete sich in den unvergeßlichen Gesprächen, die für mich vor allem ein Hören und Aufnehmen waren, aus den einzelnen Fragestellungen das allgemeine Problem, der größere Zusammenhang.

Im Hause Jaspers lernte ich seine Schülerin Hannah Arendt kennen. Sie war mit ihrem zweiten Ehemann Heinrich Blücher aus New York, wo sie lebten, gekommen. Es stellte sich sehr bald ein Gefühl der Sympathie und des Vertrauens ein, das Hannah Arendt mit ihrer Offenheit, Intelligenz und Wärme in mir erweckte. Was mich von Anfang an und mein Leben lang an ihr faszinierte, war ihre innere Unabhängigkeit. Alles entsprang ihrem ureigensten Denken. Es war ein Glücksfall, sie für den Verlag zu gewinnen. Ihre geniale Jugendarbeit *Rahel Varnhagen.* *Lebensgeschichte einer deutschen Jüdin aus der Romantik* hatte sie in den frühen Emigrationsjahren in Paris geschrieben, jetzt, 1959, erschien sie bei Piper. Ihr grundlegendes Werk *Elemente und Ursprünge totaler Herrschaft* war bereits 1951 in der englischen Fassung erschienen. Es war mir eine große Genugtuung, daß ich es später (1986) in das Piper-Programm bringen konnte.

Rasch bahnte sich eine Zusammenarbeit mit Hannah Arendt an. Der Ausdruck »Zusammenarbeit« für die Verbindung des Verlegers mit seinem Autor könnte falsch gedeutet werden. Autor und Verlag arbeiten nicht eigentlich »zusammen«. Der Verlag ist für den Autor das Instrumentarium, dessen er sich bedient, um für die Lancierung, die Verbreitung, die Veröffentlichung und die spätere Pflege seines Werkes den verläßlichen, professionellen Partner zu haben. Dabei ist der Verleger nicht nur der produktionstechnische Realisierer des vom Autor gelieferten Manuskripts. Er tritt dafür mit überlegten Werbekampagnen bei den für die Durchsetzung des Werkes unerläßlichen Partnern Buchhandel und Presse oder Medien ein. Wenn der Verleger in seinen Aktivitäten an dem Werk innerlich beteiligt ist, wird das letztlich der Effektivität seiner Arbeit und der seiner Mitarbeiter zugute kommen. Der Verleger versucht aber auch von seinen Autoren zu erfahren, was in deren Lebensbereich an wichtigen literarischen Ereignissen vorkommt.

Ein Beispiel für eine verpaßte Gelegenheit spiegelt mein Brief vom 21. März 1967 an Hannah Arendt in New York: »Darf ich zum Schluß fragen: Haben Sie, liebe Hannah Arendt, zufällig in der letzten Zeit von irgendeiner besonders wichtigen Sache in Amerika gehört, die für den Piper Verlag interessant sein könnte? Bitte, denken Sie dabei nicht daran, daß ich Ihren lange zurückliegenden Hinweis auf [Mary] McCarthy leider nicht ernst genug genommen hatte. Ich kann dies nur damit entschuldigen, daß man sich als Verleger eben mehr oder weniger ständig in der Lage eines Schwimmers fühlt, der im Niagarastrom die Wassermassen zu teilen sucht. Dies klingt etwas pathetisch, hat aber ein Stück existentieller Richtigkeit.«

Mit großer Verspätung konnte der Piper Verlag einen Teil dieses Versäumnisses wiedergutmachen: 1995 kam der Briefwechsel zwischen Hannah Arendt und Mary McCarthy in der deutschsprachigen Ausgabe bei Piper heraus. Leider hatte ich selber keinen Anteil mehr daran.

Ein anderer Autor, der mir »entgangen« ist, war Golo Mann. Daß er kein Piper-Autor wurde, lag an einer falschen Schaltung zum entscheidenden Zeitpunkt. Aber daß man auch Fehler macht, gehört zum verlegerischen Handwerk. Ich schätze Golo Mann, seine Gerechtigkeit in der Beurteilung politischer und historischer Ereignisse und Probleme außerordentlich.

Eine besondere Herausforderung für den Verlag war die deutschsprachige Veröffentlichung von Hannah Arendts ursprünglich für den *New Yorker* geschriebenem Bericht *Eichmann in Jerusalem* (1964). Hannah Arendt wollte und »konnte« ihr Buch nicht selbst ins Deutsche übersetzen. Da sie ja von Kindheit an mit der deutschen Sprache, ihrer Muttersprache, vollkommen vertraut war, wurde es nicht leicht, die Übersetzungsfrage so zu lösen, daß der deutsche Text ihren Wünschen gerecht wurde, was dann aber doch gelungen ist. Im ersten Stadium der Überlegungen hatte Hannah Arendt sich gewünscht, daß Ingeborg Bachmann das Eichmann-Buch ins Deutsche übertragen sollte. Ingeborg Bachmann antwortete Hannah Arendt sehr freundlich, aber ablehnend: Ihre Kenntnis des Englischen reiche leider nicht aus, einem so diffizilen Text als Übersetzerin gerecht zu werden.

Hannah Arendt mußte, als ihr Eichmann-Buch in den Vereinigten Staaten erschien, herbe, sie sehr verletzende Kritik zu bestimmten Positionen ihres Buches über sich ergehen lassen. Ein Hauptvorwurf, mit dem sie sich konfrontiert sah, war: Es sei ungerecht, wenn sie tadele, daß

sich diese in den Konzentrationslagern vom Tod bedrohten Menschen nicht zur Wehr gesetzt hätten. In der Tat hat
Hannah Arendt das nie verlangt. Sie schreibt vielmehr in
Eichmann in Jerusalem: »Die Frage, ob die Juden sich hätten
wehren können oder müssen, die zuerst von dem israeli-
schen Staatsanwalt erhoben und von mir als töricht und
grausam bezeichnet wurde…, ist bis in die erstaunlich-
sten Konsequenzen diskutiert worden.« Und weiter in *Ich
will verstehen*: »Die Frage, die ich aufgeworfen habe, ist die
der Kooperation jüdischer Funktionäre, von denen man
nicht sagen kann, daß sie einfach Verräter waren (die hat
es auch gegeben, das ist aber uninteressant), und zwar
zu Zeiten der Endlösung… Es gab keine Möglichkeit
des Widerstandes, aber es gab die Möglichkeit, nichts
zu tun.« Die keineswegs einhellige Kritik am Eichmann-
Buch hat Hannah Arendt intensiv beschäftigt und, allerdings erst spät, zur öffentlichen Gegenkritik mobilisiert.
In ihrem Briefwechsel mit Mary McCarthy wird die Rezeption des Eichmann-Buches schon gleich nach Erscheinen
der ersten Kritiken ausführlich und dann immer wieder
behandelt.

Auch der abertausende Male zitierte Untertitel des
Eichmann-Buches, *Ein Bericht von der Banalität des Bösen* –
ist er nicht geeignet, dem Begriff des Bösen seine eigentliche Substanz, seine Radikalität zu rauben? Es wäre jedoch eine irrige Auffassung dieses von Hannah Arendt
gebrauchten Begriffs, wenn man darin eine Tendenz zur
Verharmlosung sehen wollte. Das Böse, wie es Hannah
Arendt verstand, muß nicht monströs-fratzenhaft erscheinen, es tarnt sich in seiner banalen Verkleidung. »Daß
etwas gleichsam aus der Gosse geboren werden kann,
ohne allen Tiefgang, und doch Macht über nahezu alle
Menschen gewinnt, das ist doch gerade das Furchtbare
an dem Phänomen.« Alexander Mitscherlich hat zu dem
Buch Stellung genommen: »*Eichmann in Jerusalem* ist ein

überaus unbequemes Buch. Für einen jüngeren Leser, der die Geschichte besser verstehen möchte, in welche die Väter verstrickt waren, scheint es mir ein vorerst unersetzliches Übungsbuch zu sein.«

Unvergeßlich ist mir das Schlußwort eines Gesprächs, das in der New Yorker Wohnung von Hannah Arendt und Heinrich Blücher stattfand. Sie hatten Elisabeth und mich zum Abendessen eingeladen. Unvermeidlicherweise ging es im Gespräch um Nazizeit, Krieg, Judenverfolgung, Antisemitismus – um die Katastrophe, die eben erst hinter uns lag. Hinter uns? Wir alle, zwanzig Jahre nach Ende des Krieges und dem Selbstmord Hitlers, »saßen« ja noch »mittendrin«. Hannah Arendt hat immer klar unterschieden zwischen dem traditionellen »gesellschaftlichen« Antisemitismus, den es in Europa da und dort in fast allen Ländern gegeben hat und gibt, und einer zum Vernichtungswahn gesteigerten tödlichen antijüdischen Doktrin. So wurden und werden Juden in manchen exklusiven englischen Clubs nicht zugelassen. Hinter solchen Usancen stand aber nie absoluter Haß auf Judentum, jüdische Herkunft, »Rasse« und Religion. Antisemitismus als Vernichtungswille und der Entschluß, ihn systematisch in die Tat umzusetzen, blieben Hitler und den Nazis vorbehalten. Dazu sagte Hannah Arendt zum Schluß unseres Gesprächs unüberbietbar einfach und hart: »Das hätte nicht passieren dürfen!«

Leider ist es bisher meines Wissens nicht dazu gekommen, daß jemand Hannah Arendts Anregung aufgegriffen hätte, eine Geschichte der jüdischen Emanzipation in Preußen beziehungsweise im Deutschland des 18. und 19. Jahrhunderts zu schreiben. Sie schlug vor, dieses wichtige Buchthema großzügig und nicht zu pedantisch zu behandeln.

Aber auch das ist deutsche Tradition: Bürger andersartiger Herkunft auszuzeichnen, ihnen für Leben, Arbeit und Glück die schützende Hand des Staates zu reichen, wie es zum Beispiel im Staate Friedrichs des Großen geschah. Um diesen wichtigen Gedanken verlegerisch umzusetzen, war ich gern bereit, das Buch der beiden Zeitungswissenschaftler Peter Glotz und Wolfgang R. Langenbucher *Vorbilder für Deutsche* ins Verlagsprogramm zu übernehmen. In lebendigen Einzeldarstellungen bot dieses Buch eine Galerie von Deutschen aus den letzten Jahrhunderten, deren Taten wahrhaft dazu beigetragen haben, auf den Begriff »deutsch« trotz allem stolz sein zu können. Der Verkaufserfolg dieses wichtigen Buches hielt sich leider in bescheidenen Grenzen, und auch von der Presse und anderen Medien erhielt der Verlag nur sehr geringe Unterstützung, eine merkwürdige Parallele zu der ebenfalls relativ bescheidenen Resonanz auf Karl Jaspers' *Schuldfrage*.

Ebenfalls in Heidelberg – wie Jaspers vor seinem Wechsel nach Basel – lehrte der Soziologe Alfred Weber, ein Bruder von Max Weber und einer der Hauptvertreter der modernen Kultursoziologie. Mit Jaspers zusammen hatte er nach Kriegsende viel für den Neubeginn an der Heidelberger Universität getan. Zu seinen Hauptwerken zählen *Kulturgeschichte als Kultursoziologie* und *Der dritte oder der vierte Mensch*. Ich habe Alfred Weber, der politisch sehr engagiert war, einige Male während der Arbeit für die Veröffentlichung oder Wiederveröffentlichung seiner Bücher gesehen. Es war mir ein besonderes Erlebnis, seine Lebensgefährtin Else Jaffé kennenzulernen und mit ihr sprechen zu können. Sie war eine Schwester von Frieda von Richthofen, die D. H. Lawrence als *Lady Chatterley* unsterblich gemacht hat.

Ich muß eine für die Bewertung der Persönlichkeit Alfred Webers ganz wichtige Geschichte erzählen, die ich zwar nicht selbst miterlebte, die aber von mehreren Seiten verbürgt ist. Die Sache ereignete sich im März 1933 in

Heidelberg. Einige fanatisierte Studenten hatten auf dem Institut Alfred Webers die Hakenkreuzfahne gehißt. Das wurde dem Gelehrten gemeldet, der gesagt haben soll: »Holt den Lappen herunter.« Jedenfalls hat er die sofortige Entfernung der Fahne angeordnet. Es war eine große, vorbildliche Tat, während gleichzeitig in den deutschen Führungsschichten viele voreilig, ohne nachzudenken, ohne ihr Gewissen zu prüfen, die Haltung des vorauseilenden Gehorsams annahmen.

II. Teil
Ausbau und Erweiterung des Verlags, Bilanz und Ausblick

Populäre Wissenschaft
Von der Natur und ewigen Fragen

Als ich nach dem Ende des Zweiten Weltkriegs und nach dem Tod meines Vaters daran ging, ein neues Verlagsprogramm aufzubauen, ging es mir auch um folgendes: Neben die angestammten Gebiete Kunst, Philosophie und Literatur sollten neue Gebiete treten: Geschichte, Zeitgeschichte, zeitgenössische Literatur, Politik, Gesellschaft, Soziologie und Naturwissenschaft. Die Theologie, die Musik und das Theater kamen erst später hinzu. Ich wollte auch einen ganz neuen Akzent setzen, nämlich durch wissenschaftliche Sachbücher »transakademischer« Bedeutung. Darunter verstehe ich Bücher von Forschern, deren aktuelle Fragestellungen und diese vertiefende Konzepte auch ein breiteres gebildetes Lesepublikum fesseln können. Der Wunsch nach diesem Programmzuwachs wurzelte bei mir – wie schon erwähnt – zum Teil darin, daß die Phänomene der Naturwissenschaft und die ihnen zugrundeliegenden Gesetze früh meine Wißbegierde erregt hatten. So ist meine persönliche Neigung als erstes Glied der Wirkungskette zu nennen.

Wenn aber verlegerisch etwas »geschehen« soll, bedarf es eines konkreten Anstoßes. Es war in den ersten Jahren nach dem Zweiten Weltkrieg, und die kleine Episode wurde zum Ausgangspunkt einer der vielen »verlegerischen Kettenreaktionen«: Meine Schwester Ulrike, die sich schon als kleines Mädchen ernsthaft für Tiere interessiert hatte, weilte zur Erholung im Tessin. Ein Waldspaziergang führte sie zu einem Bach. Sie folgte ihm ein Stück weit und stieß auf einen anderen Feriengast: einen Herrn, der sich offensichtlich mit allerlei kleinem Getier zu schaffen machte. Man machte sich bekannt, und es stellte sich heraus, daß es sich bei dem Herrn um Paul Eipper, den »Freund aller Tiere«, handelte. Eipper erwähnte, daß er sich verlegerisch neu orientieren wolle. Meine Schwester erzählte mir das, und so kam zwanglos eine Vereinbarung mit dem in seiner Thematik neuartigen Autor im Piper Verlag zustande.

Frühere Bücher von Eipper, nicht nur die berühmte *Gelbe Dogge Senta*, wurden neu aufgelegt, neue Bücher, die wiederum von einem breiten Publikum dankbar aufgenommen wurden, folgten. Wir, die Ehepaare Eipper und Piper, freundeten uns an und trafen uns in Südtirol. Wenn wir beim Rotwein zusammensaßen, erzählte Eipper von seiner Zeit als Mitarbeiter im S. Fischer Verlag in Berlin. Morgens, beim Postdurchgang, so berichtete er, saß er seinem Chef, dem großen Verleger Samuel Fischer, gegenüber, um gleich die verschiedensten Direktiven für das Haus entgegenzunehmen. »Eines Tages bat ich Herrn Fischer um sein Einverständnis, daß ich alle vierzehn Tage schon einen Tag früher ins Wochenende fahren könnte, nicht um zu faulenzen, sondern um mir im Hafen von Marseille die jeweils aus Afrika eingetroffenen neuesten Tiertransporte anzuschauen. Nach einiger Zeit bat ich um noch früheren Wochenendurlaub. Schließlich sagte Herr Fischer: ›Herr Eipper, Sie sind ein schätzenswerter Mitarbeiter. Aber ich sehe, daß Sie ganz frei sein müssen für Ihre Tiere.‹«

Eines Tages gab mir Paul Eipper folgenden Tip: »Wenn Sie das nächste Mal Ihren neuen großen Philosophie-Autor Karl Jaspers in Basel besuchen, dann nehmen Sie doch die Gelegenheit wahr, sich dort mit dem Zoologen Professor Adolf Portmann bekannt zu machen.« Ziemlich bald darauf saß ich Portmann in seinem Baseler Institut am Rheinsprung gegenüber.

Adolf Portmann, der einstmals an der Kunstakademie in München studiert hatte, unterhielt in Basel, unmittelbar bei seinem Büro, einen kleinen Privatzoo. Er machte mich mit den Grundgedanken seiner Arbeit bekannt: der Gestaltwahrnehmung als Schlüssel zur Erfassung der individuellen Wirklichkeit eines lebendigen Wesens. Erläuternd sagte er: »Ich kenne einen respektablen Fachkollegen, der aus dem Stand heraus ein gehaltvolles wissenschaftliches Referat über die Darmflora des Karpfens halten könnte. Wenn wir aber den Betreffenden bitten würden, uns hier aufs Papier einen Karpfen zu zeichnen, damit wir sehen, wie er wirklich aussieht – er könnte es nicht. Ich, Portmann, glaube an die Totalität von Erscheinung, Funktion, Struktur und Bewegung.«

Ich fragte Portmann, ob er mir noch ein anderes seine Grundauffassung belegendes Beispiel geben könne, vielleicht unmittelbar aus der Natur gegriffen. Portmann darauf: »Ja, denken Sie an die Lerche, wie sie sich lustvoll tirilierend, wie von einer Luftschraube, in die Höhe tragen läßt. Dies, was zu sehen uns entzückt, ist materialistisch-mechanistisch gesehen natürlich das Produkt millionenfacher feinster physikalisch-physiologischer Faktoren. Es ist aber mehr: Wir sehen und genießen den Selbstausdruck eines lebendigen Geschöpfs. Die Lerche bedürfte überhaupt nicht solch kunstvoller Flugfiguren, um ihr Überleben zu sichern, sie könnte das, wie andere Vögel auch, einfacher haben.«

Wie es dazu kommt, daß aus Gedanken und Beobachtungen Bücher werden, zeigt ein Ausschnitt aus einem Brief vom 1. Januar 1951 aus Basel, den Adolf Portmann an mich richtete: »Die Arbeit am ›Meerbuch‹ und an ›Mantis religiosa‹ – um vorderhand bei diesen Stichworten zu bleiben, die uns beiden etwas sagen –, diese Arbeit muß zurücktreten, und ich kann wohl erst im weiteren Jahreslauf wegen möglicher Meeresaufenthalte und ähnlichen

147

›Seitensprüngen‹ klarer sehen. Dagegen würde ich sehr gern den am weitesten vorgerückten Plan, das ›Vogelbuch‹, in Arbeit nehmen. Das kann ich auf einen späten Termin 1952 beenden, sowohl im Text wie in den Bildern. Ich denke dabei an eine Einführung in das Verständnis für Vögel. In die Eigenart dieser besonderen Welt, wobei vom Gefieder bis zum Gebaren, vom Stoffwechsel bis zum Vogelzug viele neue Lichter gegeben würden. Sollten Sie mit einem solchen Start einverstanden sein, so berichte ich im Laufe des Januar über diesen Plan etwas ausgiebiger, damit Sie selber auch Ihre Gedanken zu einem solchen Buch fixieren können.« Dieses Buch erschien unter dem Titel *Vom Wunder des Vogellebens* erst 1984, zwei Jahre nach Portmanns Tod.

Das nächste Glied in dieser »Kette« hatte ich Adolf Portmann zu danken. Er machte mich darauf aufmerksam, daß der, wie er sagte, bedeutende Verhaltensforscher und Biologe Konrad Lorenz im Begriff sei, nach Bayern zu kommen. Der Grund war, daß seine bisherige Forschungsstätte, das Max-Planck-Institut für Verhaltensphysiologie, 1958 vom Schloß Buldern bei Dülmen in Westfalen nach Seewiesen am Eßsee bei Starnberg verlegt wurde. Dort besuchte ich ihn das erste Mal. Ich meldete mich beim Sekretariat an, und Professor Lorenz kam von seinem Studierzimmer im ersten Stock des geräumigen Hauses herunter: »Herr Piper, wenn Sie Lust haben, machen wir, bevor wir uns ein bißchen näher unterhalten, einen kleinen Spaziergang zum See. – Sehen Sie dort die Gänse. Es sind Graugänse, meine Hauptstudienobjekte.« Mehrere Gänse zogen in der Nähe und auch weiter entfernt ihre Kreise in dem ruhig, abseits von größeren Verkehrswegen gelegenen Gewässer. Plötzlich ein Vogelkreischen und heftiges Aufflattern: Zwei der Tiere waren sich »in die Haare geraten«. Lorenz sah hin und bemerkte trocken: »Sicher

148

eine Eifersuchtsszene.« Dann aber wies er mich an einer anderen Stelle des Ufers auf eine einzelne Graugans hin: »Schauen Sie dort hinüber, etwas weiter weg von uns: Dieser Vogel ist unzweideutig keine gesellige Natur. Er ist ein ›Krauterer‹ [das bayerische Wort für Sonderling].« Es war eine erstaunliche Erfahrung, wie unter der Anleitung von Lorenz aus dem bloßen Gattungswesen Graugans Individuen wurden. Lorenz versuchte vor allem, mich auf die Einheit der Elemente Gestalt (die sich im Augenblick des Hinsehens offenbart) und Verhalten (das sich in der Zeit vollzieht) aufmerksam zu machen.

Im Jahre 1965 erschienen – auf Anregung von Irenäus Eibl-Eibesfeldt – als »piper paperback« von Lorenz zwei Bände mit gesammelten wissenschaftlichen Abhandlungen unter dem gemeinsamen Titel *Über tierisches und menschliches Verhalten. Aus dem Werdegang der Verhaltenslehre.* Die beiden Bände erreichten zusammen, obwohl wissenschaftliche Literatur, einen Verkauf von etwa 280000 Exemplaren. 1973 kam die erste Auflage der *Acht Todsünden der zivilisierten Menschheit* heraus, und 1979 erschien, mit Photos reich versehen, *Das Jahr der Graugans,* eine Zwölfmonats-Biographie von Lorenz' lebenslangen Forschungspartnern. Ich habe hier nur einige Titel genannt, um die Farbigkeit von Lorenz' schriftstellerischer Palette zu beleuchten. Lorenz hat wiederholt betont, daß es sein Ziel sei, zur Naturgeschichte des menschlichen Erkennens einen Beitrag zu leisten. In diesem Zusammenhang nenne ich *Die Rückseite des Spiegels* und *Der Abbau des Menschlichen.*

1973 erhielt Konrad Lorenz zusammen mit Niko Tinbergen und Karl von Frisch den Nobelpreis für Physiologie und Medizin. Über Lorenz' wissenschaftliche Bedeutung bestand kein Zweifel, dennoch hatte es kritische Stimmen gegeben, die vor allem auf einem Aufsatz von Lorenz über unwertes Leben in der Natur fußten. Sie bezogen sich auf seinen 1940 veröffentlichten Artikel *Durch Domesti-kation verursachte Störungen arteigenen Verhaltens* in der *Zeit-schrift für angewandte Psychologie und Charakterkunde.* Sein Biograph Franz Wuketits schreibt: »Natürlich wurde er besonders zur Zeit der Nobelpreisverleihung erneut mit seiner Haltung zum Nationalsozialismus konfrontiert. Die Vergangenheit eines Nobelpreisträgers wiegt in der Öffentlichkeit schwer, auch wenn er, wie Lorenz, längst seinen damaligen Irrtum eingesehen und eingestanden hat.«

Elisabeth und ich waren zur Nobelpreis-Verleihung nach Stockholm eingeladen und wohnten im selben Hotel, im selben Stockwerk wie das Ehepaar Lorenz, so daß wir die Wache, die vor Lorenz' Zimmer Dienst tat, bemerken mußten. Man befürchtete offenbar Angriffe auf seine Person. Aus Anlaß der Verleihung der Nobelpreise gab der Verlag Bonnier in seinem nahe bei den Schären gelegenen Repräsentationshaus einen Empfang. Es waren dort interessante Bilddokumente aus der Verlagsgeschichte, unter anderem Aquarelle und Zeichnungen von August Strindberg, ausgestellt.

Mehrere Male führte mich die Zusammenarbeit zu dem stattlichen Haus der Familie Lorenz in Altenberg an der Donau. Lorenz' Vater, der zu seiner Zeit berühmte Orthopäde Adolf Lorenz, hatte es bauen lassen. Konrad Lorenz erzählte dazu: »Ein Großschlachter aus Chicago hatte eine Tochter mit einer Hüftluxation. Bis dahin war es niemandem gelungen, sie zu heilen. Mein Vater operierte das Mädchen erfolgreich. Er erhielt ein fürstliches Honorar, mit dem er das Haus, in dem wir jetzt sitzen, errichten konnte. Aber das Aquarium drüben beim Eingang, das Sie wohl schon gesehen haben, ist natürlich erst durch mich gekommen. Haben Sie sich die Fische da drin schon einmal etwas näher angesehen?« Ich antwortete, daß mich vor allem die kleinen, blitzschnell herumschwimmenden,

mit ihrer gleißenden Buntheit fast protzenden Geschöpfe
fasziniert hätten. Darauf Lorenz: »Ja, das sind zum guten
Teil exotische Prachtexemplare, aber hüten Sie sich davor,
in einer unbedachten Sekunde mit der Hand in das Bek-
ken hineinzulangen. Da wären ein oder zwei Finger in
einer Geschwindigkeit, die Sie sich nicht vorstellen können, weggebissen!« Über die gefährlichen kleinen Bewohner seines Aquariums wollte Lorenz ein Buch schreiben,
wozu es leider nicht mehr gekommen ist.

Als die Direktionszeit von Konrad Lorenz in Seewiesen
abgelaufen war (1973), erhielt er eine für ihn ideale Ar-
beitsstätte: das Almtal bei Grünau in Oberösterreich, vor
dem Toten Gebirge gelegen. Es gibt Teiche und fließen-
des Gewässer in dem fast unbewohnten Tal. Das Gebiet für
die Forschungsstation hatte der 1990 verstorbene Prinz
Ernst August von Hannover zur Verfügung gestellt, der
zugleich Herzog von Cumberland war. Darum heißt die
oberösterreichische Heimat der Graugänse »Cumberland-
Wildpark«. Lorenz wohnte dort in einem bescheidenen
Haus, das direkt am Gänsegewässer gelegen war. Dieser im
Zentrum von Mitteleuropa gelegene Ort war, ohne tot zu
wirken, von einer »sagenhaften« Ruhe. Hier forschte Lorenz mit einem kleinen Stab von Mitarbeitern in seinen
letzten aktiven Jahren. Wir besuchten ihn dort mit Lekto-
rat und Herstellung des Verlags, um mit dem Autor an Ort
und Stelle die Bebilderung des erwähnten Werkes *Das Jahr
der Graugans* zu besprechen.

Es war immer eine angenehme und sehr freundschaftliche Zusammenarbeit mit Konrad Lorenz; sie spiegelt sich
auch in den vielen Briefen, die wir wechselten. Eine kleine
Bemerkung in seinem Brief vom 22. März 1976 zu meinem 65. Geburtstag zeigt das, und sie erfreut mich noch
immer: »Ich darf Ihnen aufrichtig sagen, daß ich zu dem
Piper Verlag in einer herzlicheren Beziehung stehe, als sie
zwischen Autor und Verlag sonst zu existieren pflegt, und

daß dies zweifellos den Persönlichkeiten zu danken ist, die diesen Verlag repräsentieren.«

Bei meinem letzten Besuch, der uns wiederum in das schöne Altenberger Haus an der Donau führte, war ich nicht mehr in Begleitung von Elisabeth. Sie war 1986 gestorben, und ich hatte 1988 wieder geheiratet. Wir, also meine Frau Ellen und ich, wurden zu einem kleinen Mittagessen gebeten und saßen Konrad Lorenz in der Veranda gegenüber. Ein reizendes galantes Spiel von Lorenz mit Ellen bleibt lebendig in meiner Erinnerung.

Bereits bevor ich mit Konrad Lorenz Kontakt aufgenommen hatte, gab es eine Verbindung mit seinem Schüler, langjährigen Mitarbeiter, späteren Kollegen und Landsmann Irenäus Eibl-Eibesfeldt, die sich als äußerst fruchtbar erweisen sollte. Sein erstes Buch bei Piper erschien 1960 und heißt *Galapagos*. Schon die Titel einiger seiner weiteren Werke wie *Liebe und Haß* oder *Krieg und Frieden aus der Sicht der Verhaltensforschung* zeigen, wie sich in seinem Forschen und Schreiben die biologischen Einsichten der Verhaltensforschung zu den großen anthropologischen Fragestellungen hin erweitern. Der Autor systematisierte seine Forschungen in einer Gruppe von Lehrbüchern, deren Darstellungsweise mit der üblichen trockenen Darbietung nicht viel zu tun hat. Lebhafte Diskussionen entzündeten sich an manchen kritischen Vorstößen des Autors gegen nach seiner Ansicht zu sehr vereinfachende Vorstellungen von einer multikulturellen Gesellschaft. Eibl-Eibesfeldt läßt seine Leser nicht nur an analytisch-biologischen Fragestellungen teilnehmen, er nimmt sie in seinen Schilderungen auch mit in die Lebenswelten ferner Gegenden der Erde, zum Beispiel auf die Malediven oder auf die Galápagosinseln, die »Arche Noah im Pazifik«.

In einem Brief an mich vom 2. November 1998 spricht Eibl-Eibesfeldt eine Überzeugung aus, die zum Nachdenken anregt: »Wir leben in einer Zeit, in der persönliche Beziehungen immer mehr in den Hintergrund treten. Die anonyme Behörde, der Supermarkt und auch die Ablösung der familiengeführten Verlage durch die größeren Konzerne, letztlich wird dies alles zum Verfall, auch der größeren Gemeinschaften, führen, die nur bestehen, wenn sie sich von unten in einer natürlich hierarchischen Folge aufbauen, von der Familie, Kleingruppe, vom Freundeskreis, der uns dann auch die anonyme Gesellschaft ertragen läßt, ja sogar erlaubt, sich mit ihr zu solidarisieren.«

Inzwischen ist, wenn ich es richtig sehe, die vor allem auf vergleichender Anschauung basierende klassische Verhaltensforschung von Konrad Lorenz, weitergeführt und erweitert von Irenäus Eibl-Eibesfeldt und anderen, beispielsweise Wolfgang Wickler, weitgehend zurückgedrängt durch eine mathematisch-statistische Methode. Es steht mir nicht zu, eine solche von ernsthaften jüngeren Forschern heute betriebene Wissenschaft zu kritisieren. Aber ich finde es schön und befriedigend, daß ich für die unmittelbare Anschauung und das kreatürliche Mitfühlen, daß ich für die Gültigkeit und Wärme der klassischen Verhaltensforschung als Verleger mitwirken konnte.

Wenn ich mich über Konrad Lorenz und Irenäus Eibl-Eibesfeldt hinaus weiteren Forschern, die über ihre Themen allgemeinverständlich schreiben konnten, als Piper-Autoren zuwandte, dann in der Absicht, den Lesern in einem weiten Horizont etwas vom Sinn und Gehalt einer Naturgeschichte des menschlichen Erkennens zu vermitteln.

Paul Watzlawick habe ich über die Zeitung entdeckt. Ich weiß nicht mehr, in welcher Form ich an ihn geschrieben habe, aber es war auch eine sehr folgenreiche, schöne

Verbindung, die bis heute andauert. Sein Buch *Anleitung zum Unglücklichsein* erzielte im deutschen Sprachraum an die zwei Millionen Auflage. Da wir die Rechte für Amerika nicht hatten, hat Watzlawick das Buch dort selbst bei einem bekannten Verlag untergebracht. Aber es liegt in den Vereinigten Staaten nur bei einer Auflage von 15 000 Exemplaren (1995), obwohl der Autor dort seit Jahrzehnten als Therapeut und akademischer Lehrer sehr bekannt ist. Er erklärte: »Mein österreichischer Humor kommt in Amerika nicht an!« Watzlawicks eigentliches Thema ist die Wirklichkeit, die erfundene Wirklichkeit und das Problem, wie wir wissen können, was wir zu wissen glauben. Indirekt kam ich durch ihn zu Humberto Maturana; Watzlawick hatte von ihm erzählt und einen Text von ihm – neben anderen konstruktivistischen Autoren – in einen Sammelband zum Thema *Die erfundene Wirklichkeit* aufgenommen. Der direkte Kontakt zu Maturana kam dann aber durch Karl Jaspers' Freunde an der Universität Oldenburg zustande. Rudolf zur Lippe lehrt dort und eben auch Maturana, für dessen *Was ist Erkennen?* Lippe einen einführenden Essay schrieb.

Zu den ganz wichtigen naturwissenschaftlichen Autoren zählen für mich die drei Nobelpreisträger Jacques Monod, Manfred Eigen und Ilya Prigogine. Ihre Bücher waren trotz des hohen Anspruchs an die Leser sehr erfolgreich. Jacques Monods *Zufall und Notwendigkeit* ist ein geniales Buch. Sein Grundthema: Der Zufall fällt durch den Sieg der Notwendigkeit. Leider ist Monod früh verstorben. *Das Spiel* von Manfred Eigen und Ruthild Winkler ist ein wegweisendes und einflußreiches Buch. Im Untertitel heißt es *Naturgesetze steuern den Zufall.* Eigen ist übrigens auch ein sehr guter Pianist. Ich bin durch Werner Heisenberg auf ihn aufmerksam geworden. *Dialog mit der Natur* ist Ilya Prigogines wichtigstes Buch. Er hat es zusammen mit Isabelle Stengers geschrieben. Von ihm erschienen drei weitere Bücher, in denen er die Themen Komplexität und Zeit behandelte.

Ein Grundgedanke von Prigogine ist der Zeitpfeil oder die Entropie. Eigen versuchte mir das Gemeinte zu veranschaulichen, indem er sagte:»Stellen Sie sich unter der Entropie einfach die Potentialität eines Systems vor!« Es gibt ja auch naturwissenschaftliche Denker, die sagen, die Zeit sei im Prinzip umkehrbar. Prigogine bestreitet das; für ihn ist es eine A-priori-Gegebenheit, daß die Zeit gerichtet ist. Das bedeutet, daß das Universum insgesamt eine Geschichte hat. Aus diesem Denken ist der Begriff der Singularität entstanden. Den hat es früher nicht gegeben.

Leider kann ich hier nicht alle unsere naturwissenschaftlichen Autoren ansprechen. In der Kosmologie etwa war der Physik-Nobelpreisträger Steven Weinberg mit seinem Buch *Die ersten drei Minuten* für mich wichtig. Bei der Beschäftigung mit seinen Ideen mußte ich daran denken, daß mir Jaspers bestätigt hatte, das Sein müsse als Eines gedacht werden. Man hörte in den letzten Jahren von astrophysikalischen Theorien, nach denen nicht nur das eine Universum, das nach dem Urknall entstand, sondern weitere Universen existieren könnten. Sollte das so sein, dann werden alle Universen zusammen nichts anderes sein können als eine alles Seiende umfassende Gesamtwirklichkeit. Diese Vorstellung des Einen ist für mich eine Denknotwendigkeit und wird mich bis ans Ende meiner Tage begleiten.

In gewisser Weise verwandt mit Weinbergs Vorstellungen sind die Ausführungen von Gerd Binnig, der 1986 den Physik-Nobelpreis erhielt. 1989 erschien sein Buch *Aus dem Nichts*. Sein zentraler Aspekt: Die Schöpfung der Welt, also auch der Menschen, kommt nicht, wie es die christliche Metaphysik sagt, von »oben«, aus einem höchsten Wesen, nämlich Gott. Sie ist vielmehr aus der Unordnung, aus dem Untersten, geschaffen. Der Urknall, das heute in der wissenschaftlichen Welt für die Erklärung des Kosmos verwendete »Standardmodell«, bezeichnet diesen untersten Punkt der Entwicklung des Kosmos, den Punkt, an dem die Entwicklung immer komplexerer stofflich-energetischer Phänomene beginnt.

Bei Gelegenheit einer der alljährlichen Nobelpreisträger-Tagungen in Lindau am Bodensee lud mich Werner Heisenberg ein, mittags an seinen Tisch zu kommen. So lernte ich den Neurophysiologen Sir John Eccles kennen, den Nobelpreisträger für Physiologie 1963. Von ihm brachte ich im Laufe der folgenden Jahre mehrere Bücher im Piper-Programm heraus. Damit war schon der Autorenfund ein erfreuliches Ergebnis der Reise nach Lindau. Es kam aber als besonders wichtig noch hinzu: Eccles erzählte mir von seiner langen Freundschaft mit dem Philosophen Karl Popper, dem übrigens 1964 ebenfalls der Titel »Sir« verliehen wurde.

Karl Popper war als Jude noch vor dem »Anschluß« aus seiner österreichischen Vaterstadt Wien emigriert. Als Ziel seiner Emigration wählte er ein Land, das eine möglichst große Distanz zu Österreich aufwies: Neuseeland. Er fand dort eine Anstellung am Canterbury University College in Christchurch. Um dorthin zu gelangen, mußte er von seinem Wohnort aus jeden Morgen eine Strecke mit der Eisenbahn zurücklegen. Und jeden Morgen traf er an der Bahnstation einen, wie er fand, sehr angelsächsisch aussehenden Herrn. Man kam schließlich ins Gespräch und freundete sich an. Der neue Freund war der gebürtige Australier John Eccles, der zur selben Universität fuhr. Eccles war bekennender Christ, Popper hingegen kritischer Rationalist. Der Freundschaft schadete das nicht. Popper sagte mir, daß ihn, obwohl er selbst doch durch und durch Rationalist und Skeptiker sei, die tiefe katholische Gläubigkeit von Eccles stark beeindruckt habe.

Ich erfuhr von Eccles, daß die beiden an einem gemeinsamen Buch über die Grundlagen des Bewußtseins, der Physiologie und der geistigen Verfassung des Menschen arbeiteten. Das Buch sollte drei Teile haben: Teil 1: philosophische Grundlegung des Themas Individualität (Popper) – Teil 2: Erklärung der Funktionsprinzipien des Gehirns in den verschiedenen Manifestationen, die mit dem Selbstbewußtsein und dem Selbst zu tun haben (Eccles) – Teil 3: Dialoge zwischen den beiden Autoren zum Problem des »Ich«. Das Buch erschien zuerst in Englisch unter dem Titel *The Self and Its Brain – An Argument for Interactionism* und 1982 in deutscher Übersetzung bei Piper als *Das Ich und sein Gehirn*. Eine Kuriosität der Korrespondenz war, daß sie im Dreieck ging: Gewöhnlich schrieb Eccles auf Englisch aus der Schweiz an den Verlag und der Verlagsleiter Hans Rössner auf Deutsch an Popper in England, Popper dann wieder auf Englisch an Eccles.

Ich weiß nicht mehr, in welchem Jahr es war, jedenfalls hatte Manfred Eigen Karl Popper zu einer Tagung in Göttingen eingeladen. Am nächsten Tag bat er Popper, mich und einige andere zu sich nach Hause. Ein schöner Steinway stand im Salon. Eigen spielte für unseren kleinen Kreis Mozart und bat dann mich, auch etwas vorzutragen. Soweit ich mich erinnere, wählte ich das *Prélude* Des-Dur von Chopin. Als Popper sich verabschiedet hatte, nahm Eigen mich beiseite, um mir zu sagen, ich hätte mich Sir Karl ins Herz gespielt.

Ehe ich mich Werner Heisenberg zuwende, möchte ich noch die Freundschaft zwischen Karl Popper und Konrad Lorenz erwähnen. Ich war Zeuge eines fesselnden Streitgesprächs der beiden Wissenschaftler. Die leidenschaftliche Debatte entzündete sich an der Frage, ob Deduktion oder Induktion das zweckmäßigere logische Instrument sei, wenn es um die Deutung bestimmter biologischer Prozesse geht. In Alpbach sah und hörte ich eine weitere Diskussion zwischen Lorenz und Popper. Beide Forscher bekannten, daß sie glaubten, in der Natur sei ein Gesetz der »Emergenz« (John Eccles erklärt die Emergenz als das Auftauchen von etwas unvorhersehbar Neuem) wirksam, ein immanentes Streben nach höherer Entwicklung, zu stufenweise leistungsfähigeren Organismen. Diese sich in langen Schritten vollziehende Aufwärtsentwicklung der lebendigen Organismen sei, so sagten die Gelehrten, sehr komplex aufzufassen.

Es war mir eine große Freude, als ich von Erwin Schumacher, dem Inhaber der Schwabinger Buchhandlung Lehmkuhl, erfuhr, Elisabeth Heisenberg habe sich bei ihm erkundigt, welchem Verlag sie das gerade von ihrem Mann beendete Manuskript für *Der Teil und das Ganze. Gespräche im Umkreis der Atomphysik* anbieten solle. Schumacher hatte den Piper Verlag empfohlen. Das Buch fand, wie auch viele andere »transakademische« Bücher bedeutender Naturwissenschaftler im Piper Verlag, großen Anklang. Die Weite der von Werner Heisenberg aus seinem eigenen geistigen Erleben aufgezeigten Problemfelder stimulierte das Interesse eines großen Leserkreises. Dazu trugen bei Lesern ohne größere physikalische Vorbildung gewiß auch die Anregungskraft und die persönliche Wärme bei, mit der das Buch geschrieben ist. Weitere Bücher von Heisenberg folgten, und schließlich beteiligte sich der Piper Verlag an der Gesamtausgabe seiner Werke. Heisenbergs Veröffentlichungen ebneten vielen Sachbüchern aus dem Umkreis der Physik und Astronomie den Weg, so unter anderem denen von Rudolf Kippenhahn, Harald Fritzsch, Emilio Segrè, Richard Feynman und Murray Gell-Mann.

Für das Bild der Persönlichkeit Werner Heisenbergs wurde und bleibt das Buch *Das politische Leben eines Unpolitischen* erhellend, 1980 von seiner Witwe bei Piper veröffentlicht. Elisabeth Heisenberg zeigt, wie der »unpolitische« Heisenberg in die »Normalverstrickungen« geriet, in denen sich jeder Deutsche befinden mußte, der mit einer Arbeit von öffentlicher Wirkung zu tun hatte. Es zeigt auch, wieviel unproduktive Energien für Vorsicht, Abwehr und Verstecken man aufzuwenden hatte.

Von der Philosophie und der Naturwissenschaft zur Theologie ist es heute nur noch ein kleiner Schritt. In den siebziger Jahren las ich in der *Neuen Zürcher Zeitung* ebenso wie in der *Frankfurter Allgemeinen Zeitung,* daß sich zwischen dem an der Universität Tübingen lehrenden Schweizer Theologen Hans Küng und seiner »obersten Aufsichtsbehörde«, dem Vatikan in Rom, wesentliche Differenzen in der Frage des Dogmas von der Unfehlbarkeit des Papstes aufgetan hätten. Küng, der 1962 unter Papst Johannes XXIII. offizieller theologischer Konzilsberater gewesen war, hatte mehrere Schriften in katholischen Verlagen veröffentlicht. Jetzt schien die Situation gekommen, neue Schriften und Werke von Küng in einem ungebundenliberalen, aber geistiger Verantwortung bewußt verpflichteten Verlag herauszubringen. Es ist mir eine Genugtuung festzustellen, daß dieses Zusammengehen für beide Teile, Autor und Verlag, die Erwartungen erfüllt hat. Aus der Fülle der Küngschen Titel nenne ich nur *Existiert Gott?,* *Christ sein* und die Neuausgabe von *Unfehlbar?.*

Küngs Loyalität gegenüber »Rom« war nicht zu bezweifeln. Aber er litt darunter, daß einem katholischen Christen, zumal einem, der als moderner Mensch und Geist für die fundamentalen Wahrheiten seines Glaubens einzutreten hatte, dies nur am Gängelband einer »unfehlbaren« obersten Instanz gestattet sein sollte. Der Konflikt hatte weltweite Wirkungen und ist bis heute aktuell. Er hat das freie, nach vielen Seiten fruchtbare Prüfen und Bedenken von Kernfragen des Christentums ermutigt und gefördert. Das Interesse an diesen Fragen war außerordentlich groß; *Christ sein* mußte immer wieder aufgelegt werden und war, obgleich ein Sachbuch, ein wirklicher Bestseller.

Am Schreibtisch im Verlag, 1963.

*Klaus, gezeichnet von seiner Mutter
Gertrud Piper, 1911.*

*Klaus, gezeichnet von seinem Vater
Reinhard Piper, 1916.*

*Die Familie 1921: Reinhard, Klaus, Großmutter Sophie Piper, Martin,
Gertrud (v. l.).*

Reinhard Piper mit seinen Söhnen Martin und Klaus im Verlag, 1950.

Cäcilie Piper mit den Kindern Ursula, Hans und Regina, um 1948.

Ursula, Elisabeth und Klaus Piper mit dem ersten Enkelkind Angela, London 1959.

Die Kinder Ernst Reinhard und Karin, 1969.

Karin, Hans und Regina, 1988.

Mit der langjährigen Sekretärin Lilo Tenner im Verlag, 1963.

Im Kreis von Verwandten bei der Feier »75 Jahre Piper Verlag« in den Münchner Kammerspielen, 1979.

Mit dem Kinderlexikon erklär mir die welt, *vorn in der Mitte Tochter Karin, 1972.*

Entspannung zu Hause am Flügel.

In der Ausstellung »75 Jahre Piper« zwischen zwei Gemälden Gertrud Pipers von ihrem Mann Reinhard und ihrem Sohn Klaus, Münchner Stadt-museum, 1979.

Im Kreis von Dorothee und Stefan Andres mit Elisabeth in Italien.

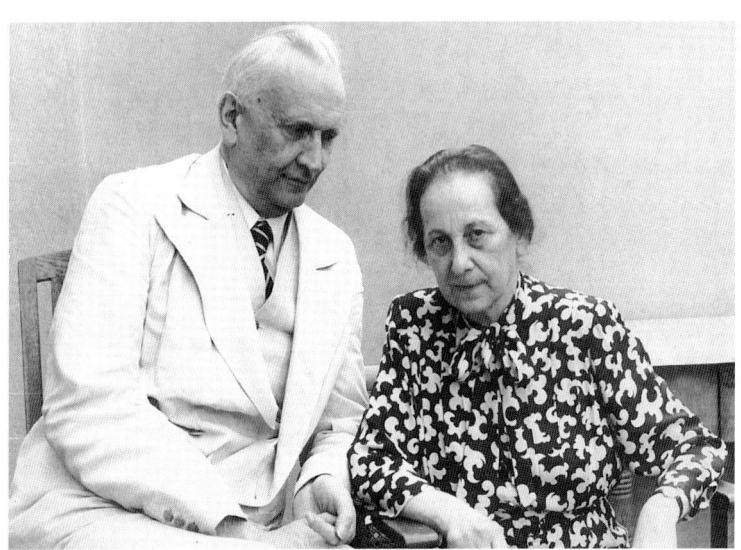

Karl und Gertrud Jaspers in Basel, 1952.

Ingeborg Bachmann, um 1953.

Hannah Arendt, in den sechziger Jahren.

Hans Werner Henze, Ingeborg Bachmann, die Sängerin Gloria Davy und Karl Amadeus Hartmann in München, 1958.

Mit Giorgio Bassani auf der Frankfurter Buchmesse, 1963.

Mit Richard Friedenthal, 1971.

Mit Lothar-Günther Buchheim bei der Bildauswahl für Mein Paris, *1976.*

*Präsentation des 2. Bandes der Tagebücher von Cosima Wagner, 1977
in Bayreuth, mit u. a. Oberbürgermeister Hans Walter Wild, Martin
Gregor-Dellin, Elisabeth Piper und Vicco von Bülow.*

Aldous Huxley

Hans Egon Holthusen

Hans Küng

Robert Havemann

Das Autorenduo Carlo Fruttero und Franco Lucentini mit François Bondy bei der Präsentation des Buches Die Sonntagsfrau, *1974.*

Mit Leszek Kolakowski, Elisabeth Piper, Dagny Gulbransson und Ernst Reinhard Piper beim Fest »75 Jahre Piper« in München, 1979.

Werner Heisenberg

Manfred Eigen

Margarete und Alexander
Mitscherlich

Joachim Kaiser

Mit Alfred Brendel bei der Präsentation von Nachdenken über Musik *in München, 1977.*

Mit Yehudi Menuhin und Marcel Reich-Ranicki bei der Präsentation von Unvollendete Reise *im Verlag, 1976.*

Mit Paul Watzlawick auf einer Internationalen Konferenz in München, 1984.

Mit Heinz Zahrnt im Garten des Verlags, 1967.

Karl Popper und Konrad Lorenz in der Lorenz-Villa in Altenberg bei Wien, 1983.

1988 beim Fest für den Autorenjahrgang 1928 im Verlag mit Martin Greiffenhagen, Irenäus Eibl-Eibesfeldt (unten v. l.), Hellmut Mehnert, Friedrich Prinz, August Everding, Hans Küng und Kurt Sontheimer (oben v. l.).

1991 beim Fest zum 80. Geburtstag: Franz Alt zaubert. Unter den Gästen u. a. Dagmar von Erffa (u. l.), Harald Fritzsch (i. H. l.), Walter Fritzsch (hinten r.).

Ellen Piper, Klaus Piper, seine Schwester Ulrike von Puttkamer, Ernst Reinhard und Martina Piper, Bürgermeister Christian Ude (1. Reihe v. l.), außerdem zu erkennen Heinz Zahrnt, Siegfried Unseld, Heinz Maier-Leibnitz.

Zu Hause im Münchner Garten, Juli 1989.

Verlagsreihen und Taschenbuch
Von der Piper-Bücherei zur Serie Piper

Es ist an der Zeit, hier etwas über die Reihen des Piper Verlags und die Entwicklung des Taschenbuchs zu sagen. Reihen sind architektonische Mittel zur verlegerischen Programmentwicklung. In den ersten Nachkriegsjahren diente die »Piper-Bücherei« dazu, in schmalen, bibliophil gestalteten, aber wohlfeil kalkulierten Bändchen literarisch-künstlerische und denkerische Substanzen aus dem Fundus des Verlags vielen Menschen zugänglich zu machen.

Bereits in den fünfziger Jahren hatten sich neunzehn Verlage zusammengetan, um mit den ihnen anvertrauten literarischen Substanzen zusätzliche Lesergruppen zu erschließen. Mit dem Zusammenschluß sollte auch der Verkaufsmacht der Buchgemeinschaften, deren Lizenzausgaben preislich wesentlich unter den Originalausgaben der Verlage lagen, Paroli geboten werden. Unter dem Titel »Die Bücher der Neunzehn« wurde ein gemeinsames Sonderausgaben-Programm entwickelt: Jeder der beteiligten Verlage stellte, wenn er in der monatlichen Abfolge dieser Sonderausgaben an der Reihe war, eines seiner Werke zur Verfügung.

Die Zusammenarbeit dieser neunzehn Verlage erschöpfte sich jedoch nicht in der Veröffentlichung und möglichst weiten Verbreitung dieser Sonderausgaben. Wichtig war der kollegiale Kontakt, der Austausch von Erfahrungen, der anregend und produktiv für alle war. Wir wußten um die Gefährdungen der Zeit, die Unrast, den Sog, der vom Aktuellen ausgeht, die Überschwemmung unseres Bewußtseins mit Nachrichten, die die Sensibilität des Intellektuellen schwächt. »Diese Zirkulation«, so sagte ich damals in einem Vortrag vor den Neunzehn, »hat ja neuerdings nicht nur die Menschen, sondern auch die großen Kunstwerke erfaßt. Die Dürer und Rembrandt ziehen über Länder und Meere, im Zuhause ihrer Museen werden sie bald nur noch gastweise anzutreffen sein.«

Die Gruppe der Neunzehn war ein freier Zusammenschluß von Verlagen, ohne offiziellen Anspruch oder Auftrag. Jeder Verlag stellte sein fälliges Buch in eigener Regie her, es gab weder eine Normierung nach Format und Ausstattung noch eine gegenseitige Zensur bei der Wahl der Titel. Wir brauchten keine Generallinie, da wir gerade am Wechselspiel von verschiedenartigen Richtungen und Absichten, wie sie in unseren Verlagen zum Ausdruck kamen, unsere Freude hatten. Da dieser Zusammenschluß gut funktionierte, entstand daraus die Idee eines eigenen Taschenbuchverlags, zu dem sich etwa die Hälfte der Neunzehner-Verlage zusammentaten. So kam es 1960 zur Gründung des Deutschen Taschenbuchverlags (dtv). Piper war mit bei den Gründern und blieb bis 1983 Gesellschafter.

Der dtv nahm eine erfolgreiche Entwicklung in dem zunehmend dynamischen Feld der Taschenbuchverlage, die insgesamt auf dem Buchmarkt eine so große Bedeutung gewannen, daß man sich heute die Taschenbücher überhaupt nicht mehr wegdenken kann. Durch diese Erscheinungsform haben die Bücher die Chance bekommen, länger auf dem Markt zu sein. Es braucht nicht betont zu werden, daß dies auch für die Autoren von existentiellem Gewicht ist. Ob es die Gedanken von Hannah Arendt oder die Gedichte von Ingeborg Bachmann sind, Werke von Walter Benjamin oder Bertolt Brecht – das Taschenbuch ist ein Transportmittel für ihre Wirkung bis in eine weite Zukunft hinein.

Der Gründungsvertrag des dtv hatte es den Partner-
verlagen untersagt, daneben im eigenen Verlag eine eigene
Taschenbuchreihe zu führen. Daher verfiel ich auf den
Ausweg, eine wohlfeil kalkulierte Reihe von gebundenen
Büchern in handlich-kleinerem Format, die »Sammlung
Piper«, herauszubringen. Sie trat zunächst neben die
»Piper-Bücherei« und hatte vor allem die Aufgabe, nach
dem Muster von Karl Jaspers' *Einführung in die Philosophie*
weitere Einführungen in andere Wissensgebiete zu bringen. Die Einladung an die Autoren, dem Verlag für diese
Reihe ein Manuskript zur Verfügung zu stellen, führte
zu lohnenden Erwerbungen. Hierzu gehört auch Alexander Mitscherlichs Buch *Auf dem Weg zur vaterlosen Gesellschaft*
(1963). Vier Jahre später veröffentlichte der Verlag von
Alexander und Margarete Mitscherlich ein vieldiskutiertes
Buch mit dem programmatischen Titel *Die Unfähigkeit zu
trauern*. Ich erinnere mich, daß die Mitscherlichs mich
anläßlich eines Besuchs in Frankfurt in ihre geräumige,
helle, fast »antigemütlich« eingerichtete Wohnung einluden. In einem Kreis von etwa dreißig Personen trug
Theodor W. Adorno in blendender logischer Verknüpfung
Thesen zu Mitscherlichs Auffassungen vor. Nicht vergessen habe ich auch, daß mir Alexander Mitscherlich einmal
sinngemäß erklärte: »Wir wissen viel über die seelische
Verfassung des Einzelmenschen, fruchtbare, weiterführende Erkenntnisse über die psychische Verfassung von
Kollektiven zu gewinnen bleibt nach wie vor sehr schwierig.« Obwohl die genannten Bücher aus den sechziger Jahren stammen, hat sich die Bedeutung ihrer Themen nicht
abgeschwächt.

Beide Reihen, die »Bücherei« und die »Sammlung«, sind
später in die »Serie Piper« übergegangen, deren erster
Band, Hannah Arendts *Macht und Gewalt*, 1970 erschien.

1982 wurde, mit starkem Engagement meines Sohnes
Ernst Reinhard, der in diesem Jahr in den Verlag einge-

treten war, die »Serie Piper« in eine reguläre Taschenbuchreihe mit monatlicher Erscheinungsweise umgewandelt. An die Stelle der laufenden Veräußerung von Taschenbuchlizenzen an die schon bestehenden Taschenbuchverlage trat nun die Eigenauswertung in der neuen »Serie Piper«. Die Titelsubstanzen blieben also jetzt dem eigenen Haus erhalten. Dies schloß nicht aus, daß ausnahmsweise eine Lizenz an einen der anderen Taschenbuchverlage vergeben werden konnte. Aus dem Deutschen Taschenbuchverlag mußte Piper damit aber wegen des geltenden Konkurrenzparagraphen ausscheiden.

In den frühen siebziger Jahren betrat der Verlag neue Wege, indem er erstmals Sachbücher für Kinder herausbrachte. Den Anstoß dafür hatte meine jüngste Tochter Karin geliefert. Bei zahllosen Gelegenheiten forderte sie von mir: »Papi, erklär mir die Welt!« Als erstes »piper kinderlexikon« erschien 1972 Hans Peter Thiels *erklär mir die welt*. Mit vielen weiteren Bänden wurde die »erklär mir«-Reihe äußerst erfolgreich.

Doch nochmals zurück in den Bereich der Theologie. Ich bat Reinhard Baumgart, damals Mitglied des Piper-Lektorats, nach Autoren für die »Sammlung Piper« Ausschau zu halten. Baumgart trat in Hamburg in Verbindung mit Heinz Zahrnt, der theologischer Chefredakteur des *Deutschen Allgemeinen Sonntagsblatts* war. Auch Zahrnts Denken war frei von jeder dogmatischen Einengung. Er bot uns sofort ein vom Thema her willkommenes Manuskript an: *Die Sache mit Gott. Die protestantische Theologie im 20. Jahrhundert.* Das Buch erschien 1966 – allerdings als Hardcover und nicht in der »Sammlung Piper« – und fand eine Resonanz, wie sie eine theologische, wenn auch für das allgemeine Publikum geschriebene Darstellung nicht hatte erwarten lassen. Mit Zahrnts *Sache mit Gott* wurde im Programm zum ersten Mal der Bereich Religion und Christentum manifest, abgesehen etwa von Karl Jaspers' *Philosophischem Glauben angesichts der Offenbarung.* Zahrnts Buch erschien acht Jahre vor Hans Küngs erster Veröffentlichung bei uns.

Bei der Aufnahme der theologischen Schriftsteller Zahrnt und Küng ins Verlagsprogramm stand mein Erkenntnisdrang Pate. Er hatte mich früh fragen lassen: Was bedeutet es, daß ich ein Mensch bin, hineingeboren ins Weltgetümmel? Ich habe schon erzählt von meinem Staunen und der Entdeckung des »Weltschmerzes«, als ich als kleines Kind mit dem Kindermädchen im Münchner Englischen Garten war. Die Tatsache, daß mein Vater mich in der Schulzeit nicht am Religionsunterricht teilnehmen ließ, hat mein Interesse an der transzendenten Welt in keiner Weise beeinträchtigt, ich kann heute sagen: im Gegenteil. Zu meinem Glück gestaltete sich mein Lebensweg so, daß ich mich in der Verlagsarbeit auch diesem breiten Interessenfeld widmen konnte.

Das geistige Ineinanderwirken der verschiedenen Disziplinen, das Wachsen eines Kräftefelds in einem Verlagsprogramm wird deutlich, wenn wir folgende Titel aus dem »transakademischen« Sachbuchprogramm nebeneinanderhalten: Heinz Zahrnt: *Die Sache mit Gott*; Hans Küng: *Christ sein*; Konrad Lorenz: *Die Rückseite des Spiegels. Versuch einer Naturgeschichte menschlichen Erkennens*; Werner Heisenberg: *Der Teil und das Ganze. Gespräche im Umkreis der Atomphysik*; Karl Jaspers: *Der philosophische Glaube angesichts der Offenbarung*; Alexander und Margarete Mitscherlich: *Die Unfähigkeit zu trauern*; Irenäus Eibl-Eibesfeldt: *Liebe und Haß*. Diese Auswahl zeigt auch, worin das Geheimnis des Erfolgs dieses Programms liegt: vor allem in der wissenschaftlichen Qualität. Wir haben hervorragende Wissenschaftler, die auch für ein breiteres Publikum schreiben können und wollen, als Autoren zu gewinnen vermocht.

Anfang der achtziger Jahre kam mir der Gedanke, daß wir eine kleine Publikation machen sollten, in der wir greifbar und anschaulich entscheidende Aussagen über Probleme des wissenschaftlichen Forschens heute bieten würden, und zwar von Forschern, die in der ersten Reihe stünden und die auch Meister der sprachlichen Vermittlung wären. Mir war klar, daß es keine leichte Aufgabe wäre, einen solchen Almanach zu gestalten. Er sollte als Sonderband der »Serie Piper« erscheinen, ganz billig sein und mit einmaliger, hoher Auflage gedruckt werden – ein Band der geistig-programmatischen Repräsentation und der Werbung für unsere wissenschaftliche Verlagsarbeit. Als Titel dachte ich damals an »Die Wissenschaft im Aufbruch zu neuen Ufern« oder ähnlich. Es wurde dann daraus der Band SP 250: *Lust am Denken. Ein Lesebuch aus Philosophie, Natur- und Humanwissenschaften 1947–1981*, der 1981 erschien. Er stand unter einer Art Motto, dem Jaspers-Satz »Was können wir aus europäischem Selbstbewußtsein wollen?«. Dieses Büchlein begründete die Tradition der bei den Lesern äußerst beliebten »Lust-Bände« (*Lust am Forschen, Lust an der Musik, Lust an der Natur, Lust an der Erkenntnis* und andere).

Ende 1989 war – trotz einmaligen Nachdrucks – der Vorrat erschöpft, und die neue Folge der *Lust am Denken* mit Beiträgen aus der Zeit von 1981 bis 1991 kam im Mai 1992 heraus und bot eine völlig neue Auswahl mit fast siebzig Beiträgen aus Büchern, die im letzten Jahrzehnt bei uns erschienen waren. Heidi Bohnet-von der Thüsen, langjährige Lektorin des Piper Verlags, stand mir wieder (wie schon beim ersten Band) als Mitherausgeberin zur Seite. Die Kantsche Fragestellung »Was kann ich wissen? Was soll ich tun? Was darf ich hoffen?« bildete den thematischen Rahmen. Viele der Autoren kommen schon in anderen Zusammenhängen meines Lebensberichts vor, andere, nicht minder bedeutende wie zum Beispiel Mario

Wandruszka, Harald Fritzsch, Viktor E. Frankl, Walter
Jens, Theodor Eschenburg und Andrej Sacharow mögen
hier für die Spannweite des Bandes stehen. Trotz aller Ver-
schiedenartigkeit der Autoren und Texte spiegelte er ein
Panorama der Themen unserer Zeit wider.

Politisches, vor allem Robert Havemann

Von göttlicher Frechheit, Not und Freiheitsdrang

Nun möchte ich wieder weit zurückgreifen, denn meine Beziehung zu Robert Havemann reicht in meine Jugend zurück. Seine und meine Eltern hatten sich als junge Leute in München kennengelernt. Das führte dazu, daß sich Robert, als er in München mit dem Studium der Chemie begann, bei Familie Piper meldete. Ein hochgewachsener junger Mann, freundlich blickend, wachen Auges, stellte sich vor. Das war 1929. Er gefiel uns auf Anhieb. Robert war ein Jahr älter als ich. Unsere Neigungen ergänzten sich und trafen sich auf dem Feld des politischen und naturwissenschaftlichen Denkens. Robert weihte mich in die Geheimnisse der Photosynthese ein, ich empfahl ihm Dostojewskis *Dämonen*.

Robert war voller Energie und spontaner Lebensfreude und wurde rasch ein beliebtes Mitglied in meines Bruders und meinem Freundeskreis. Damals waren Konzerte, der Fasching und vor allem das Skifahren die speziellen Münchner Winterfreuden. Um sieben Uhr früh wurde versäumter Schlaf im wohlig geheizten Zug nach Schliersee, Tegernsee oder Lenggries nachgeholt. Dann ging es mit geschulterten Skiern und Fellen die Berge hinan.

Eine Skitour, die ich mit Havemann unternahm, hätte schlimm enden können. Wir hatten den Hirschberg gewählt. Auch heute führt noch keine Bahn auf seinen Gipfel. Beim Aufstieg schien uns das letzte Stück oberhalb des Waldes, ein welliger Bergrücken, etwas mühsam zu sein. Wir beschlossen, in den verlockenden Gipfelhang hinein zu queren. Plötzlich ein Knall – eine Explosion. Schon rissen uns die Schneemassen in die Tiefe. Lebensbilder jagten vorüber. Ich dachte, dieses gewaltsame Strömen würde nie aufhören. Aber es wurde langsamer, dann Stillstand. Ich steckte im Schnee, konnte aber atmen. Die Rettung war das günstige Wetter gewesen – Sonne und große Kälte. Deshalb war der Schnee flaumleicht. Robert, größer als ich, war am Rücken gepackt und vielleicht deshalb weiter nach unten getragen worden. Er konnte sich herausarbeiten, stapfte die dreißig, vierzig Meter zu mir den Hang hinauf und befreite mich. Das glimpflich verlaufene Abenteuer behielten wir zunächst für uns. Es war zusätzlicher Kitt für unsere Freundschaft.

Havemann ging zum Abschluß seines Chemiestudiums von München nach Berlin. Wir sahen uns deshalb nicht mehr regelmäßig, blieben jedoch in Verbindung. Unsere Korrespondenz berührte neben persönlichen Themen vor allem die Entwicklung der modernen Naturwissenschaft. In seinem Brief vom 2. Januar 1939 setzt Robert sich ausführlich mit Determinismus und Indeterminismus auseinander. Er geht dabei aus von einem Aufsatz von Max Planck, den ich ihm geschickt hatte. Hier ein kurzer Auszug aus dem sehr langen Brief: »Dann könnten wir uns auch ausführlich über Zufall und Schicksal unterhalten. Ich habe den Aufsatz von Planck mit Interesse gelesen. Bin natürlich im wesentlichen ganz anderer Ansicht! Mit ein paar Worten – wie sie einem brieflich zur Verfügung stehen – kommt man natürlich nicht ganz leicht an die Frage heran. Ich bin gar nicht der Meinung, daß Determinismus und Indeterminismus Fragen des Standpunktes, der Betrachtungsweise usw. sind. Das erste Beispiel mit dem Wetter: Planck sagt ›in Wirklichkeit‹ nur: Die Wettervorhersage ist indeterminiert. Daß er das Wetter für vollkommen physikalisch determiniert hält, ist eben seine Ansicht… Um es erst einmal kurz vorneweg zu sagen: Es ist falsch (und anthropomorph), wenn man solche Begriffe wie determiniert und indeterminiert zu Grundsätzen erhebt, zu Urprinzipien, nach denen die Welt gebaut sein soll.« Es folgt ein Privatissimum, das auch die Heisenbergsche Unschärferelation und die Quantenmechanik einbezieht und zeigt, wie sehr uns, obwohl ich damals schon im Verlag tätig war, das naturwissenschaftliche Denken verbunden hat.

Es hat freilich lange gedauert, bis ich dieser alten Neigung im Verlagsprogramm Ausdruck geben konnte. Vorerst versuchte ich mit meinem Vater das Verlagsschiff auf Kurs zu halten, ohne politische Konzessionen zu machen, deren man sich später schämen müßte.

Ich nutzte nach Möglichkeit verlagsgeschäftliche Berlinreisen, um mit Robert zusammenzukommen. 1941/42 nahm ich eine solche Reise zum Vorwand, um Havemann Lebensmittelkarten, um die er gebeten hatte, nach Berlin mitzubringen. Er war in einer Widerstandsgruppe tätig, die sich um politisch Verfolgte und versteckte Juden kümmerte, und wollte sie diesen zukommen lassen. Havemann weihte mich nicht in Einzelheiten der Tätigkeit seiner Gruppe ein. Er hat darüber und über die Rolle, die er und seine Freunde darin spielten, in seinen Schriften berichtet.

Anfang 1943 plante ich wieder eine Berlinreise. Ich hatte zu Beginn des Jahres einen Vertrag mit Robert über ein geplantes Buch »Wirklichkeit und Erkenntnis der Natur« abgeschlossen und freute mich darauf, ihn wiederzusehen. Das Datum dieses Besuchs hat sich mir scharf eingeprägt, denn als ich von München aus im Anhalter Bahnhof angekommen war und in die U-Bahn umstieg, um mich zu Robert in die Bismarckstraße 100 zu begeben, sprangen mir riesige Zeitungsüberschriften ins Auge, die die Kapitulation der Armee von General Paulus vor der sowjetischen Streitmacht meldeten. Es war der 31. Januar, Stalingrad war gefallen. Die Nachricht kam eigentlich nicht unerwartet, trotzdem schockierte sie enorm. Es war das erste Mal in diesem Krieg, daß die nackte Wahrheit von der Reichsführung öffentlich bekanntgegeben wurde.

Ich traf Robert Havemann in der geräumigen Wohnung im vierten Stock an. Es fand eine kleine politische Zusammenkunft statt. Robert lud mich ein dazuzukommen. Das Aktuelle hätte man besprochen und wolle sich nun etwas allgemeiner unterhalten. Einer der Teilnehmer, der offenbar zum Kern der Gruppe gehörte, die sich »Europäische Union« nannte, wandte sich an mich, den gutwilligen, aber noch keineswegs zu vollem politischen Bewußtsein gereiften Bürgersohn, mit der merkwürdigen Bemerkung: »Sie werden wohl sicher Wert legen auf ein traditionelles Begräbnis mit Gebeten und Gedanken an die Ewigkeit und religiöse Erlösung. Wenn das so ist, werden Sie schon noch dazu kommen, sich von solchen Tröstungen, in denen die vom Sozialismus erkannte Wirklichkeit gar nicht erfaßt wird, frei zu machen.« Nach dieser, wie es wohl gemeint war, vernichtenden Absage an bürgerliches Denken ging der Sprecher über zur notwendigen Politik nach dem Ende des Krieges: »Wir müssen dann übrigens auch Schluß machen mit solchen Verrätern wie Hans Carossa. Er hat sich von den Nazis kaufen lassen. Das ist unentschuldbar!« Ich erschrak tief und sah über den Tisch zu Havemann hinüber, der kein glückliches Gesicht machte. Ich erklärte, ich würde in einem Deutschland, in einem sozialistischen, das sich an einem Dichter wie Carossa rächen wolle, nicht leben wollen.

Was lag hinter jener ominösen Bedrohung Hans Carossas? Zugrunde lag, daß Joseph Goebbels, der als Reichspropagandaminister für die Kultur zuständig war, Carossa im Herbst 1941 die Präsidentschaft einer faschistischen »Europäischen Schriftstellervereinigung« angedreht hatte. Tatsache ist, daß Carossa dieses Amt annahm. Carossa beschreibt den Vorgang in seinen Erinnerungen *Ungleiche Welten* und versucht sich zu distanzieren.

Ich verließ Robert Havemann nach diesem brisanten Gespräch in ziemlich beklommener Stimmung. Diese Beklommenheit bestätigte sich sehr bald in schrecklicher Weise. Ich erfuhr, daß die Gruppe durch einen eingeschleusten Spitzel der Gestapo aufgeflogen war, vier Mitglieder, darunter auch Robert, in kurzem Prozeß zum Tode, andere zu hohen Zuchthausstrafen verurteilt worden waren. Havemann hat die Ereignisse später beschrieben. Die Todesurteile gegen drei Mitglieder wurden vollstreckt. Für Robert, der schon in der Todeszelle des Zuchthauses Brandenburg war, setzten sich einflußreiche Wissenschaftler ein. Sie erreichten es, seine Arbeit vom Heereswaffenamt für »kriegswichtig« erklären zu lassen. Es wurde ihm eine Zelle als Laboratorium eingerichtet. Havemann arbeitete zum Schein an kriegswichtigen Erfindungen, in Wirklichkeit gelang es ihm, einen kleinen Funkempfänger zu basteln, mit dem er – selbstredend unter schärfsten Vorsichtsmaßnahmen – Meldungen der BBC empfing. Er leitete wichtige Nachrichten als Kassiber an andere Gefangene im Zuchthaus weiter. Über die Einzelheiten, auch die technischen Vorgänge, weiß ich nichts. Doch das Prädikat »göttliche Frechheit« paßt zu Havemanns Verhalten in dieser Ausnahmesituation.

Die Vollstreckung des Todesurteils an Havemann wurde mehrmals jeweils für zwei Monate aufgeschoben. Das ging so hin – Robert empfand es mit Recht als wahres Wunder –, bis das Zuchthaus Brandenburg von der Roten Armee befreit wurde. Robert wurde Bürger der DDR, prominenter Wissenschaftler und Professor an der Humboldt-Universität in Ost-Berlin.

In den fünfziger und sechziger Jahren konnte Havemann beschränkt reisen. Mit einer Delegation der DDR-Volkskammer reiste er in offiziellem Auftrag nach China.

Erst später wurden Reisen für ihn unmöglich, weil er befürchten mußte, daß man ihn, wie später auch seinen Freund Wolf Biermann, nicht wieder hätte einreisen lassen.

Es muß noch Anfang der sechziger Jahre gewesen sein, da kam er nach einer kurzfristigen Anmeldung nach München und war Gast bei uns zu Hause. Es kam zu einem denkwürdigen Gespräch mit dem mir befreundeten Komponisten Karl Amadeus Hartmann. Robert – offensichtlich in offiziellem DDR-Auftrag – bot Hartmann eine bedeutende musikkulturpolitische Position in Leipzig an. Ich war bei dem Gespräch zugegen und wurde Zeuge, mit welcher Inbrunst Robert bei Hartmann darum warb, dieses im musikalischen Kulturleben als herausragend gedachte Amt in der DDR anzunehmen. Er glaubte, daß er bei meinem als politisch linksstehend bekannten Freund eine Bereitschaft dazu vorfinden würde. Hartmann war von dem sachlich gewiß interessanten Angebot sichtlich beeindruckt, entschied sich aber doch dagegen. Er erklärte Havemann, daß er München als vertrauten Arbeitsstandort nicht aufgeben könne. Mir war klar, daß sich mein Freund Karl Amadeus nicht einer totalitären Parteidoktrin, und sei es auch nur indirekt, unterordnen würde.

Als Robert und ich uns das nächste Mal trafen, nahmen wir wieder ein Lieblingsthema unserer vielen früheren Diskussionen auf: die Frage nach Freiheit und Gerechtigkeit. Ich erklärte mich nicht damit einverstanden, gesellschaftspolitische Freiheit nur als »Einsicht in die Notwendigkeit« zu definieren. Auf eine so verstandene, vom Individuum aus Einsicht kontrollierte Freiheit beriefen sich ja die Sozialisten. Robert bestritt die Gültigkeit dieses Satzes zwar nicht, wollte ihn aber gegen Mißdeutungen verteidigen. Wir unternahmen bei diesem Treffen eine Spazierfahrt durch Ost-Berlin, und Robert wies mich auf angefangene und offensichtlich nicht weitergeführte Bauten hin. Er

173

sagte: »Da, sieh dir diesen halbfertigen Pfeiler an; er ist schon am Vergammeln. Er gehört zu einer geplanten, direkt zur Ostsee führenden Autobahn. Solche steinernen Relikte angefangener großer Projekte könntest du, wenn du weiter durchs Land streifen würdest, in beachtlicher Zahl sehen. Mich stimmt ein solcher Anblick traurig, denn ich war und bin im Grundsatz immer noch von der Überlegenheit eines richtigen, zeitgemäßen Sozialismus überzeugt.« Er fuhr fort: »Euer Kapitalismus drüben ist wohl in vielem leistungsfähiger als unser System, aber, lieber Klaus, auf lange Sicht und auf die ganze Welt bezogen wird nur ein System reüssieren, in dem die eine, letztlich entscheidende Bedingung erfüllt ist: die grundsätzliche Befreiung aller Produktionsmittel von privater Verfügungsmacht. Das ist das Nadelöhr, durch das alle Zukunftsgesellschaft hindurch muß.« Ich sagte, ich verstünde das Gemeinte, könnte aber seinen Glauben an den Sozialismus oder auch einen anderen, absolute Gültigkeit beanspruchenden Weg zu einer technisch-sozialen Erlösung nicht teilen.

Robert Havemann war ein Idealist, da er davon ausging, daß die Menschen mehr von sich verlangen und mehr hoffen können, als sie in ihrer Kleinmütigkeit für möglich halten. Werner Heisenberg erzählte mir von einer Tagung der wissenschaftlichen Gesellschaft »Deutsche Akademie der Naturforscher Leopoldina zu Halle/Saale«, die in Leipzig stattgefunden hatte. Diese Gesellschaft sorgte dafür, daß auch während der Spaltung Deutschlands die Brücken zwischen West und Ost nicht ganz abbrachen. Auf dieser Jahrestagung sei Havemann ganz offen für intellektuelle, wissenschaftliche Freiheit in der DDR eingetreten. Sein kämpferischer Einsatz habe ihn – Heisenberg – an Don Quijotes Kampf gegen die Windmühlenflügel erinnert und geradezu tragisch berührt. Sein Einsatz habe bei den Anwesenden – Wissenschaftlern aus Ost und

West – keineswegs nur freundliches Lächeln hervorge-
rufen, vielmehr eine starke Betroffenheit über den Mut
dieses Mannes.

Der letzte Brief Robert Havemanns an mich datiert vom
28. August 1981 und ist ein nachträglicher Glückwunsch
zu meinem siebzigsten Geburtstag. Robert schreibt darin
unter anderem:»Du, lieber Klaus, bist der einzige Mensch,
den ich seit meiner Jugend kenne, der niemals fortgegan-
gen ist. In der langen und inhaltsreichen Zeit unseres
Lebens waren wir uns wohl zeitweilig ferner und wieder
näher. Aber unsere Verbindung ist niemals abgerissen…
Darum empfinde ich einen fast körperlichen Schmerz,
wenn mir bewußt wird, daß wir wenig Hoffnung haben,
persönlich wieder beisammen sein zu können. Du weißt,
und ich glaube, Du verstehst es auch, daß ich hier nicht
weggehen kann. Nicht, weil ich den ›realen‹ Sozialismus
hier für besser halte als Euren ›realen‹ Kapitalismus…
Für mich kommt noch ganz entscheidend hinzu, daß
meine Möglichkeiten zu politischer Wirkung, so gering
sie hier sein mögen, gleich Null wären, wenn ich hier
weggehen würde… Weil so viele hier weggegangen sind,
einige davon gewiß in Not und unter Zwang, aber viele
auch ganz freiwillig und in der Hoffnung auf ein auch
materiell besseres Leben, bin ich für sehr viele hier zu
einer Art Symbol ihrer Hoffnungen geworden… Als nach
zweieinhalb Jahren die sich im Laufe der Zeit immer
mehr verschärfende Polizeiblockade plötzlich aufgehoben
wurde, war das wie ein Signal, daß man den Mächtigen
eben doch erfolgreich widerstehen könne. Da die ›Befreiung‹ und auch noch der nachfolgende ›Prozeß‹ wegen De-
visenvergehens ausführlich und in der Tagesschau, die
alle hier sehen, gebracht wurden, bin ich nicht nur bis in
den letzten Winkel der DDR bekannt und anerkannt, sondern die Leute identifizieren sich mit mir, weil ich offen
sage, was die überwältigende Mehrheit denkt. Wenn ich

weggehen würde, wäre das doppelter Verrat, zum einen an all denen, die an mich glauben (so kann man das tatsächlich bezeichnen), zum andern an mir selbst und allem, was ich bisher öffentlich als meine Überzeugung vertreten habe ... Ich denke schon wieder an neue Arbeiten ... Mir macht die Zukunft Europas große Sorgen ... Was ich vorhabe: eine Arbeit über die Frage, wie man politisch und ökonomisch aus dem Dilemma des realen Sozialismus herauskommen kann. Kein Rezept, das wäre Unsinn, aber die wichtigsten Grundsätze für den möglichen Weg.«

Aus diesen Gedanken haben sich dann Havemanns *Zehn Thesen zum dreißigsten Jahrestag der DDR* entwickelt, die ihrerseits zu den geistigen Grundlagen des Aufbruchs von 1989 gehörten. Robert hat den Fall der Mauer nicht mehr erlebt.

Havemann war ein schreibender Mensch. Die Klarheit seiner Sprache, für die seine Bücher Zeugnis ablegen, entsprang der inneren Ordnung seiner Gedanken. Seine *Dialektik ohne Dogma?* erschien bei Rowohlt. Bei Piper kam im Herbst 1970 *Fragen Antworten Fragen* und im Jahr darauf *Rückantworten an die Hauptverwaltung »Ewige Wahrheiten«* heraus. Angesichts der Umbruchprozesse in unserer Zeit empfehle ich vor allem der jungen Generation Havemanns 1980 erschienene Schrift *Morgen. Die Industriegesellschaft am Scheideweg,* die mein Sohn Ernst Reinhard noch während seiner Studentenzeit in Berlin betreut hat, wofür ihn das DDR-Regime mit einem langjährigen Einreiseverbot belegte.

In ganz anderer Weise setzte sich Ralf Dahrendorf mit der deutschen Vergangenheit und Zukunft auseinander. Ich trat mit ihm in Verbindung, als er noch in Tübingen lehrte. Er schrieb damals während eines Ferienaufenthalts im Tessin in nur acht Wochen das Manuskript für *Gesellschaft und Demokratie in Deutschland.* Alles muß in seinem

Kopf schon fertig gewesen sein. Das Buch erschien 1965 im Piper Verlag. Ich war beglückt über die erhellende Analyse der neuen deutschen Situation. Würde diesmal der Anlauf zu einer lebenskräftigen Demokratie gelingen? Ich glaubte und glaube die Frage bejahen zu können: Bonn ist nicht Weimar. Die Republik wird von den Deutschen nicht nur akzeptiert, sondern getragen. Dahrendorf vertrat in seinem Buch die These, daß Deutschland durch Nazizeit und Zusammenbruch sozusagen brutal in die Moderne hineingestoßen worden sei, und er sah darin etwas durchaus Positives.

Der literarische Agent Ernst W. Geisenheyner, der sich immer besonders mit den Autoren der Ostblockstaaten beschäftigt hat, hatte mir ein Buch des polnischen Philosophen Leszek Kolakowski angeboten, dessen Titel mich reizte: *Der Mensch ohne Alternative.* Ich erfuhr, daß der Autor als freiheitlich denkender Sozialist im kommunistisch gelenkten Polen sich mit wachsenden Schwierigkeiten konfrontiert sah. Seine Vorlesungen an der Warschauer Universität wurden nicht gerade verboten, aber, so hat es mir Kolakowski selbst erzählt, die schwarzen Limousinen des Geheimdienstes standen bedrohlich an den Eingängen der Universität. Ihre Insassen waren stets bereit einzugreifen, falls dem Regime Gefahr zu drohen schien. Die Lage wurde immer unangenehmer. 1968 verlor Kolakowski seinen Lehrstuhl, nachdem er bereits zwei Jahre zuvor aus der Kommunistischen Partei ausgeschlossen worden war. Er ging nun nach Kanada, wo er als Gastprofessor in Montreal lehrte. Dort erreichte ihn die unter diesen Umständen sehr willkommene und ehrenvolle Einladung aus England, Mitglied am All Souls College in Oxford zu werden. Seit 1970 lehrte er dort.

Kolakowski erzählte mir: »Ich war an ständige Überwachung und mißtrauische Kontrollen gewöhnt. Hier nun in Oxford fühlte ich mich wie in den Himmel versetzt. Ich war als Fellow aller irdischen Sorgen enthoben. Der mich einweisende Dean hieß mich mit den Worten willkommen: ›Professor Kolakowski, Sie können sich hier in unserem College völlig frei fühlen und arbeiten, worüber Sie wollen. Die wissenschaftlichen Einrichtungen unseres Colleges und von Oxford überhaupt stehen Ihnen selbstverständlich für Ihre Arbeit voll und ganz zur Verfügung.‹«

Interessant war, daß Kolakowski, als unsere deutsche Ausgabe 1960 in der Erstauflage unter dem Titel *Der Mensch ohne Alternative* mit dem von mir »entgegenkommenderweise« gewählten Untertitel *Von der Möglichkeit und Unmöglichkeit, Marxist zu sein* bei Piper erschien, gegen diesen Untertitel protestierte. Später, als er bereits im Westen lebte, sagte er mir, sein Einspruch sei notwendig gewesen, um die Form gegenüber dem Regime zu wahren und eine mögliche sofortige Ausweisung aus der Volksrepublik Polen zu verhindern. Aber, so fügte er bei diesem Gespräch in Oxford hinzu, die reale Aussage des Untertitels sei gar nicht schlecht gewesen. Ich lernte Kolakowski in den sechziger Jahren in London kennen. Als er 1977 den Friedenspreis des Deutschen Buchhandels erhielt, kam er auch nach Deutschland.

Kunst und Architektur

Große Begegnungen, Purzelbäume und Kongresse

M ein Vater Reinhard Piper hatte noch in seinen letzten Lebensjahren, zugleich den ersten wieder produktiven Verlagsjahren nach dem Ende des Zweiten Weltkriegs, das Programm für die schon erwähnte »Piper-Bücherei« konzipiert. In dieser Reihe sollten handlichschmale Lese- und Geschenkbände erscheinen. Dabei stand die von Reinhard Piper in seinen eigenen Anfängen geschaffene musisch-vielfältige Sammlung »Die Fruchtschale« Pate. Der erste Band war *Beethovens Denkmal im Wort* mit dem Heiligenstädter Testament, herausgegeben von Richard Benz. Einen Glanzpunkt für die neue Reihe bildete der schmale Band mit den reizvollen kleinen Aquarellen von Franz Marc, die er *Botschaften an den Prinzen Jussuff* genannt und noch selbst für die Veröffentlichung vorbereitet hatte. Unter dem Namen Prinz Jussuff verbarg sich die Dichterin Else Lasker-Schüler. Marc war, erst sechsunddreißigjährig, 1916 vor Verdun gefallen.

Im Zusammenhang mit den Vorarbeiten für das Bändchen besuchten meine Frau und ich Maria Marc, die Witwe des Künstlers. Sie verfügte über die Rechte an Marcs Werk. Ihr Domizil lag über Ascona auf dem berühmten Monte Verità. Das Treffen mit Maria Marc, der Witwe des Mannes, der mit Wassily Kandinsky den *Blauen Reiter* herausgegeben hatte, war ein Erlebnis.

Maria Marc war mit der geplanten Veröffentlichung in der »Piper-Bücherei« gern einverstanden. Wir schickten uns an, uns zu verabschieden. Da kam aber von unserer Gastgeberin der Zuruf: »Einen Moment noch, bitte! Ich

muß Ihnen doch noch etwas erzählen, was mich bis heute
[zu mir gewandt] von Ihrem Vater etwas enttäuscht hat.
Gewiß, es ist lange her, aber dennoch: Ich bot Ihrem Vater
seinerzeit einige Arbeiten meines Mannes an. Sie wären
nicht übermäßig teuer gewesen. Aber Ihr Vater konnte
sich nicht entschließen zuzugreifen. Offen gesagt, hat
mich das bis heute gewurmt.« Ich antwortete, der Vorgang
sei mir neu, mein Vater habe mir nie davon erzählt. Der
Almanach *Der Blaue Reiter* war in der ersten Auflage im
Jahre 1912 erschienen, und das Gespräch muß bald danach
stattgefunden haben. So sagte ich nur: »Sehr verehrte Frau
Marc, ich kann Ihnen die Zurückhaltung meines Vaters
wohl schon erklären. Er, der leidenschaftliche Kunst-
verleger, hatte nicht die Mittel, als Käufer eine Sammlung
aufzubauen. Deshalb verfuhr er so, daß er seine Künstler-
Autoren bat, ihm bei Gelegenheit eine Zeichnung oder
ein graphisches Blatt im Tausch gegen Piper-Verlagswerke
zu überlassen. Hierauf sind die so Gebetenen sehr oft
bereitwillig eingegangen.« In diesem Zusammenhang ist
allerdings der Hinweis doch geboten, daß mein Vater
schon bei der ersten Ausstellung des noch unbekannten
Marc spontan eine farbige Lithographie erwarb. Hätte
er dies nicht getan, so hätte er wohl auch nicht August
Macke und Kandinsky über Marc kennengelernt und wenige Jahre später den *Blauen Reiter* veröffentlicht, wie er in
seinem *Vormittag* erzählt.

Einer der ersten Bände in der »Sammlung Piper« war
Henry van de Veldes Auswahl aus seinen Schriften, die
unter dem Titel *Zum neuen Stil* erschien. Der belgische Architekt, Raum- und Formgestalter war ein bedeutender Re-
präsentant des Jugendstils und Deutschland durch seine
Arbeit sehr verbunden. In *Zum neuen Stil* stellte er seine
künstlerischen Ziele und Absichten dar. Sein zentrales
Credo lautete: »La ligne est une force.«

Van de Velde hatte als Maler angefangen. Er zeigte mir Landschaften, auch Figürliches aus jener frühen Zeit, Bilder in impressionistischer Manier, die mir sehr gut gefielen. Auf meine Frage, warum er die Malerei aufgegeben habe, antwortete er: »Die Malerei hat mich nicht mehr festhalten können, als ich meine Möglichkeiten entdeckte, als Architekt und Formgestalter noch größere Befriedigung zu finden.«

1902 ging van de Velde als künstlerischer Berater des Großherzogs Wilhelm Ernst an den Hof in Weimar, wo er sich im Weimarer »Klima« wohl fühlte. Damals, in der spannungsvollen Zeit vor dem Ersten Weltkrieg, zogen die Stadt und der Hof viele glanzvolle Persönlichkeiten, bildende Künstler und Dichter, aber auch einen Weltmann von geistigem Rang wie Harry Graf Keßler an. Van de Velde spürte, wie – begünstigt durch das fürstliche Interesse und Verständnis – produktive Ideen in ihm aufblühten. Ich berichte hier so, wie es mir van de Velde selbst erzählt hat.

Einmal wurde ihm eine heikle Mission anvertraut. Der Großherzog, der offenbar auf das menschliche Geschick van de Veldes baute, bat ihn um seine Hilfe bei der geplanten Berufung des französischen Bildhauers Aristide Maillol. Das sehr private Problem bestand in folgendem: Maillol hatte in Paris seine Bereitschaft erkennen lassen, nach Weimar zu kommen, jedoch unter der Bedingung, daß seine Geliebte mit in den Zug geschmuggelt würde. Maillol kam nach Weimar.

Bei dem festlichen Essen, das zu Ehren seines neunzigsten Geburtstags veranstaltet wurde, präsidierte van de Velde löwenhäuptig der Freundesrunde in einem Restaurant in Zug. Hans Curjel und seine Frau waren selbstverständlich mit dabei. Es drängt mich, hier Curjel für seine große Arbeit zu danken. Er war es, der in den fünfziger Jahren van de Veldes oben erwähnte Schrift *Zum neuen Stil* herausgebracht hatte. Curjel war es auch, der für die deutsche Ausgabe der Lebenserinnerungen van de Veldes *(Geschichte meines Lebens)* in jahrelanger Arbeit den Text aus drei verschiedenen Fassungen in französischer Sprache kondensiert und übersetzt hat.

Einen Einblick in die Details dieser Arbeit geben Auszüge aus folgenden Briefen. Am 11. April 1956 berichtet Curjel an mich: »... van de Velde sah ich gestern in Oberägeri. Er sagte mir, daß er am Schluß des letzten Kapitels arbeite und hoffe, bald fertig zu sein. Große Sorgen macht ihm noch die äußere Gestalt des Buches. In bezug auf das Format muß ich ihm beipflichten (ca. quadratisch). Wegen der Papierfarbe sagte ich ihm, daß ich persönlich Texte auf Kunstdruckpapier nicht gern lese. Grundsätzlich finde ich nach wie vor, daß Memoiren kein Bilderbuch sein sollen, d. h. daß man sich mit ganz wenigen Illustrationen begnügen kann. Vielleicht findet man von dieser Einstellung, die van de Velde allerdings noch nicht teilt, einen Weg zu einer Verständigung.«

Als Curjel am 22. September 1959 an unseren Lektor Hans Rössner das Folgende schrieb, war van de Velde schon gestorben: »Die Lage ist folgende: das sogenannte petit manuscrit ist auf Grund einer telephonischen Absprache mit Herrn Piper abgeschrieben worden. Dieses Manuskript enthält Teile, die in die Ausgabe der Memoiren eingebaut werden. Das sogenannte grand manuscrit besteht aus ca. 1100 Blättern, die in zwei Classeuren noch zu Lebzeiten van de Veldes eingeordnet worden sind. Nach Eintragung einer farbigen Paginierung, die jederzeit die Rekonstruktion in die von van de Velde überkommene Reihenfolge erlaubt, habe ich diese beiden Classeure auseinandergenommen, alle Duplikate ausgeschieden und aus dem Rest ein vorläufiges Gerüst gemacht, das Lücken und Überschneidungen besitzt, die überbrückt und ausgeglichen werden müssen. Dann erst kann die Raffung zum endgültigen Manuskript erfolgen.« Das Buch kam 1962 zunächst in gebundener Form, später auch als Taschenbuch in der »Serie Piper« heraus, beide Ausgaben reich illustriert.

Die Eidgenössische Technische Hochschule veranstaltete eine Ausstellung von Henry van de Veldes Lebenswerk. Sie umfaßte das ganze Spektrum seiner künstlerischen Arbeiten, vom Bürostuhl bis zum Schiffsrumpf, vom Schreibgerät bis zum Entwurf eines Wohnhauses. Hans Curjel widmete mir eine höchst informative Führung durch diese Ausstellung, deren Zusammenstellung wohl ganz wesentlich seinen Ideen folgte.

Auch Walter Gropius war Anfang des 20. Jahrhunderts in Weimar tätig gewesen, wo er die Kunstgewerbeschule geleitet und das »Bauhaus« gegründet hatte. 1933 war er nach London emigriert und hatte später vor allem in den Vereinigten Staaten gebaut. Anläßlich einer Einladung bei einem von zwei zusammenarbeitenden Frankfurter Architekten, die den Frankfurter Dom restauriert haben, begegnete ich Gropius. Ich war von der Eleganz seiner New Yorker Hochhäuser sehr beeindruckt. Deshalb begrüßte ich die Gelegenheit, ihm die typische Verlegerfrage zu stellen: »Haben Sie nicht Lust, sehr verehrter Herr Gropius, über entscheidende Stationen Ihrer Arbeit ein Buch zu schreiben? Ein solches Buch aus Ihrer Feder, das gar nicht umfangreich zu sein braucht, würde mich verlegerisch sehr reizen.« Gropius hörte liebenswürdig zu, beschied mich aber mit der freundlichen Absage: »Danke für Ihre Frage. Ich bin Architekt und werde bis zum letzten Atemzug entwerfen. Wenn Sie mich aber nach den für mich bestimmenden Auffassungen vom Bauen fragen, so möchte ich Ihnen antworten: Es befriedigt mich, daß ich zur ›Entmaterialisierung‹ des modernen Baukörpers beitragen konnte. Das bleibende große historische Vorbild ist doch, wie der Geist der Gotik die Kathedrale von ihrer lastenden romanischen Schwere befreit hat.«

Ich weiß nicht mehr, auf welche Weise ich den in Hamburg sehr bekannten Innenarchitekten Edgar Horstmann kennengelernt hatte. Seine Spezialität waren Schiffsausstattungen. Er lud Elisabeth und mich zu einem Empfang in seiner, wie zu erwarten, schönen und geräumigen Wohnung ein. Wir kamen etwas verfrüht und fanden den Hausherrn mit Familie voll beschäftigt: Gemälde und gerahmte Graphikblätter wurden herumgetragen und neu gehängt. Ich fragte nach dem Grund der offensichtlich wichtigen späten Aktion. Es stellte sich heraus, daß Oskar Kokoschka erwartet wurde. »Ich schätze ihn sehr«, sagte der Hausherr, »und habe Bilder von ihm, aber auch von andern Künstlern. Nun ist es aber so, daß Kokoschka, wenn ich ihn schon mit Freunden zu uns einlade, nur Sachen, die von ihm selbst sind, an den Wänden duldet. Das ist mir erst im letzten Moment eingefallen. Also müssen die anderen Sachen verschwinden. Kokoschka würde einen Rembrandt oder Goya neben seinen Produkten tolerieren. Aber die habe ich nicht.«

Bald darauf kam der Meister. Ich hatte die Ehre, beim Abendessen neben ihm zu sitzen, und vernahm mit lebhaftem Interesse, was er von seinem Leben berichtete. Er war 1934 aus Deutschland weggegangen und lebte seit 1954 am Genfer See. Seine Frau Olga Kokoschka wurde uns in seinen Erzählungen lebendig. Er rühmte, wie sie ihm zur Hand ginge und zum Beispiel eingehende Post öffne und sortiere. Das sei doch eine große Hilfe. Allerdings gebe es Briefe, mit einem bestimmten Absender aus New York, die ihm stets mit einer kleinen, das Besondere andeutenden Handbewegung ungeöffnet überreicht würden. Es waren wohl die Briefe von Alma Mahler-Werfel.

Kokoschka war, glaube ich, vor allem nach Hamburg gekommen, um am Elbe-Fischereihafen ein Fischstilleben zu malen. Ihm zuzuschauen, dem sicheren Zugriff seines Pinsels in der Erfassung des Objekts, der ganz frisch gefangenen Fische, war ein eindrucksvolles Erlebnis. Kokoschka arbeitete zügig, und er war seiner Sache sicher. Ich hatte das Gefühl, den von den naß glänzenden Fischkörpern ausgehenden Geruch, während diese vom Maler auf der Leinwand neu geschaffen wurden, beim Hinschauen zu riechen.

Als 1958 die Kokoschka-Ausstellung im Münchner Haus der Kunst stattfand, führte uns Manès Sperber. Er war in der österreichisch-ungarischen Monarchie, spöttisch »Kakanien« genannt, in den östlichen Landesteilen aufgewachsen, wo jüdisches Leben und jüdische Kultur seit langer Zeit in engster Symbiose mit der österreichisch-deutschen das Lebensklima bestimmten. Diese jüdisch-österreichisch-deutsche Symbiose hatte sich auch in der Hauptstadt Wien stark und vielfältig entwickelt. Sperber hatte uns angerufen und sich erboten, uns das »jüdische Gesicht« an Hand der Kokoschka-Porträts zu zeigen. Die Porträtierten gehörten nämlich zu einem guten Teil der großbürgerlich-jüdischen Schicht an, deren Mitglieder auch Egon Schiele und Gustav Klimt gesessen hatten. Sperber sagte, daß der Blick im »jüdischen Gesicht« aus großer Ferne komme, aber dennoch ganz wach sei.

Früher hatte ich schon einmal Gelegenheit gehabt, einem anderen Großen der Malerei bei der Arbeit zuzusehen. Das war etliche Jahre vor dem Kokoschka-Erlebnis, als ich anläßlich einer leider nur sehr kurzen Verlagsreise Max Beckmann in seinem Atelier am Rokin in Amsterdam besuchte. Er arbeitete besessen an einem Bild, und ich wartete geduldig, bis er aufschaute. Natürlich überbrachte ich Grüße von meinem Vater, der als Freund und verlegerischer Förderer in steter Verbindung mit Beckmann geblieben war.

Schon in meiner Kindheit hatte ich Max Beckmann gesehen. Es war 1923. Mein Vater hatte mich von der Nordseeinsel Föhr abgeholt, auf der ich, wie berichtet, zur Kräftigung meiner Gesundheit ein dreiviertel Jahr verbracht hatte, um mit mir über Frankfurt ins heimatliche München zurückzukehren. Beckmann trat uns, nachdem wir ins Empfangszimmer gebeten worden waren, auf eine äußerst unkonventionelle Weise entgegen: Er kam ins Zimmer, ein Hüne, sagte nichts, verzog keine Miene, sondern duckte sich plötzlich und schoß einen vollendeten Purzelbaum, der mich in atemloses Staunen versetzte. Der beabsichtigte Effekt funktionierte hundertprozentig. Dieser Großmächtige konnte das! Ich war wohl zwölf Jahre alt, aber doch noch ein kleiner Junge, dessen Verzauberung so groß war, daß mir die Szene so deutlich ist wie vor einem dreiviertel Jahrhundert, als sie sich ereignete.

Außer Purzelbäumen in Zirkus und Varieté habe ich solche Künste von Amateurseite nach Max Beckmann nur noch von Heinrich Maria Ledig-Rowohlt erlebt. Das war auf einem der internationalen Verlegerkongresse. Der Eröffnungsfestakt in Zürich, mit einer Festrede, in der Gottfried Keller mit eindrucksvollen Zitaten eine dominierende Rolle gespielt hatte, lag hinter uns. Wir entstiegen den Bussen, die uns auf den Bürgenstock über dem Vierwaldstätter See gebracht hatten, um uns zum Mittagsmahl zu begeben. Da kam Ledig-Rowohlt, verheißungsvoll-listig dreinblickend, und eh man sich's versah, hatte er einen seiner Purzelbäume geschlagen, für die er schon Berühmtheit genoß.

Lange Jahre habe ich diese Kongresse gern besucht, ebenso wie die Frankfurter Buchmesse, die seit 1949 jährlich stattfand. Seit 1951 wurde dort alljährlich der Friedenspreis des deutschen Buchhandels verliehen. Der erste

Preisträger war 1951 Albert Schweitzer, 1955 wurde Hermann Hesse ausgezeichnet, und als 1958 die Entscheidung auf Karl Jaspers fiel, schloß sich der Bogen von meiner »Entdeckung« des großen Philosophen über die Bücher, die ich von ihm verlegen konnte, bis zu der großen Feier in der Paulskirche mit Jaspers' Rede *Wahrheit, Freiheit und Friede* und der Laudatio seiner einstigen Schülerin Hannah Arendt.

Ausländische Autoren

Von Aldous Huxley, von Reisen, Übersetzern und Scouts

D a ich schon einmal vorgegriffen habe, möchte ich hier meinen Besuch auf der reich bestückten Internationalen Buchmesse in Jerusalem zu Ostern 1979 erwähnen. Ich war mit meiner Schwester Ulrike von Puttkamer hingeflogen. Moshe Dayan, dessen Autobiographie 1976 – nicht von Piper – veröffentlicht worden war, hielt eine Ansprache an die Messebesucher. Es war eine politische Ansprache, in der seine weitreichenden archäologischen Interessen nicht berührt wurden. Hier in Israel trat die Besichtigung des Landes ergänzend und gleichwertig neben die Arbeit auf der Buchmesse. So notierte ich mir nach dem Besuch des Schriftstellers Amos Oz im Kibbuz Hulda, einer sehr eindrucksvollen, schönen Anlage, daß in der im Verlag vorbereiteten Neuauflage unseres Israel-»Panorama«-Buches von Willy Guggenheim der Strukturwandel der Kibbuzim gebührend berücksichtigt werden müsse.

In den Nazijahren hatte das Werk vieler ausländischer Autoren in Deutschland brachgelegen. Das lag zu einem wesentlichen Teil daran, daß viele von ihnen als »unerwünscht« galten – entweder weil sie jüdisch waren oder betont liberal oder sozialistisch oder weil sie aus anderen Gründen nicht in das Schema der NS-Kulturpolitik paßten. Zu ihnen gehörte der gebürtige Engländer, später aber in Amerika lebende Aldous Huxley. Sein analytisch-psychologisches Interesse für den Menschen hatte mich fasziniert, als ich seinen Roman *Kontrapunkt des Lebens* las. Die scheinbare Kühle des erzählerischen »Klimas«, die Spannung, die sich ins Magische steigern konnte, das manchmal geradezu Bannende, packten mich. Es kam zur erneuten Zusammenarbeit – denn mein Vater hatte schon 1931 den Erzählband *Das Lächeln der Gioconda* verlegt, und wir legten in der Nachkriegszeit im Piper-Programm ein gut Teil von Huxleys Roman- und Essaywerk neu vor.

Die Verbindung zu Huxley ist wohl durch seinen Übersetzer Herberth E. Herlitschka zustande gekommen. Ich nehme hier die Gelegenheit wahr, den Übersetzern zu danken, die für den Piper Verlag in vielen Jahrzehnten (und sie tun dies nach wie vor) bedeutende und schöne, wichtige oder amüsante Werke aus vielen Sprachen der Welt mit viel Hingabe, Fleiß und oft Ingenium ins Deutsche übertragen haben. Ein gut übersetztes Buch genießt der Leser, es bereichert seinen inneren Vorrat an Gestalten und Schicksalen, aber er gibt sich selten Rechenschaft darüber, wie diese Übersetzung, die er liest, zustande gekommen ist, welche Arbeitsintensität und welches Sprachgefühl dazugehören, wie viele Skrupel besiegt werden müssen.

Es ist im allgemeinen Bewußtsein gewiß nicht präsent, welche Bedeutung den Übersetzern als den sprachlichen Vermittlern zwischen den literarischen Kulturen zukommt. Ich habe schon auf die außerordentlichen Übersetzungsleistungen von E. K. Rahsin (Elisabeth Kaerrick) und Karl Eugen Neumann hingewiesen. Diese beiden Lebensleistungen gehören zu den Höhepunkten der Übersetzungskunst. Denn die Qualitätsskala des Übersetzens ist weit gezogen. Ich denke dabei an die literarische Übersetzung im weitesten Sinn, das heißt die Übersetzung, die entscheidend eine sprachlich-stilistische und damit geistige Aufgabe bedeutet. Um so beklagenswerter deshalb, daß das Übersetzen oft nur als praktische Funktion angesehen und – schlimmer – übersehen wird. Verdienste und Gerechtigkeit gebieten, den Übersetzer an den ihm gebührenden wichtigen Platz zu stellen. Gewiß, die erste Stelle gebührt dem Urheber eines Werkes, dem Autor. Aber wie die Orchesterpartitur ein totes Papier bleibt, wenn sie der Dirigent nicht zum aktuellen Leben der musikalischen Aufführung bringt, so bleibt ein Schriftsteller auf die Wirkung in seinem Sprachbereich beschränkt, wenn nicht der Übersetzer seine Bilder- und Ereigniswelt verstehend und nachschaffend in die andere, seine eigene Sprache transponiert.

Daß der Übersetzer den fremden Text inhaltlich erfaßt und begreift, ist selbstverständlich; er muß darüber hinaus aber seine eigene Sprache beherrschen und selbst schriftstellerische Potenz (oft auch ursprüngliche Erfindungs- und Bildkraft) besitzen. Mit Rhythmus und Intonation, mit Syntax und Stilmitteln muß er souverän schalten können. Vor allem muß er die Fähigkeit und den Mut haben, frei zu übersetzen! Es gibt Übersetzer, die nie zur Meisterschaft gelangen, weil sie den Weg der unerläßlichen sprachlichen Freiheit, die mit willkürlicher Veränderung nichts zu tun hat, nicht finden.

Doch zurück zu Aldous Huxley. Wie ich schon erzählt habe, mieteten wir Anfang der sechziger Jahre ein Sommerhaus am Meer bei Gilleleje in Dänemark. Im nahen Lebensmittelgeschäft holte ich mir eines Morgens die Zeitung und las, daß Huxley zu einem Vortrag in Kopenhagen eingetroffen sei. Das war die erwünschte Gelegenheit, den berühmten Autor persönlich kennenzulernen. Ich wußte, daß er in seiner Jugend lange in Italien gelebt hatte, dort viel mit D. H. Lawrence zusammen gewesen und Ende der dreißiger Jahre nach Kalifornien gegangen war.

Wir trafen uns im Hotel. Huxley, hochgewachsen, leicht gebeugt, das Gesicht geprägt von geistiger Arbeit, begrüßte mich freundlich. Aber er wirkte wie von einem Schatten überzogen. Warum? Huxley las die Frage vielleicht in meinem Gesicht. Jedenfalls sagte er fast unvermittelt, es brach aus ihm heraus: »Herr Piper, ich habe erst vor kurzem ein schreckliches Unglück erleben müssen! Mein Haus in Kalifornien ist abgebrannt, mit einem großen Teil der Papiere und Werke, die meine Lebensarbeit waren.« Ich hatte davon gehört. Bei dieser Begegnung, für die sich Huxley eine Stunde Zeit nahm, sprachen wir nicht weiter davon, wohl aber über die literarische Situation und die Wirkung Huxleys in Deutschland. Was ihn sehr faszinierte, war das Verhältnis der Menschen zum Irrationalen. Er wollte die Gründe kennen, die den Menschen bewegen. Abkömmling einer Familie von bedeutenden Wissenschaftlern, war er doch vor allem Künstler, den das scheinbar Irrationale im Dasein beschäftigte. Das Schicksal als Macht leugnete er nicht. Er sprach von der Notwendigkeit der Intuition, die aber nicht auf Kosten der Analyse gehen dürfe. Beim Abschied versuchte ich dem großen Mann Worte der Teilnahme und Ermutigung zu sagen. Aldous Huxley ist 1963, nicht lange nach dieser Begegnung, in Los Angeles gestorben.

Ich wünschte dem Piper-Programm eine internationale Ausrichtung zu geben. Dazu bedurfte ich der Hilfe von »Scouts« in den wichtigsten Ländern. Ihre Aufgabe habe ich schon geschildert. Für Italien fanden wir Elli Lill, eine geborene Deutsche, Kennerin all dessen, was sich auf dem italienischen Buchmarkt »tat«. Nachfolgerin von Elli Lill wurde Clara Morena. Als sie zu einem anderen Verlag wechselte, fanden wir Caterina Zaccaroni. Sie überraschte mich, als wir uns kennenlernten, durch ihr ausgezeichnetes Deutsch. Als ich sie darauf ansprach, erklärte sie mir: »Ich komme aus einer Familie in Norditalien, und bei uns hat die deutsche Kultur seit jeher eine große Rolle gespielt.

Mit Goethe und Thomas Mann bin ich ganz selbstverständlich aufgewachsen.« Wir haben uns angefreundet, und weil ihr Deutsch so gut war, hatten wir ein riesiges Gebiet für Gespräche.

Lange Jahre war Ishtar Kettaneh unser Scout für französische Literatur. Ihr Vater hatte intensive Geschäftsverbindungen zu Siemens. Sie selbst hatte zunächst im Piper Verlag volontiert. Auch zu ihr gibt es eine freundschaftliche Verbindung. Sie brachte uns eine wichtige französisch schreibende Autorin: Kenizé Mourad, die mit dem Buch *Im Namen der toten Prinzessin* das Leben und Schicksal ihrer Mutter beschreibt. Ich habe mich bald nach Erscheinen der deutschen Ausgabe intensiv bemüht, Kenizé Mourad für eine eigene Autobiographie zu gewinnen, die nun, während ich dies schreibe, gerade in deutscher Sprache erschienen ist.

Italienische Erfahrungen

Soldati, Tomasi di Lampedusa, Bassani, Pasolini und Fruttero & Lucentini

Eine Neigung zur Welt Italiens war in mir schon früh geweckt worden durch alles, was mein Vater von seinen Italienreisen erzählte und zudem sehr plastisch in seiner Autobiographie festhielt. So nahm ich Anfang der fünfziger Jahre gern die Einladung von Elisabeths Tante Mimi Binder an, eine erholsame Zeit in ihrem Meraner Sanatorium »Stefanie« zu verbringen. Es bot sich an, von dort aus eine Erkundungsfahrt nach Mailand ins italienische Verlagszentrum zu unternehmen. Auf der »Triennale«-Messe bewunderten wir die Vitalität des neuen, nachfaschistischen Italien. Aufgestaute Kräfte waren frei geworden, das Lebensgefühl Italiens hatte sich gewandelt. Die geistige Auseinandersetzung mit der Moderne war nicht länger durch Krieg und Diktatur blockiert. Ich knüpfte erste eigene Verlagsverbindungen und besuchte den »Löwen« Arnoldo Mondadori. Er erzählte von seinen Plänen und erwähnte auch die segensreiche Wirkung der Marshallplan-Gelder für den Neuaufbau der Casa Editrice Mondadori.

Mein erster italienischer Autor war Mario Soldati mit dem Buch *Die geheimen Gründe*, erschienen 1954, aus dem Italienischen übertragen von Fritz Jaffé. 1955 folgte sein Roman *Briefe aus Capri*. Eines Tages kam eine Sendung von unserem italienischen Scout Elli Lill mit dem Vermerk »Wichtig. Eilig!«. Sie enthielt den Roman *Il Gattopardo*, geschrieben von dem sizilianischen Fürsten Giuseppe Tomasi di Lampedusa. Der Autor, ein zurückgezogen lebender großer Herr, dem jede berufliche Beziehung zur Schriftstellerei fehlte, soll durch den Besuch einer literari-

schen Veranstaltung in einem Café zur Niederschrift des
Buches angeregt worden sein. Er hat dessen Erscheinen
nicht mehr erlebt. Mehrere Verlage hatten das Manuskript
abgelehnt. Schließlich war es in die Hände des aufstreben-
den jungen Verlegers Giangiacomo Feltrinelli gelangt. Es
war ihm, wie ich hörte, auf Anregung der Tochter von
Benedetto Croce durch den Schriftsteller Giorgio Bassani zugeleitet worden, der nebenbei als Herausgeber eine
Romanserie bei Feltrinelli betreute. Das Buch erschien in
der italienischen Ausgabe Ende 1958 und fand sogleich
starke Beachtung.

Bereits im voraus positiv gestimmt, schickte ich das uns
zugegangene Prüfexemplar an Fritz Jaffé, den anerkann-
ten Übersetzer aus dem Italienischen, in Stuttgart. Nach
drei Tagen erhielt ich ein Telegramm von Jaffé mit dem
lapidaren Wortlaut: »Ein Meisterwerk! Sofort nehmen!«
Das ließen wir uns nicht zweimal sagen. Die Buchmesse
in Frankfurt stand vor der Tür. Ich traf dort Giangiacomo
Feltrinelli und unterbreitete ihm mein Angebot. Feltrinelli hörte sich das an und erwiderte mit gleichmütiger
Stimme, die mich ein wenig überraschte: »Wenn Sie den
Gattopardo haben wollen, ich habe nichts dagegen! Ich
lasse Ihnen den Vertrag zukommen.« Der kam rasch, und
wir konnten Charlotte Birnbaum mit der Übersetzung
ins Deutsche beauftragen. Unter dem Titel *Der Leopard*
erschien das Buch 1959 bei Piper.

Im *Gattopardo*, einem Buch von tiefer Einsicht und Me-
lancholie, begegnen sich zwei Zeitalter: das feudal ge-
prägte des Fürsten von Salina und die heraufkommende
Welt des Neffen Tancredi mit ihrem neuen Lebensgefühl.
Luchino Viscontis ideale Verfilmung förderte selbstverständlich die bis heute anhaltende Wirkung des Buches
bei Lesern aller Generationen.

Was mich tief bewegt hat beim Lesen des *Leoparden*,
ist folgendes: So verschieden die Menschen in dem Buch

sind, nach Charakter, sozialer Stellung und Schicksal, die Grundmacht des Todes, die Endlichkeit des Lebens bindet sie, während sie noch in vollster Blüte vor uns stehen, doch schon aneinander. Dieser Hintergrund jener Macht, die am unerbittlichsten und radikalsten die Gleichheit der Menschen schafft, erzeugt ein Zugleich von Distanz und Nähe, und dies verleiht dem Buch einen ganz unverwechselbaren Ton.

Nach dem Abschluß über die deutschen Rechte am *Leoparden* lud mich Feltrinelli in Mailand zu einem Abendessen ein. Ich bat ihn, mir etwas aus seiner Lebensgeschichte zu erzählen, und ich fragte ihn, wie er, Sproß einer reichen Familie, Kommunist geworden sei und in einem revolutionären Marxismus seine politische Heimat gefunden habe. Die Antwort war etwa so: »Sie müssen sich vorstellen, wie es einem geistig wachen, politisch sensiblen Millionärssohn, der die Dinge nicht einfach auf sich beruhen lassen will und kann, in Italien geht. In einem Land, das in seiner Geschichte keine Aufklärung, keine Reformation, keine gesellschaftliche Bewegung, die zu neuen Ufern strebt, gehabt hat – was soll ein zu Engagement und Aktivität bereiter Mensch in solch einem Land tun? Er findet – wenigstens ist es mir so gegangen – den Partito Communista Italiano. Ich habe mich dieser Partei nicht nur als intellektueller Partisan zur Verfügung gestellt, sondern auch zur Mitwirkung in der Politik selbst. Ich habe soeben ein Institut mit Bibliothek für Studien über Marxismus und Sozialismus gegründet.«

Ein andermal lud Giangiacomo Feltrinelli Elisabeth und mich ein, für ein paar Tage im Palazzo Feltrinelli am Westufer des Gardasees seine Gäste zu sein. Wir kamen von Desenzano am Südende des Sees, waren gespannt, was uns erwarten würde. Welche Überraschung! Ein Gebäude in neugotischem Stil, mit Türmen und Zinnen und was sonst noch das Gemüt architektonisch stimulieren konnte.

Unser Gastgeber führte uns in das geräumige »gotische« Zimmer, das wir beziehen sollten. Die Abendmahlzeit verging mit Gesprächen, vor allem über Politik und Literatur. Der Abend war schwül gewesen, wir gingen müde in unser Zimmer und legten uns schlafen. Im Halbschlaf nahm ich grelle Blitze und krachenden Donner von allen Seiten wahr.

Am nächsten Morgen war wieder eitel Sonnenschein. Wir standen erfrischt auf. Eine freundliche Bedienung klopfte an die Tür und führte uns zum Frühstückstisch, wo alsbald der Hausherr zu uns stieß. Nachdem er sich versichert hatte, daß wir die von den Elementen so unruhig gestaltete Nacht gut überstanden hatten, eröffnete er uns: »Wissen Sie, daß Sie heute nacht in demselben Bett geschlafen haben, in dem Mussolini die letzte Nacht seines Lebens verbracht hat? Er wurde am nächsten Tag gefangengenommen und verschleppt, in Salò dann von den Partisanen erschossen und schließlich in Mailand mit dem Kopf nach unten an einem Baum aufgehängt. Nein, das konnten Sie nicht wissen.« Wir erschauerten im nachhinein, daß wir am Ort der letzten Stunden eines entmachteten Diktators uns ahnungslos Morpheus' Armen anvertraut hatten.

Wir waren noch in der Endphase des Frühstücks, als Feltrinelli, der inzwischen abgerufen worden war, etwas bleich und konsterniert wirkend zurück an unseren Tisch kam: »Ich muß Ihnen leider eine unangenehme Mitteilung machen. Ich hatte Sie ja eingeladen, es sich hier ein paar Tage lang wohl sein zu lassen. Das geht nun aber nicht, denn plötzlich – damit hatte ich nicht gerechnet – hat sich meine Mutter angesagt. Damit ist die Situation im Haus ganz verändert, aber wir hatten ja gestern ein gutes Zusammensein. Nun muß ich Sie leider bitten, vorzeitig abzureisen. Ich werde Ihnen ein Stück weit das Geleit geben und bis zur Hauptstraße vorausfahren.« Wir waren schon am Auto, da näherte sich, offenbar eben angekommen, eine majestätische und respektheischende Erscheinung, Signora Feltrinelli, die Mutter des Verlegers. Giangiacomo stellte ihr Elisabeth und mich vor. Dann fuhren wir ab. Giangiacomo begleitete uns durch eine silberhelle Allee bis zur Einmündung in die Staatsstraße. Dort verabschiedeten wir uns.

Es blieb bei diesem einmaligen Besuch. Soviel ich weiß, sind die Umstände von Feltrinellis Tod 1972 bis heute nicht restlos geklärt. Man fand seine Leiche in der Nähe eines Hochspannungsmastes in einer Vorstadt von Mailand. Eine Vermutung geht dahin, daß er bei dem Versuch, den Mast zu sprengen, umgekommen sei. Ich weiß nur, daß er als mutiger idealistischer Marxist nicht nur mit Geld den revolutionären Protest unterstützen wollte, sondern sich – die Gefahr nicht scheuend – für die Ziele, an die er glaubte, einzusetzen entschlossen war.

Unsere Verbindung mit Inge Feltrinelli, Giangiacomos tatkräftiger und kluger Gefährtin, war eine schöne »Zugabe« bei meiner verlegerischen Zusammenarbeit mit Feltrinelli.

Auch Giorgio Bassani wurde ein herausragender Autor im italienischen Programm des Piper Verlags. Zentraler Schauplatz seiner Erzählungen ist Ferrara in Oberitalien. In seinem von Herbert Schlüter mit großem Einfühlungsvermögen ins Deutsche übertragenen Roman *Die Gärten der Finzi-Contini* wird das Schicksal einer alteingesessenen jüdischen Familie erzählt, von ihrem abgesonderten Leben hinter den Mauern des Parks bis zu ihrer Vernichtung durch den Faschismus. Bassani bringt sich als Ich-Erzähler zu ihnen in enge Beziehung. Auch er entstammte dem jüdischen Bürgertum Ferraras und hatte sich früh dem Widerstand gegen den Faschismus angeschlossen. Im Ferrareser Getto gab er Unterricht an der Schule.

1960 war ich mit meiner Tochter Regina in Rom. In einem Restaurant waren wir mit Giorgio Bassani und Carlo Emilio Gadda, Autor der *Gräßlichen Bescherung in der Via Merulana*, verabredet. Toni Kienlechner war zu der Zeit gerade dabei, Gaddas Roman ins Deutsche zu übertragen. Das Buch erschien bei Piper 1961. Ich glaubte, es würde ein Buch für nur ganz wenige, erfreulicherweise wurden es aber – vielleicht auch weil sich Hans Magnus Enzensberger und Heinz von Cramer in Deutschland für den großen Autor einsetzten – mehr Leser, die sich mit Gewinn in den »Knäuel« dieser Geschichte hineinziehen ließen. Gadda erläuterte meiner Tochter und mir die Grundvorstellung, die ihn beim Schreiben geleitet hatte: Das Leben ist wie ein Wollknäuel mit vielen verschiedenen Fäden. Um dahinterzukommen, was in ihm steckt, zieht man an einem Faden, der aber nimmt beim Abwickeln einen anderen mit und dann einen dritten und so weiter, und sie hindern sich gegenseitig beim Abspulen. Wie es um das Innere des Knäuels steht, wird nie wirklich klar. Ebenso sei es, wenn der Mensch über sein Leben restlose Klarheit gewinnen wolle. Ja, einzelne Fäden bekomme er in die Hand, aber das Ganze und erst das, was »dahinter« liege, entwirre sich nie »restlos«. Gadda erzählte dann noch spannend von seinem Leben als junger Ingenieur in Südamerika.

Wie unsere Verbindung zu Pier Paolo Pasolini zustande kam, weiß ich nicht mehr. Jedenfalls brachten wir 1963 als erstes Buch von ihm *Vita Violenta* heraus. Pasolini war Filmemacher, Erzähler, Lyriker, Essayist, politisch radikal linker Kämpfer, aber fern von allen Schablonen. Es reizte uns, mit diesem Autor das italienische Programm bei Piper zu bereichern.

Nach dem Mittagessen mit Gadda gingen Regina und ich zum Tiber, um Pasolini bei den Dreharbeiten für sei-

nen Film *Accattone* zuzusehen und ihn persönlich kennenzulernen. Für ein längeres Gespräch war dabei nicht
die richtige Gelegenheit. Drehort war ein Boot auf dem
Tiber, darauf war eine Trattoria aufgebaut, in der sich eine
Gruppe von Leuten in stockendem Gespräch befand. Wir
wurden Zeugen der ungeheuren Intensität, mit der Pasolini als Regisseur arbeitete. Gedreht wurde eine Szene,
bei der die Stimmung in der kleinen Gruppe von Leuten
durch das bloße Hinzukommen eines unerwarteten An-
kömmlings umschlägt, ohne daß eigentlich etwas »passiert«. Es sollte aber das plötzliche Gefühl von Gefahr
deutlich werden. Pasolini probte die kleine Szene mit un-
ermüdlicher Energie sechs- oder achtmal, bis er zufrieden war. Da seine Arbeit aber weiterging und nicht gestört
werden sollte, verließen wir den Schauplatz am Tiber mit
beiderseits freundlich-kurzem Gruß.

Aus Anlaß des zehnten Todestags von Pasolini wurde
ich eingeladen, auf einem Kongreß im Oktober 1995 über
die Rezeption Pasolinis in Deutschland zu berichten. Die
Tagung fand in der Nähe von Udine in der Villa Manin
statt. Die deutsche Presse hatte diesen Gedenktag zum
Anlaß genommen, intensiv und vielerorts über Pasolini
und seine Bücher und Filme zu berichten. Dabei betonten
viele Rezensenten genau das, was uns bei Piper dazu be-
wogen hatte, uns für Pasolini zu entscheiden: die Synthese
aus revolutionärem Willen, Gewagtheit und Radikalität
einerseits und Offenheit und Wärme der Empfindung,
stupender sprachlicher Kraft und Poesie andererseits. Es
waren die Existenzen am Rande der Gesellschaft, die Pasolini tief vertraut waren und deren Schicksal er in seinen
Texten und seinen Filmen nachzeichnete. Dabei gelang
es ihm, abstoßende Armut und soziale Trostlosigkeit mit
einer Art »verzweifelter Zärtlichkeit« so darzustellen, daß
sie von den Menschen hingenommen werden können, weil
sie nicht das »Allerletzte« sind. Er konnte das, denn er

war ein »Frommer« ohne festgelegten Glauben und besaß die innere Freiheit, die auch der Kommunist und Marxist Pasolini niemals aufgab.

Von ganz anderer Art sind die Bücher der beiden italienischen Autoren Carlo Fruttero und Franco Lucentini. Sie hatten sich als Lektoren im Einaudi-Verlag kennengelernt und verstanden sich – bei durchaus verschiedenen Temperamenten – so gut, daß sie beschlossen, gemeinsam, gewissermaßen vierhändig, Bücher zu schreiben. Es wurden erzählerische Werke mit lebensvollen Charakteren und merkwürdigen Schicksalen, die in unserer Gegenwart spielen. Unser Scout in Mailand knüpfte auch in diesem Fall die ersten Verbindungen, und wir erwarben die Rechte an der *Sonntagsfrau,* einer psychologisch gepfefferten Kriminalgeschichte. Ihr folgten weitere Romane, geschrieben mit kriminalistischem und psychologischem Scharfsinn und großer Erfindungsgabe.

Carlo Fruttero lud meine Frau Ellen und mich ein, ihn einmal im Sommer in seinem Haus an der südlichen toskanischen Mittelmeerküste zu besuchen. Die Pineta, in der das Haus liegt, war nicht weit entfernt von unserem Feriendomizil in Castiglione della Pescaia. Im Schatten der mächtigen Schirmpinien hatten sich Italiener, Deutsche und Schweizer angesiedelt. Es waren recht verschlungene, gepflegte Wege, die durch den hohen Wald führten. Hier einzudringen, freundlich von unseren Autoren geleitet, machte besonderes Vergnügen, weil wir uns nun real am Schauplatz der vielschichtig ineinander verflochtenen Geschehnisse ihres eben – 1993 – bei uns erschienenen Romans *Das Geheimnis der Pineta* bewegten.

Beide erzählten freimütig von ihren Methoden und Erfahrungen bei ihrer gemeinsamen Autorschaft. Als entscheidend erwies sich, daß diese professionelle Schreibtätigkeit sich auf der Basis einer grundlegenden Übereinstimmung vollzieht, wobei aber eine innere Spannung zwischen beiden Autoren, etwa in der Bewertung von Handlungsmotiven oder bei der Gestaltung der »inneren Chemie« der Figuren, fruchtbare Wirkungen zeitigt. Eine solche Doppelautorschaft bleibt jedoch eine interessante Ausnahme.

Ähnlich wie Giuseppe Tomasi di Lampedusas *Leopard* spielt auch Dacia Marainis *Die stumme Herzogin* in Sizilien, allerdings bereits im 18.Jahrhundert. Die Autorin ist in Italien prominent, seit sie vor Jahren einige feministische Bücher geschrieben hat, von denen zwei oder drei im Berliner Rotbuch Verlag erschienen sind. Auch in der *Stummen Herzogin* bleibt sie sozial engagiert, aber sie ist nicht mehr so einseitig. Das Buch wurde bei uns ähnlich wie in Italien ein Bestseller.

Freundschaft und Rückhalt

»Gulliver« und Ingeborg Bachmann

Ich kehre nun zurück in eine schon länger vergangene Zeit: Wir, das heißt Hans Egon Holthusen und ich, lernten uns kennen in der Schwabinger Wohnung einer gemeinsamen Freundin. Es war eine kleine Abendgesellschaft geistig interessierter junger Menschen. Wir waren alle so um die Ende Zwanzig, fatalistisch und zugleich lebenshungrig. War der Krieg schon erklärt? Ich weiß es nicht mehr genau. Verhaltene Erregung lag in der Luft. Holthusen, »Gulliver« genannt, Schriftsteller, Freund der Gastgeberin, dominierte durch seine Länge ebenso wie durch die freundliche Vehemenz, mit der er seine Argumente vorbrachte. Sein Generalthema war die Bewußtseinslage der modernen Literatur. Sein Vortrag war fern von blasser Theorie, vielmehr voller Passion und Kampfeslust.

Nach einer Weile läutete es an der Wohnungstür. Ein verspäteter Gast traf ein. Er blieb ziemlich reserviert, wirkte bedrückt. In einer Ecke flüsterte mir jemand zu, der Neuankömmling sei im Konzentrationslager Dachau gewesen und freigelassen worden, offenbar weil es sich um eine kleinere Sache gehandelt habe, vielleicht eine Denunziation ohne besonderen Hintergrund. Ich sprach im weiteren Verlauf des Abends selbst mit dem neuen Gast, vernahm aber auch nur Andeutungen. Dennoch war deutlich, daß er Schweres durchgemacht hatte.

Von jenem Abend her datiert meine Freundschaft mit Hans Egon Holthusen. Freundschaft ist dann dauerhaft, wenn sie simultan und spontan auf zwei Ebenen entsteht:

aus Sympathie, die nicht weiter erklärbar ist, und aus einer Gemeinsamkeit geistiger Interessen, hier dem Interesse an der Erkenntnis. Bei Holthusen war es vor allem das dichterische Erkennen, das er zum Gegenstand seines Forschens und Schreibens gemacht hat. Das »kritische Verstehen« als zentrale Linie von Holthusens Arbeiten und Denken hat mich von den ersten Gesprächen an und dann in den Texten seiner Bücher immer wieder entscheidend angezogen. Als Kundschafter auf den Wegen der zeitgenössischen literarischen Prozesse hat er es nicht bei der wissenschaftlich-akademischen Untersuchung bewenden lassen; er nahm Stellung und wertete.

Die Autorschaft von Hans Egon Holthusen bedeutete mir von Anfang an viel, gerade unter dem Aspekt des Erkenntnisgewinns, nicht nur durch die wissenschaftlich-philosophische, sondern ebenso durch die poetisch-künstlerische Aussage. Auch wenn der Dichter erlebte Wirklichkeit beschwört, bereichert er meine Erkenntnis. Das habe ich durch Holthusens Gedicht *Klage um den Bruder* erfahren.

Holthusen wurde in Rendsburg geboren und wuchs in Hildesheim auf, wo sein Vater evangelischer Hauptpastor war. Dieser, deutsch-national gesinnt, litt aber bald unter dem Ungeist des Nationalsozialismus und schloß sich der Bekennenden Kirche an. Schließlich trieb ihn der politisch-moralische Druck in den Tod. Hans Egon hielt die Totenrede auf seinen Vater. Er selbst war für kurze Zeit angezogen gewesen von der Aufstieg und Erneuerung versprechenden »Bewegung«, hatte sich aber bald wieder davon entfernt. Er hat selbst darüber geschrieben.

Hans Egon Holthusen war den ganzen Krieg über Soldat und 1945 an der »Freiheitsaktion Bayern« gegen das Naziregime beteiligt. Während des Krieges nahm ich ihn in Berlin einmal mit zu Robert Havemann in die Bismarckstraße. Er erinnert sich an diesen Besuch: »Ich denke an einen ziemlich düsteren Spätnachmittag während des Krieges, die Szene ist ein Atelier oder eine hochgelegene Wohnung in Berlin. Ich sehe, im Raum verteilt stehend, mit den Händen in den Hosentaschen, drei junge Leute, Ende Zwanzig, Anfang Dreißig, einer davon vielleicht mit dem Gesicht zum Fenster, einer womöglich in Uniform: Klaus Piper, Robert Havemann und mich. Es muß kurz vor Havemanns Verhaftung gewesen sein, also im Winter 42/43. Die Szene ist stumm in meiner Erinnerung, niemand spricht, niemand bewegt sich ...«

Nach dem Krieg war Holthusen einige Jahre lang Direktor des Goethe-Hauses in New York. Damals forderte er mich einmal auf, bei Gelegenheit einer Amerikareise bei ihm im Institut einen Vortrag zu halten zum Thema »Was macht ein deutscher Verleger?«. Der Zweckbestimmung des Hauses entsprechend sprach ich deutsch. Bei der anschließenden Diskussion kamen die Fragen der weiblichen Zuhörer spontaner als die der Herren. Vor allem wollte das Publikum etwas über die Beziehungen zwischen Literatur und Politik nach dem Zusammenbruch des Hitler-Reichs erfahren. Zum Schluß kam ein Agent auf mich zu und bot mir eine Vortragstournee bei amerikanischen Frauenklubs an. Das Angebot war verlockend, und ich hätte viel über Amerika lernen können, aber ich glaubte mir nicht leisten zu dürfen, für zwei Monate der Verlagsarbeit in München fernzubleiben, und lehnte ab.

Damit, daß Holthusen Rolf Hochhuth zu einer Lesung ins Goethe-Haus einzuladen wünschte, bewies er seine innere Unabhängigkeit. Das deutsche Generalkonsulat in New York, das von dieser Absicht Kenntnis hatte, versuchte energisch, Holthusen davon abzubringen. Es war noch Adenauer-Zeit, und Hochhuths Stück *Der Stellvertreter* hatte weltweite Diskussionen ausgelöst. Aber Holthusen gab dem Druck nicht nach und setzte die Veranstaltung durch.

Ein besonderes Vergnügen machte es Elisabeth und mir, wenn wir gemeinsam mit den Holthusens zu einer Jahrestagung des Kulturkreises im Bundesverband der Deutschen Industrie fuhren. Erinnerungsbilder tauchen auf, so zum Beispiel eine Tagung in Bamberg im Spätsommer 1954, deren Höhepunkt ein Abend im nahen Schloß Pommersfelden war. Das festliche Zusammensein im herrlichen Treppenhaus ist mir noch gegenwärtig, zu dessen Denkwürdigkeit nicht zum geringen Teil ein beschwingtes Gespräch der Ehepaare Holthusen und Piper mit dem Ehrengast Bundespräsident Theodor Heuss beitrug. Heuss, selbst schon in schönster, gelöster Stimmung, fragte den Schriftsteller, wie es mit den dionysischen Elementen in der gegenwärtigen deutschen Dichtung stünde. Ich erinnere mich, daß Annette Kolb bei dieser Tagung nicht nur gleich nach der Verleihung ihren Preis verlor (er wurde wiedergefunden), sondern auch ihren Schuh. Es tat dem Charme und der Würde der Dichterin keinen Abbruch.

Eine andere Tagung dieses Kreises führte ins französische Nachbarland. Wir fuhren über Trier nach Reims. Im Abteil des Sonderzugs saßen zwei französische Offiziere, deren Interesse für die deutsche Literatur der Romantik verblüffend war. Nach der Ankunft in Reims und vor dem abendlichen Treffen in einer schon seit dem Mittelalter bestehenden berühmten Weinbrüderschaft gingen wir zur Kathedrale und ließen uns überwältigen von der Schönheit der in dunstigem Abendlicht stehenden Fassade mit ihren figurenreichen Portalen.

Im Oktober 1993 fand in Rom das Internationale Ingeborg-Bachmann-Symposium zum zwanzigsten Todesjahr der Dichterin statt. Als ich mich auf mein Referat dafür vorbereitete, stieß ich auf dieses von ihr handgeschriebene Gedicht:

Leicht ruht der Pfeil der Zeit im Sonnenbogen.
Wenn die Agave aus dem Felsen tritt,
wird über ihr dein Herz im Wind gewogen
und hält mit jedem Ziel der Stunde Schritt.

Ich nahm einige Kopien des Gedichts mit nach Rom und forderte meine Zuhörer auf: »Betrachten Sie diese Handschrift, lassen Sie ihre zarte Bestimmtheit auf sich wirken! Wäre sie nicht so ›musikalisch‹, würden ihre disziplinierten Formen fast auf einen Wissenschaftler deuten.« In der Tat sind künstlerischer Ausdruckswille und Strenge des Gedankens in Ingeborg Bachmanns Dichtungen zu einer Synthese von seltenem Rang in der deutschsprachigen Dichtung dieses Jahrhunderts gelangt.

Es muß 1954 oder 1955 gewesen sein, als mich Hans Paeschke anrief, damals mit Joachim Moras zusammen Herausgeber der Monatszeitschrift *Merkur*: »Sehen Sie sich das nächste Heft des *Merkur* an, Sie werden darin einige große Gedichte von einer ganz neuartigen künstlerischen Kühnheit finden!« Ich las und war außerordentlich beeindruckt. Mit dem Wunsch, sie als Autorin für den Verlag zu gewinnen, schrieb ich an Ingeborg Bachmann. Albrecht Knaus, damals Cheflektor bei Piper, spann den Faden auf einer Tagung der »Gruppe 47« in Berlin weiter, und 1956 erschien als erstes Bachmann-Buch bei Piper der Gedichtband *Anrufung des Großen Bären*.

Mit einer Unterbrechung durch den Roman *Malina* erschienen alle weiteren Bücher Ingeborg Bachmanns im Piper Verlag. Daß *Malina* nicht bei uns erschien, kam so: Wir hatten eine deutsche Ausgabe der großen russischen Dichterin Anna Achmatowa geplant. Unsere damalige Lektorin war guten Glaubens auf den Kinderbuchautor und Übersetzer Hans Baumann gestoßen, der aber in jungen Jahren ein Nazipoet gewesen war. Er war lange in russischer Gefangenschaft gewesen, konnte ganz gut dichten und beherrschte die russische Sprache. Aber es war falsch, ihn zu verpflichten. Die Baumannsche Übertragung erschien übrigens nicht, jedenfalls nicht bei Piper. Die Sache mit Baumann hat uns Ingeborg Bachmann sehr übel genommen. Sie war darüber so empört, daß sie mit *Malina* zu Suhrkamp gegangen ist. Es kam allerdings bald zur Versöhnung. Nach Ingeborg Bachmanns Tod im Jahr 1973 entschieden sich die Erben dann, die Ausgabe der *Gesammelten Werke*, die etliches bis dahin Unveröffentlichtes enthielt, dem Piper Verlag anzuvertrauen. Diese Werkausgabe wurde von unserem Lektor Walter Fritzsche mit großer Umsicht betreut.

Hier möchte ich bemerken, daß wir sehr viel der umsichtigen, klugen Arbeit unserer Lektoren zu verdanken haben, so auch Reinhard Baumgart, der später Professor an der Freien Universität in Berlin wurde und ein sehr begabter Essayist und Literaturkritiker ist. Auch Otto F. Best, dann Professor für Deutsche und Vergleichende Sprachwissenschaft an der University of Maryland, war Lektor unseres Hauses, ebenso wie Walter Hinderer, der Literaturwissenschaft in Princeton lehrte. Zur Zeit Ingeborg Bachmanns waren auch Dieter Lattmann, der dann in die Politik ging, und Michael Wegner, anschließend Verlagsleiter beim Bibliographischen Institut in Mannheim, bei uns.

1978 – fünf Jahre nach ihrem Tod – erschien die erwähnte vierbändige Ingeborg-Bachmann-Werkausgabe, und 1995 kam unter dem Titel *»Todesarten«-Projekt* eine kritische Ausgabe dieses Zyklus in vier Bänden heraus. Ingeborg Bachmann hatte den Titel *Todesarten* selbst gewählt, und die Arbeit ihrer letzten Jahre hatte diesem Projekt gegolten. Zu diesen beiden mehrbändigen Ausgaben kamen viele Einzelausgaben in der »Serie Piper«.

Als wir seinerzeit planten, im Rahmen der »Bücher der Neunzehn« einen Auswahlband aus dem bis dato vorliegenden Werk von Ingeborg Bachmann bereitzustellen, zögerte sie mit ihrer Zustimmung, weil sie zweifelte, ob sich bei der Zusammenstellung von ausgewählten Gedichten und Prosatexten mit einem Hörspiel ein künstlerisch legitimes Ganzes ergeben würde. Sie ließ sich jedoch schließlich von unseren Argumenten überzeugen: Das Lesebuch sei schon deshalb wichtig, weil es die Zeit überbrücken würde, bis das nächste neue Buch der Autorin erscheinen könnte. Die Buchhändler, die Kritiker und ebenso natürlich die Leser sollten einen Autor, den sie kennen und schätzen gelernt hatten, nicht zu lange aus den Augen verlieren.

Daß das nicht gut ist, ist eine generelle Erfahrung. Selbstverständlich stehen ihr alle denkbaren Ausnahmen gegenüber. Entscheidend ist letztlich nur die Lebenskraft eines dichterischen Werkes. Ich bin überzeugt: Der sprachlichen Magie Ingeborg Bachmanns werden empfängliche Menschen auch in Zukunft genauso erliegen wie heute. Notabene: Die »Notwendigkeit«, die der Verlag dem Bachmann-Lesebuch *Gedichte Erzählungen Hörspiel Essays* zuerkannte, hat sich in den Jahrzehnten seit dem Erscheinen des Bandes (1964) durchaus bewiesen – Auflage nach Auflage mußte seitdem gedruckt werden. Es hatte nichts damit zu tun, war Zufall, daß Ingeborg Bachmann im selben Jahr 1964 mit dem Georg-Büchner-Preis ausgezeichnet wurde.

Ich versuche hier, aus der Erinnerung an meine sehr verschieden gearteten Begegnungen, ein, wenn auch fragmentarisches, Bild von Ingeborg Bachmann – so wie ich sie erlebte – zu zeichnen. Unvergessen bleibt mir ihr verhaltener Charme. Sie wirkte in ihren jungen Jahren oft schüchtern, doch spürte ich ganz stark die Intensität ihrer Empfindungen, Fragen und Wünsche. Sie war eine faszinierende, in sich höchst widersprüchliche Persönlichkeit, deren sprachliche Kraft in einem eigenartigen Kontrast zu ihrer seelischen Scheu stand. Die Spannung zwischen Alltagsnotwendigkeiten und äußerstem künstlerischem Wollen spürte man sehr stark, ohne daß sie etwa mich, ihren Verleger, damit belastet hätte. Wenn ich ihr gegenübersaß, fühlte ich mich manchmal wie einem verhalten glühenden elektrischen Kraftfeld ausgesetzt. Sich selbst gegenüber konnte sie extrem rücksichtslos sein. So rief sie einmal an einem Sonntag vom Münchner Bahnhof aus bei uns an – wir waren Gott sei Dank zu Hause – und sagte: »Bei mir stimmt irgend etwas nicht. Ich habe solche Bauchschmerzen.« Ich vermutete eine Blinddarmentzündung, telephonierte herum, holte sie vom Bahnhof ab und fuhr mit ihr gleich in die Klinik. Eine Stunde später wurde sie operiert. Es war fast ein Durchbruch. Sie hatte die Schmerzen abgespalten wie einen Fremdkörper.

Ein Mensch, der Ingeborg Bachmann nicht persönlich gekannt hat, könnte glauben, daß sie ständig der literarisch-intellektuellen Sphäre verhaftet gewesen sei. Das war aber keinesfalls so: Sie konnte lustig sein und einfach bloß »leben« wollen. Ich sehe sie vor mir, wie sie uns einmal zur Winterzeit in München besuchte. Sie kam mit der Devise: »Ich will mit Pipers zum Fasching gehen. Aber schön muß ich ausschauen, begehrenswert!« Sie bat meine eben flügge gewordenen Töchter Ursula und Regina: »Ihr könnt mich doch sicher fabelhaft schminken und kostümieren!«, was die beiden gern zusagten. Zu dritt verschwanden sie in der Töchterwerkstatt im oberen Stockwerk, und nach einer halben Stunde kamen Regina und Ursula mit der in eine bezaubernde Märchengestalt verwandelten Autorin wieder herunter. Alsbald kamen Freunde, unter ihnen der große, schlanke Hans Egon Holthusen, um unseren Stargast zu begrüßen. »Gulliver« nahm die Gelegenheit wahr, Ingeborg Bachmann als Frau und Priesterin des erhöhten und zugleich streng der Wahrheit verpflichteten Wortes zu huldigen.

Ich bin Ingeborg Bachmann wiederholt in Rom begegnet. Einmal nahm sie mich mit zur Generalprobe von Hans Werner Henzes Oper *Der junge Lord.* Sie hatte das Libretto dazu geschrieben. Ein andermal, Ende der fünfziger Jahre, war ich mit meiner Frau Elisabeth in Rom. Ingeborg Bachmann holte uns mit ihrem Volkswagen im Hotel ab, und wir fuhren nach Castel Gandolfo am Albaner See. Ein von Autos fröhlich überfluteter Platz mußte umfahren werden, und wir ließen offenbar Zeichen von Beunruhigung erkennen. Ingeborg Bachmann merkte es und beruhigte uns:»Liebe Pipers, machen Sie sich keine Sorge – hier kommt es allein auf die Verständigung mit den Augen an!« Und so war es auch. Ich entschloß mich, vom römischen Augenspiel etwas fürs Autofahren in Deutschland mitzunehmen. In diesen römischen Tagen trafen wir uns auch zu einem bemerkenswerten Mittagessen in Trastevere. Teilnehmer waren Ingeborg Bachmann, Max Frisch und wir. Frisch unterstrich den hohen poetischen Rang der Arbeiten Ingeborg Bachmanns. Er sagte zu mir:»Sie werden von dieser Autorin keine Zeile bekommen, die nicht das Scheidewasser einer gnadenlosen Selbstkritik überstanden hat!«

Ein oder zwei Jahre später, es war kurz vor Weihnachten, rief mich Ingeborg Bachmann in München an und bat mich dringend, nach Rom zu kommen. Sie sei in sehr bedrückter Stimmung, ein Ereignis laste wie ein Stein auf ihrer Seele. Sie müsse sich mit mir aussprechen. Ich flog am nächsten Tag nach Rom. Meine Frau war darüber, so wenige Tage vor Weihnachten, nicht sehr begeistert, doch sah auch sie meinen Entschluß als richtig an.

In Rom empfing mich ein kühler, leuchtend-blauer Dezemberhimmel. Marienstatuen mit illuminierten kleinen Tannenbäumchen standen an den Straßenecken. Ingeborg Bachmann wirkte sehr niedergeschlagen. Sie sagte, sie habe sich von Max Frisch getrennt, und diese Trennung habe sie völlig niedergeworfen. Sie dankte mir, daß ich gekommen war, sie brauche jetzt dringend einen Menschen, um sich auszusprechen, und zwar einen Menschen, der nicht zu ihrem engsten Kreis gehöre, aber auch nicht zu weit »entfernt« sei.

Der Freund, der ich in diesen römischen Stunden für Ingeborg Bachmann sein durfte, versuchte durch einfaches mitmenschliches Zuhören zu helfen. Ich hielt es auch für richtig, sie in ihrem Selbstsein, im bedrohten lebensnotwendigen Gefühl ihres Eigenwerts zu bestärken. Ob ich Erfolg damit hatte, weiß ich nicht. Ich erzähle diese Geschichte auch nur, um damit die ungeheure seelische Verwundbarkeit dieser außergewöhnlichen Frau und Künstlerin fühlbar zu machen. Übrigens fiel von ihrer Seite kein Wort, das die Grenze der vollständigen Diskretion auch nur von Ferne berührt hätte.

Den mir sehr nahegehenden Eindruck der Schutzlosigkeit von Ingeborg Bachmann hatte ich schon Jahre früher gehabt, als ich sie einmal im verdunkelten Zimmer in einer Berliner Klinik besuchte. Sie hatte damals um meinen Besuch gebeten, um einige laufende Verlagsangelegenheiten zu besprechen. Als das geschehen war, berichtete sie über Leseerlebnisse bei der Dostojewski-Lektüre.

Ein Mensch kann sich durch seine Stimme fast ebenso erschließen wie durch den Ausdruck, das Mienenspiel des Gesichts. Jeder, der Ingeborg Bachmann auch nur flüchtig begegnet ist, wird von ihrer Stimme, ihrer Sprechweise, ihrer Tonlage einen starken Eindruck mitgenommen haben. Viele Jahre ist es her, daß Ingeborg Bachmann zu einem Leseabend in den großzügigen Räumen eines fränkischen Unternehmers in der Münchner Kaulbachstraße eingeladen war. Hans Egon Holthusen stand zur Moderation des Abends bereit. Zahlreiche Zuhörer waren gekommen. Ingeborg Bachmann begann, nach einem kurzen Dank für die Einführung, mit der Lesung. Ihre

Stimme, stockend, leise, inständig und in einem äußersten Maße zart und verletzlich, hielt nur mit großer Anstrengung durch. Es gab keinen im Saal, dessen Nerven nicht mitvibrierten. Die beschwörende Kraft dieser Stimme trug die Zuhörer dennoch sicher durch die Sätze und Verse hindurch. Man erlebte Ingeborg Bachmanns Gedichte wie in statu nascendi.

Lago degli autori
Von heiteren Autoren, vor allem am Tegernsee

Wenn ich an den Tegernsee denke, ist er für mich der »Lago degli autori«, der See, an dem eine ganze Reihe meiner Autoren wohnte und lebte. Ein erster Verlegerbezug zum Tegernsee stellte sich Anfang der dreißiger Jahre her, als Robert Freund meinen Vater anregte, einmal Olaf Gulbransson in seinem hoch über dem See gelegenen »Schererhof« zu besuchen und um ein Buch für Piper anzusprechen. Daraus entstand Gulbranssons gezeichnetes und in lakonisch treffendem Deutsch geschriebenes Buch *Es war einmal*. Es folgten viele Zeichnungen oder gezeichnete Schutzumschläge für eine ganze Reihe von Piper-Büchern. Nach dem Krieg, als mein Vater nicht mehr lebte – er starb 1953 –, besuchte auch ich Gulbransson auf seinem Hof. Als wir ankamen, empfing uns seine Frau Dagny, geborene Björnsson, eine zart gebaute nordische Schönheit, deren feine, ausdrucksvolle Züge wie von Hans Holbein gemalt erschienen. Ihr Mann hat sie in solch kraftvoller Delikatesse wiederholt porträtiert. Von ihr erfuhren wir nun, daß der Hausherr eben einen schlimmen Unfall gehabt und nur dank seines harten norwegischen Bauernschädels gnädig überstanden hatte. Er wollte nämlich, wie so oft, bevor der Tag wie gewohnt losging, zur Erfrischung in das vor dem Haus gelegene Schwimmbad springen, übersah aber in der Eile, daß kein Wasser eingelassen war. So landete er mit dem Kopf hart auf dem Boden des Beckens.

Wir bekamen eine kräftige skandinavisch-bayerische Brotzeit vorgesetzt. Die Decke des saalartigen Raums war tiefrot ausgemalt. Durch die Fenster strömte das helle Junilicht in den Raum.

Ich meldete mich zu einem kurzen Spaziergang auf dem vom Haus bergan führenden Weg ab. Als ich zurückkam, fand ich Olaf Gulbransson und meine Frau in einer Ecke des großen Raums einander gegenübersitzend, wie es schien, in vertrautem Gespräch. Gulbransson begrüßte mich mit den Worten: »Wir haben uns gefunden!« Wie sich herausstellte, hatten sie aber während meiner Abwesenheit kaum ein Wort miteinander gewechselt. Es hatte genügt, zwanzig Minuten still einander gegenüberzusitzen.

Mein Bericht über den »Lago degli autori« hätte ebensogut mit Maidi von Liebermann beginnen können. Von Horst Kliemann, Verlagsdirektor bei R. Oldenburg, hatte ich erfahren, daß Maidi von Liebermann, eine »Halbjüdin«, nach dem Ende des Naziregimes einen neuen, politisch unbelasteten Verlag für das Werk Ludwig Thomas suchte, das ihr als Erbin zugefallen war. Ich war sehr interessiert, nicht nur fachlich, das heißt für den Verlag, sondern es reizte mich auch persönlich, Verleger von Thoma zu werden, dessen Bücher und Geschichten ich seit meiner reiferen Knabenzeit liebte.

Maidi von Liebermann galt als energische, aber auch etwas schwierige Persönlichkeit. Meine Zusammenarbeit mit ihr verlief jedoch in ausgezeichneter gegenseitiger Verständigung. Die sachlich positive Grundlage unserer Zusammenarbeit war: Die Veröffentlichungsrechte am Werk Ludwig Thomas waren auf Grund eines Feststellungsverfahrens, das für Maidi von Liebermann erfolgreich durch alle drei Instanzen gegangen war, an sie zurückgefallen. Dadurch konnte sie in freier Entscheidung das Thoma-Werk für die künftige Nutzung dem Piper Verlag anvertrauen. Durch Ablauf der gesetzlichen Frist für den

Schutz von Urheberrechten sind Ludwig Thomas Werke 1991 endgültig frei geworden.

Ich besuchte Maidi von Liebermann zu einem ersten, ausgiebigen Gespräch im Ludwig-Thoma-Haus auf der »Tuft'n«. Es war ein großer Eindruck: Das Haus, ein bayerisches Landhaus im besten Stil, lag auf einem leicht ansteigenden Wiesenfächer am Südende des Tegernsees, eben der Tuft'n, einem Grundstück, das seinesgleichen sucht. Es untersteht seit geraumer Zeit der Obhut der Stadt München. Thoma konnte seinerzeit diesen Besitz erwerben dank der Honorare aus dem großen Theatererfolg seiner Komödie *Moral*, in der die innere Verlogenheit der äußerlich sittenstrengen Tugendwächter bloßgestellt wird. Der Piper Verlag widmete Thoma inzwischen viele Neuauflagen.

Großes Vergnügen machte mir auch die Verbindung mit den beiden Kindern des berühmten Sängers Leo Slezak. (Nebenbei: Ich hatte eigentlich nie ein aufrichtiges Vergnügen in der Zusammenarbeit mit den Autoren zu vermissen.) Die jungen Slezaks waren Margarete (Gretl) und ihr Bruder Walter. Wir kamen mit ihnen auf eine recht originelle Weise in nähere Verbindung: Wir, das heißt Elisabeth und ich, hatten einen Autounfall. Zu der Zeit hatte ich für den Piper Verlag die von dem 1946 verstorbenen Leo Slezak nicht mehr ganz fertiggestellte Erzählung *Mein Lebensmärchen* bereits mit Freuden übernommen.

Gretl Slezak hörte von unserem Unfall und lud uns ein, in ihrem schönen, bequemen Gästehaus in Egern eine Weile auszuspannen. Der Slezak-Sitz bestand aus zwei geräumigen, einander gegenüberliegenden Häusern, in deren einem Gäste wohnen konnten. Wir verbrachten wohltuende Tage dort. Abends traf man sich im Haupthaus. Im Salon stand ein reich verzierter weißer Bechstein-Flügel älteren Datums. Wir sprachen über die Slezak-

Eltern, deren Anfangszeit am Theater in Brünn, dann an der großen Oper in Wien.

Gretl Slezak vertraute dem Verlag ihre Erinnerungen an; sie erschienen unter dem Titel *Der Apfel fällt nicht weit vom Stamm.* In einer Anfangsepisode erzählt sie, wie sie als junge Künstlerin von einem Journalisten und, wie es hieß, angehenden Politiker namens Adolf Hitler eingeladen wurde, ihn in seiner Wohnung am Prinzregentenplatz zum Tee zu besuchen. Bemerkenswert daran war vielleicht letztlich nur die Tatsache, daß ein ganz dünnes, farbloses Getränk gereicht wurde, etwas, das sie nie für Tee gehalten hätte.

Walter Slezak schrieb zwei Bücher für den Piper Verlag. Sein *Wann geht der nächste Schwan?* bestätigte aufs schönste die fruchtbare humoristische Ader des Sohnes von Leo Slezak. Ich lernte Walter Slezak persönlich erst in New York kennen. Er holte uns in unserem Hotel ab, um uns zu seinem Haus mitzunehmen. Als Filmschauspieler war er schon so berühmt geworden, daß der Abglanz seines Ruhms in sehr angenehmer Weise auf uns abfärbte. Als wir in seinem prachtvoll am Meer gelegenen Haus ankamen, herrschte dort großer Betrieb. Den Anlaß erfuhren wir gleich vom Hausherrn: Er habe, da er und seine Frau in ein kleineres Domizil umziehen wollten, eine Art Versteigerung veranstaltet und dazu Freunde und Bekannte eingeladen. Der Erfolg schien die Erwartungen voll zu rechtfertigen. Der Witz an solchen Versteigerungen ist, daß man sich nicht nur von eigenen »überflüssigen« Dingen befreit, sondern daß auch die Eingeladenen ihrerseits Dinge einschleusen, die sie nicht mehr brauchen. Natürlich sind das selten Kostbarkeiten, meist nur praktische Dinge für den täglichen Gebrauch.

Nicht weit von der Tuft'n entfernt erhebt sich östlich vom Tegernsee der Riederstein. Er ist bestückt mit einladend

aussehenden Villen. In einer von ihnen lebte Heinrich
Spoerl mit seiner Familie, darunter Sohn Alexander. Gern
hatten wir im Verlag zugegriffen, als sich nach dem Krieg
die Gelegenheit bot, die geistreichen und originellen
Bücher des lebenserfahrenen rheinischen Rechtsanwalts
Heinrich Spoerl zu übernehmen. Auch hier kamen wir
auf beste Weise zur Verständigung über alle Punkte, die
für eine fruchtbare Autor-Verleger-Beziehung wesentlich
sind. Nur die *Feuerzangenbowle*, bei der besondere Verhältnisse vorlagen, konnten wir damals nicht ins Piper-Programm aufnehmen.

Schon im Dezember 1946, ein Jahr nachdem wir mit
Spoerl Kontakt aufgenommen hatten und noch andert-
halb Jahre vor der Währungsreform, erschien bei uns
als erstes Buch von Heinrich Spoerl seine gerade fertig-
geschriebene heitere *Hochzeitsreise*. Es machte Vergnügen,
diesem Neuling Neuauflagen früherer Bücher folgen
zu lassen. Heiteres suchten die Leser, denen in jenen frühen Nachkriegsjahren Schock, Trauer, mühselige Lebens-
umstände und auch Ressentiments über den Zusammenbruch Nazideutschlands in den Knochen saßen. Die Gabe,
Heiter-Entspannendes zu schaffen, war übrigens allen meinen Tegernsee-Autoren in die Wiege gelegt worden.

Bald waren überall Neuausgaben der Bücher von Heinrich Spoerl erhältlich. Ich hatte die Idee, daß es einen
zusätzlichen Verkauf bringen könnte, wenn wir die bei
uns inzwischen erschienenen fünf schmalen Romane als
Sonderausgabe in eine dickere, gebundene Ausgabe übernehmen und dort vereinigen würden. Bei der Besprechung mit den Vertretern über neue Projekte hielt man es
für zweifelhaft, daß aus einer solchen Zusammenfassung
ein erheblicher zusätzlicher Absatz resultieren würde.
Es hat mich sehr befriedigt, als sich dann zeigte, daß
diese Sonderausgabe in kürzester Zeit einen Verkauf von
100 000 Exemplaren erzielen konnte.

Kurz nach dem Krieg konnte ich einen tüchtigen Mercedes älterer Bauart erwerben, der Autorenbesuche im bayerischen Einzugsgebiet erleichterte. Eine Fahrt damit führte mich auf den Riederstein zu Spoerls. Mein Gefährt nahm, wie vorher schon öfter, die ersten Serpentinen ganz brav, dann gab es einen Ruck, und der Wagen stand wie angewurzelt auf der Stelle. Mit technischem Geschick nicht auffallend begabt, ließ ich ihn stehen und nahm die paar Schritte, die zum Spoerl-Haus noch fehlten, zu Fuß. Sohn Alexander stand in der Tür und rief mir zu: »Herr Piper, ich hab' schon gesehen. Keine Sorge, ich geh' gleich hinunter.« In wenigen Minuten war er, mit einem imponierenden Werkzeugkasten versehen, beim Auto. Und nach wenigen Handgriffen fuhr er den Wagen zum Haus.

Ich wußte, daß auch Alexander Spoerl schrieb. Mir kam – wie könnte es anders sein – der Gedanke: Wäre dieser Alexander Spoerl nicht der Mann, ein praktisch-informatives Autobuch zu schreiben? Es müßte ebenso kompetent, was die Technik angeht, wie unterhaltend sein. Ich schlug ihm das vor, und er ging sehr bereitwillig darauf ein. Die Aufnahme des Buchs *Mit dem Auto auf du* übertraf alle Erwartungen. Von 1953 bis 1973 erschienen neunzehn Auflagen. Übrigens war 1952 als Erstling von Alexander Spoerl *Ein unbegabter Liebhaber* erschienen. Er erreichte beim Lesepublikum nur einen mittleren Widerhall. Das lag ohne Zweifel auch am Titel: »Ein unbegabter Liebhaber« ist eine negative Aussage. Die verlegerische Erfahrung zeigt aber: Der Titel eines Buches kann dramatisch, erschreckend oder herausfordernd sein; eine schlicht negative Aussage »zieht« nicht. Dabei ist das Buch durchaus reizvoll und lohnt die Lektüre.

Ich verlasse jetzt den Tegernsee, halte mich aber noch ein wenig im Bayerischen auf und gedenke der Kunst und Persönlichkeit des großen Karl Valentin. Ich hatte ihn, von meinen Eltern mitgenommen, bei »Papa Benz« in der Leopoldstraße, wo er zusammen mit seiner Partnerin Liesl Karlstadt auftrat, als genialen Autor-Schauspieler auf der Bühne erlebt. Leider hat es sich nie ergeben, daß ich ihn persönlich kennengelernt habe.

Valentin erfindet in seiner Sprache die Welt, die vor unseren Augen liegt, sozusagen neu. Er hebt sie nicht aus den Angeln, er läßt sie, wie sie ist, aber er nimmt die Sprache beim Wort, um die Welt in ihrer latent komisch-katastrophischen Wirklichkeit zu zeigen. Wir erleben sie befreiend neu in den oft geradezu verzweifelt auf die Spitze getriebenen Zwiegesprächen, in denen die Logik durch falsche, »überwörtliche« Anwendung bis zur Absurdität gesteigert wird. Als Beleg greife ich nur zwei Stücke aus seinem Werk heraus, den *Buchbinder Wanninger* und das *Brilliantfeuerwerk*. Ein anderer Höhepunkt ist das *Aquarium*. Valentin gehört zur höchsten Klasse der Humoristen, nämlich zu denen, die zugleich Tragiker sind. Sein Werk hat noch viel Zukunft vor sich.

Der Piper Verlag war, wie ich schon erwähnte, durch einen Hinweis von Rechtsanwalt Wilhelm Dieß mit Karl Valentin in Verbindung getreten. Dieß stammte aus der bayerischen Donaugegend und hatte bei dem Verleger-Autor Ernst Heimeran selbst Geschichten veröffentlicht, in denen der Charakter der Gegend und ihrer Bewohner prägnant und mit Witz gezeichnet ist. Er hatte darum ein Organ für Valentin.

Ich war gücklich, daß ich sämtliche Veröffentlichungsrechte an den Texten von Karl Valentin und Liesl Karlstadt für Piper erwerben konnte, und stelle heute mit Befriedigung fest, daß die achtbändige Ausgabe seiner Werke geschlossen vorliegt. Valentin verbrachte seine letzten Lebensjahre krank und halb vergessen. Er trat kaum noch auf. Selbst der Bayerische Rundfunk sendete nur noch wenig von ihm.

»Das Boot« und andere Bestseller
Buchheim, Forsyth und Andres

Es muß im Spätsommer 1966 gewesen sein, als mich ein sehr schmerzhafter Bandscheibenvorfall unter das Messer des Chirurgen zwang. Als der Eingriff vorüber war, lautete der ärztliche Rat: »Am besten gehen Sie erst gar nicht nach Hause, sondern kurieren die Sache in einem italienischen Thermalbad aus.« So geschah es. Mit Elisabeth reiste ich nach Montegrotto in das einladende Hotel »Garden Terme«.

Am nächsten Abend nahmen wir zum Essen im auf italienische Manier angenehm-nüchternen Speisesaal Platz. Zwei Tische weiter war ein Paar plaziert, das uns auffiel. Vor allem er kam mir bekannt vor: ein energisches, künstlerisch-genußfähiges, Streitbarkeit ahnen lassendes Erscheinungsbild. Der Träger eines solchen Gesichts mußte eine absolut unkonventionelle Natur sein. Der Gast am übernächsten Tisch erhob sich, kam mit ein paar Schritten zu uns herüber und sagte: »Also, den Piper hat's erwischt!« Er deutete auf den Stock, den ich bei mir hatte. Inzwischen war mir klar geworden: Das ist Lothar-Günther Buchheim, der Kunstsammler und Verleger von Kunstbüchern. Er war im Krieg bei der Marine und auch einmal Boxer oder Ringkämpfer gewesen. Wir hatten uns beruflich zwei- oder dreimal gesehen. Meine vage Vorstellung traf, wie sich zeigte, im Kern zu. Ich versprach mir sofort eine interessante Unterhaltung von diesem Hotel-Mitbewohner. Daß wir beide uns vom Fango und den Schlammgewässern Gutes versprachen, schuf auch ein Gefühl der Solidarität.

Nach dem Abendessen saßen wir in der Hotelbar zusammen. Dort erfuhr ich zum ersten Mal Authentisches vom U-Boot-Fahrer Buchheim, der als Zeichner und Kriegsberichterstatter auf das Boot geraten war. Nicht daß er in epischer Breite Kriegserlebnisse zum Besten gegeben hätte, nein, er sparte mit dem »Material«, seinem Stoff. Ich ahnte, das wird ein großer, ja einzigartiger Wurf. Bilder standen vor uns: stampfende Maschinen, turmhohe Brecher, Druckwellen und Wasserbomben, Männerängste und Männertrotz, Mut, Kameradschaft, Zerstörung und Kriegswahnsinn. Wir Zuhörer vergaßen, wo wir waren. Die Bar wurde gleichsam selbst zum Unterseeboot.

Während dieses Kuraufenthalts verbrachten wir mit Buchheims unbeschwerte Stunden. In den Gesprächen ging es um vielerlei: Kunst, Politisches, auch professioneller Klatsch durfte nicht fehlen. Ich machte dem Verleger Buchheim Komplimente für seine eindrucksvollen Kunstbücher. Er quittierte dies mit der Bemerkung, daß er als Verleger einen »großen Laden« wie den Piper Verlag nicht führen möchte. Recht hatte er, es wäre auf Kosten des unersetzlichen Buchheim gegangen, des Sammlers, des Malers und des Schreibers mit seinem großen, hier am Anfang nur leicht enthüllten Projekt.

Befriedigt und erfrischt kehrte Buchheim des Abends von »malerischen Beutezügen« in die Umgebung zurück. Er brachte spontane Aquarellniederschriften aus der herbstlich getönten Umgebung: kräftig Impressionistisches, ein Stück Mauer mit Wasser, Überschneidungen von Straße und Buschwerk, nie aber waren Menschen im Bild. Ich dachte darüber nach. War das Fehlen lebendiger Figuren ein Hinweis auf manche inneren Verletzungen dieser Kraftnatur?

Zurück zu Buchheims Erzählungen und zurück nach München. Ich berichtete dem Lektor Walter Fritzsche von der Begegnung, daß da sicher eine große Sache im Busch sei und daß wir versuchen müßten, an das, was an Manuskript schon vorliege, heranzukommen. Es folgten Briefe und Besuche in Feldafing. Fritzsche hatte den Vorzug, das Manuskript als erster in die Hand zu bekommen. Ich war darüber, offengestanden, etwas eifersüchtig.

In den Monaten und Jahren ab 1966 lernten Verleger, Lektor und Autor sich besser kennen. Die Zeit war zum guten Teil ausgefüllt von der Meisterleistung Walter Fritzsches, die buchstäblich tausend Manuskriptseiten in die rechte, für den Druck geeignete Form zu bringen. Das gelang ihm, rein durch Kontraktionen, Einfügen eines Übergangs da und dort, ohne jeden größeren Eingriff.

Wie sollte das atlantische Kriegsepos nun aber heißen? Wir brauchten den guten, den richtigen Titel! Die Vertretersitzung, bei der der Verlagsstab und die Verkäufer des Programms an den Buchhandel zweimal jährlich zusammenkommen, stand vor der Tür. Der Tag kam, und es wurde vorgestellt: Lothar-Günther Buchheim, *Das Boot.* Zuerst herrschte bei allen wegen der fast auffälligen Einfachheit dieses Titels allgemeine Verblüffung, die aber nach einer kurzen Denkpause bei allen, den mitzuhörenden Autor eingeschlossen, der Zustimmung wich.

Das Boot wurde ein Welterfolg, es erschien in vielen Sprachen und Ländern, wurde auch verfilmt. Der von Walter Fritzsche ins Spiel gebrachte schlichte Titel und der Verzicht auf knallig-plakative Vokabeln sicherten dem Buch seine Individualität. Das »understatement« zahlte sich aus. Buchheim ist weiterhin fündig geworden, eines der Resultate war *Die Festung*, die jedoch nicht bei uns erschienen ist. Und sein »Museum der Phantasie«, für das er gekämpft hat und kämpft und dessen bauliche Hülle nun kurz vor ihrer Fertigstellung steht, wird nicht seine letzte große Tat bleiben.

Buchheims *Boot* war das, was man einen Bestseller nennt. Ein anderer war ihm um ein Jahr vorausgegangen: Frederick Forsyth' *Schakal*. Auf dieses Buch war ich 1970 auf der Frankfurter Buchmesse durch einen eindringlichen Hinweis von Harold Harris, der den Stand von Hutchinson betreute, aufmerksam geworden. Mehr noch, er gab mir das englische Exposé gleich mit. Es handelte sich um die äußerst spannend geschriebene Geschichte eines versuchten Attentats auf Charles de Gaulle. Walter Fritzsche, wie schon erwähnt damals Lektor bei Piper, dem ich das Exposé zu lesen gab, war ebenso wie ich der Meinung: ein kleines Meisterwerk. Ich fuhr bei nächster Gelegenheit nach London und machte den Vertrag perfekt. 1972 erschien *Der Schakal*. Forsyth' zweiter Roman *Die Akte Odessa* folgte bereits ein Jahr später. Beide Bücher gehören zu den größten Bucherfolgen des Piper Verlags.

Auf Stefan Andres war ich in den letzten Jahren des Krieges aufmerksam geworden durch seine Novelle *Wir sind Utopia*. Geschrieben vor dem Hintergrund des Spanischen Bürgerkriegs, wirkte sie wie ein dichterisches Manifest gegen die Unterdrückung von Freiheit und Menschenwürde. Zur ersten Begegnung mit dem Dichter kam es beim Internationalen Jugendkongreß 1948 in München. Es wirkte auf uns freudig stimulierend – ein Zuruf aus der freien Welt –, daß dieser Kongreß schon so kurz nach dem Krieg stattfinden konnte. Wir hörten, daß auch bedeutende Autoren aus dem Ausland nach München kommen sollten, unter ihnen der von der Mosel stammende, aber schon lange in Italien lebende Vollbluterzähler Andres. Er war mit einer »Halbjüdin« – stammt dieser Ausdruck aus dem »Wörterbuch des Unmenschen«? – verheiratet und in seiner Gesinnung christlich-antitotalitär. Den deutschen Verhältnissen hatte er sich schon sehr früh durch Emigration ins damals weltab gelegene, nur zu Fuß oder mit dem Boot zu erreichende Positano entzogen. Unserem Cheflektor Albrecht Knaus war es gelungen, nach dem Krieg die Verbindung zu ihm zu knüpfen. Das war unter den damaligen Verhältnissen recht schwierig.

Wir hatten uns im Verlag bereits zuvor intensiv mit Andres' Romanen und Erzählungen befaßt. Nun lernten wir ihn kennen. Stefan Andres war einst Zögling von Priestern gewesen und hatte Theologie – aber auch Philosophie und Germanistik – studiert. Er war ein Mann von barockem Temperament und geistiger Leidenschaftlichkeit. Wir kamen bald überein, daß wir ihn als wichtigen literarischen Zuwachs ins Piper-Programm übernehmen wollten. Diese Absicht wurde auch spontan von meinem Vater gutgeheißen. Albrecht Knaus und ich hatten ihm den neu gewonnenen Autor vorgestellt. Mein Vater bemerkte, nach dem Gespräch mit ihm, ganz knapp, aber vielsagend: »Ja, das ist ein Autor: In dem stecken Figuren und Ideen, das ist ein Künstler mit Volumen.« Knaus war Andres während der Vortragsreise, die sich an den Münchner Jugendkongreß anschloß, nicht mehr von der Seite gewichen, bis er den Vertrag in der Tasche hatte.

Dem ursprünglich in einem anderen Verlag erschienenen *Utopia* folgten bald fast vollzählig Stefan Andres' übrige Novellen und Erzählungen, darunter *El Greco malt den Großinquisitor,* auch ein Meisterwerk der zeitgenössischen deutschen Literatur. Eine besondere Bewandtnis hatte es mit der Romantrilogie *Die Sintflut.* Ich nahm, kurz vor der Währungsreform, das dicke Manuskript des ersten Bandes mit in die Sommerfrische im Allgäu. Andres' *Sintflut* ist ein Sinnbild der Katastrophe des Nazireichs. Es besteht aus drei Teilen, welche die Titel *Das Tier aus der Tiefe, Die Arche* und *Der graue Regenbogen* tragen. Ich ließ mich tief ein auf die Figuren und den dramatischen, weitverzweigten Handlungsstrom im *Tier aus der Tiefe.*

Wieder in München, traf ich im »Schwarzwälder« Jakob Hegner, den großen Verleger, Buchhändler, Typographen und gewitzten Metaphysiker. Ich hatte ihn schon 1929 oder 1930 in Dresden getroffen, als mein Vater mit mir eine Einführungsreise machte. Die so großartig an der Elbe gelegene glanzvolle frühere Residenzstadt besuchten wir vor allem, weil mein Vater mich seinem von ihm sehr geschätzten Verlegerkollegen vorstellen wollte. Hegner war Verleger, Buchkünstler und Übersetzer in einer Person, stammte aus einer böhmisch-jüdischen Familie, war zum Katholizismus übergetreten und überlebte die Nazizeit in England. Darüber sagte er Elisabeth und mir einmal sinngemäß: »Ich werde für die Freundlichkeit und Hilfsbereitschaft, die ich in England fand, immer dankbar bleiben. Auf die Dauer glücklich werden konnte ich in England nicht. Aber das ist rein eine Sache des inneren persönlichen Klimas.« Bei unserem Treffen in München versuchte ich Hegner das epische Fresko zu schildern, das Stefan Andres von der Zerstörung des Menschen durch die totalitäre Gewalt entworfen hatte. »Es ehrt Sie«, sagte Hegner, »daß Sie entschlossen sind, dieses umfangreiche, Ihnen wichtige Werk herauszubringen. Aber vergessen Sie nicht die schweren Verlegerzeiten in den zwanziger Jahren. Sie wissen nicht, wie die Dinge sich jetzt in Deutschland wirtschaftlich entwickeln werden. Eine solche schöne Last dürfen Sie sich nur aufbürden, wenn Sie des Autors sicher sind. Sie müssen einen Generalvertrag machen.« Ich sprach aber mit Andres doch nicht über einen Generalvertrag – etwa über seine sämtlichen künftigen Bücher (ein solcher Vertrag wäre – und das ist »rechtens« – juristisch gar nicht zulässig). Der Autor sollte frei bleiben. Die Trilogie hat sich übrigens, im Gegensatz zu den vielen in Hunderttausenden von Exemplaren verbreiteten anderen Erzählwerken des Autors, nicht durchsetzen können.

In meinem Brief vom 21. Juli 1967 an Dorothee Andres habe ich die Zeit dieser ersten Zusammenarbeit mit Stefan Andres noch einmal zusammengefaßt: »Der Jugendkongreß in München mit André Gide. Die damalige Stimmung der moralischen Erneuerung in Deutschland. Der Verleger, der bei einer Ölfunzel im Allgäu das sehr schwierig zu lesende *Sintflut*-Manuskript mit Spannung und Ergriffenheit hinter sich gebracht hatte. Die Vexierspiele, Irrfahrten, Schleichwege und Jagdrufe des Verlags, Stefan Andres zu erreichen. Der runde Tisch hier im Arbeitszimmer – mit Reinhard Piper dabei. Die gute, herzliche Verständigung. Wohl auf beiden Seiten das Gefühl: das kann etwas für die Dauer werden. Stefans treffendes, sich im großen und ganzen (wenn man das eine Auge ein wenig zudrückt) dann bewahrheitet habendes Wort: ›Mit der Rumhurerei (mit den Verlagen) muß es jetzt ein Ende haben!‹«

Die mediterrane Welt und die Erfahrungen des eigenen Lebens waren die Quellen, aus denen Andres immer wieder in stets neuen, überraschenden Verwandlungen schöpfte. *Das ägyptische Tagebuch* formuliert die Reiseeindrücke aus einem ihm bis dahin unbekannten Land, dem er immer eine besondere Neugier entgegengebracht hatte.

Eines Tages rief Stefan Andres bei uns zu Hause an und sagte: »Ich bin auf der Durchreise nach Rom in München. Kann ich euch besuchen?« Nicht lange danach traf er ein. Wir waren erstaunt, daß Andres, sonst so temperamentvoll und streitbar, ganz ungewöhnlich sanft wirkte. Ich fragte: »Ist etwas mit dir los?« Die zögernde Antwort lautete: »Es ist schön, hier zu sein«, doch war es offensichtlich, daß er sich nicht wohl fühlte. Ich schlug vor, ihn an einer mir geeignet erscheinenden ärztlichen Stelle zur Untersuchung anzumelden, er aber meinte, er ginge nicht gern hier in München in eine Klinik. Ich widersprach, aber er bestand darauf, mit dem nächsten Zug nach Hause, nach Rom, zu reisen. Am 4. Juni 1970 schrieb mir Dorothee Andres: »Lieber Klaus, ganz rasch die Mitteilung, daß Stefan hier im Krankenhaus liegt … um wahrscheinlich anschließend operiert zu werden. Wir waren am Dienstag, den 2.6., rausgefahren zum Strand, mit allen Sachen, um endgültig für zwei Monate dort zu hausen, er wollte den Roman *[Die Versuchung des Synesios]* fertigmachen und die Einführung fürs Merian-Romheft schreiben. Dienstagnachmittag waren wir noch vergnügt einige Stunden bei dem Journalistenfreund Lampe, wo der Rektor des Germanicums zu Besuch [war], abends bei uns mit sehr reizenden Gästen … Es gab ein gutes Gespräch – aber dann konnte Stefan die ganze Nacht nicht schlafen.« Stefan Andres überlebte die Nacht nach der Operation nicht. Er liegt in Rom auf dem Campo Santo Teutonico begraben, dem deutschen Friedhof Sankt Peter im Vatikan.

Stefan Andres hinterließ das Manuskript für ein großes Romanvorhaben, das ihn seit annähernd zwei Jahrzehnten beschäftigt hatte und das fast bis zur letzten Seite beendet war. Mitte der fünfziger Jahre war Andres bei seinen Studien auf die Gestalt des Synesios von Kyrene gestoßen. Die Figur dieses vielfältig begabten Mannes, der sich vom neuplatonischen Philosophen zum christlichen Bischof gewandelt hatte, ließ ihn nicht mehr los. Ab etwa 1955 lag fast ständig auf dem Schreibtisch in Unkel, später in Rom, das *Traumbuch des Synesios von Kyrene*, dazu mehrere Hefte, in denen Andres Notizen aufschrieb über Synesios, seine Zeitgenossen wie Basilius, Augustinus, Aurelian, Theodosios von Alexandria, auch über die Geographie der Kyrenaika, die Tier- und Pflanzenwelt und das damalige tägliche Leben bis hin zu den Kinderspielen.

Am 19. März 1970 noch hatte Stefan Andres bei uns zu Hause in der Pienzenauerstraße aus dem *Synesios* vor geladenen Gästen gelesen. Am 21. Juli 1970 schrieb mir Dorothee Andres: »Hier also die Kapitel 14 und 15 vom *Synesios*. Werde in den nächsten Tagen auch noch das allerletzte tippen. Es ist grausam, wie oft ich nun in diesem Tipskript Sätze fand, die unmittelbar an mich gerichtet scheinen – aber das merkt ja wohl kaum ein Außenstehender. Du, andererseits, bist ja keiner, der hier außen stand oder steht, und wirst also wohl ebenfalls mitunter plötzlich in der Lektüre aufhören müssen!«

Wesentlich zwei Motive drängten Andres zur Gestaltung: die Fülle der Anlagen dieses Mannes und die Erkenntnis, daß Synesios in einer im Grunde ähnlichen Zeit lebte wie wir heute. Basilius schrieb Mitte des 4. Jahrhunderts: »Die ganze Kirche ist in Auflösung.« Das gewaltige Römische Reich war bereits in eine östliche und eine westliche Hälfte zerfallen, die engere Heimat des Synesios in Nordafrika war ständig bedroht durch die Einfälle von Wüstenstämmen und wurde schließlich von den Vandalen vernichtet. Das beherrschende Motiv des Romans aber ist der Mensch, der sich seiner Berufung widersetzt, das Thema des Propheten Jonas.

Stefan Andres gehörte zu den Autoren, mit denen mich Freundschaft verband. Er war ein lebenslustiger Katholik, ein freiheitlicher, genußfähiger Mann, geboren in Dhrönchen an der Mosel. Er sagte: »Schon als kleinem Kind sind mir die Zähne mit Wein geputzt worden.« In seinem Haus gab es großartige Feste. Wenn er mich dann zum Zug begleitete, trug er oft einen großen, wallenden Kardinalsmantel. Andres war eine Figur, wie es sie heute nicht mehr gibt.

Einmal unternahmen wir zusammen eine gehaltvolle Moselfahrt, wir, das waren das Ehepaar Stefan und Dorothee Andres und das Ehepaar Piper. Es ging die Windungen des schönen Flusses entlang, wir waren fröhlich und guter Stimmung. Bei Andres' Jugendfreunden gab es Weinproben. Abends, bei einem Gespräch über Giordano Bruno, dessen Schicksal mir naheging, bemerkte der theologisch gebildete Autor-Freund zu Recht, daß mein theologisches Wissen nicht ganz hieb- und stichfest sei. Bruno war für ihn der Angelpunkt für kritische Fragen, die er, Andres, der gläubige katholische Christ, an die Adresse seiner Kirche richtete: *Mußte* sie, die Kirche, sich wirklich wie die große Masse anpassen, um weiterhin existieren zu können?

Zu dem erwähnten Internationalen Jugendkongreß in München waren, soweit ich mich erinnere, auch André Gide und José Ortega y Gasset gekommen, jedenfalls aber Thornton Wilder. Im Winter 1945/46 hatten wir sein *Wir sind noch einmal davongekommen* gesehen, mit bescheidensten Mitteln inszeniert. Nun lernte ich ihn kennen. Ich lud ihn zu einem Besuch im Verlag in der Georgenstraße ein. Von dort wollte er zu Fuß zu seinem Hotel im Stadtzentrum zurückkehren. Wir machten uns auf den Weg – durch die Ludwigstraße –, und Wilder genoß das klassizistisch-kühle Flair der majestätischen Straße. Ein Privatissimum über Altrömisches vom Autor der *Iden des März* gab dem Spaziergang zusätzliche Würze. Wilder war als Autor in Deutschland in festen Händen. Ich wußte es, habe aber in meinem Leben auch manchen Nutzen daraus gezogen, wenn ich einem Schriftsteller, der nicht mein Autor werden konnte, begegnet bin.

Literaturkritik und PEN-Kontakte
Zum Beispiel Reich-Ranicki und Friedenthal

Ich weiß nicht mehr, wie es dazu kam; aber wir ergriffen gern die Gelegenheit, Schriften von Marcel Reich-Ranicki in mehreren Büchern herauszubringen. Es zeichnete sich ja früh ab, welche wichtige Rolle er in der deutschen Literaturkritik der zweiten Jahrhunderthälfte spielen würde. Als ein Objekt von dauerhafter Geltung – ein wahres Geschenk für Leser und Liebhaber der deutschen Literatur – erwies sich die von ihm herausgegebene »Deutsche Erzählerbibliothek des 20. Jahrhunderts«. In den fünf Bänden *Anbruch der Gegenwart, Gesichtete Zeit, Notwendige Geschichten, Erfundene Wahrheit* und *Verteidigung der Zukunft* präsentierte der Herausgeber in chronologischer Folge musterhafte Beispiele der deutschen Erzählkunst aus dem letzten Jahrhundert.

Um eine solch repräsentative Auswahl von erzählenden Texten vorlegen zu können, bedurfte es allerdings eines Herausgebers, der mit dem, was im Garten der neueren deutschen Literatur wuchs, vollkommen vertraut war und ist. Mit Recht machte mich Reich-Ranicki darauf aufmerksam: »Hinter dieser meiner editorischen Arbeit stehen Jahre des Umgangs mit den Autoren, den Werken.« Die biographischen und bibliographischen Notizen im Anhang der einzelnen Bände geben dem Leser eine zusätzliche wertvolle Hilfe.

An dieser Stelle ein Wort zum Verhältnis des Verlegers zur Literaturkritik. Die Kritik ist mit seiner Arbeit mehrfach verzahnt. Ihr Primäreffekt ist, daß sie einem neuen

Buch überhaupt erst zur öffentlichen Existenz verhilft. Ihre große Verantwortung liegt in der Information und, wenn sie von Rang ist, in der literarischen Erziehung des Lesepublikums.

Die zweite Funktion der Kritik für den Verleger ist: Sie ist unentbehrlich für sein eigenes Wissen über die Gesamtproduktion im Sprachraum, über neue Inhalte und Tendenzen. Da der Verleger neben seiner Tagesarbeit essen und schlafen muß und manchmal ein bißchen privates Vergnügen haben möchte, wie andere Sterbliche auch, kann er nicht alle ihn verlockenden Buchprodukte aus den Häusern seiner Kollegen lesen. Deshalb sind fundierte Rezensionen für seine persönliche Information und Weiterbildung unentbehrlich.

Es gibt noch einen dritten Grund, weshalb die Kritik dem Verleger willkommen sein kann. Er selbst kann seine Einwände dem Autor gegenüber nicht immer rückhaltlos vorbringen. Gelegentlich ist ihm deshalb die Schützenhilfe einer deutlichen und fundierten Entgegenhaltung auf dem Forum der öffentlichen Resonanz hilfreich. Der Verleger beachtet die Kritik intensiv. Er läßt sich belehren und anregen, aber die Maßstäbe der Kritik dürfen nicht immer die seiner eigenen Entscheidungen sein.

Nicht nur Musiker und Maler, auch Schriftsteller, deren Ausdrucksmittel, die Sprache, mit dem der Kritik identisch ist, lehnen oft den Gedanken ab, daß sie etwas aus der Kritik »lernen«. Das ist einleuchtend. Aber ein Autor wird doch aus positiven und negativen Bewertungen einer Rezension, wenn sie seine Absichten erkannt hat, Anregungen entnehmen können. Der aufmerksame Sinn des Verlegers sieht mancherlei Wirkungen, die beweisen, daß die Kritik keinesfalls nur Nachhall des literarischen Schaffensprozesses ist. Ihre Bedeutung bei uns in Deutschland zu betonen und zu stützen ist aus bekannten Gründen besonders wichtig.

Eine gute Besprechung, die das Eigentliche, das Beste des Buches trifft, erfreut das Herz des Verlegers wie das des Autors. Ist eine Rezension aber einmal ungerecht, dann erbebt der Verleger mit seinem Autor. Solidarisch auch dann, lindert er dessen Schmerz. Stillschweigen im Blätterwald – das macht den Verleger unruhig. Aber ein Verriß, in dem sich Ratlosigkeit oder Abwehr einem anspruchsvollen neuen Buch gegenüber bekundet, läßt den Verleger erst recht an seinen Autor glauben.

Ich habe im Verlag immer darauf geachtet, daß den Autoren nicht einfach routinemäßig schlimme Verrisse zugeschickt wurden, außer natürlich bei wissenschaftlichen Autoren. Belletristische Autoren fühlen sich doch oft verletzt. Wir hatten wegen dieser Sache vor Jahren einmal einen Fall mit einem unserer bekanntesten Autoren, der uns damals sagte: So weit in der Ehrlichkeit bräuchte der Verlag doch nicht zu gehen, daß er ihm auf nüchternen Magen eine so scheußliche Kritik in dem Belegbündel ins Haus schickte.

Ein Gesprächspartner in den ersten Jahrzehnten nach dem Krieg, den ich sehr schätzte, war Hermann Proebst, Chefredakteur der *Süddeutschen Zeitung.* Er war ein feiner, gebildeter Bayer der besten Art. Proebst als Journalist und Historiker von Geblüt wollte, wenn die Zeit einmal reichen würde, ein Buch zur deutschen Frage schreiben. Darin wollte er die Wirkungslinien der »verstopften deutschen Geschichte« (Zitat nach Bruno Brehm) nachzeichnen: die großen Anläufe, die großartigen Entscheidungen, die historischen Niederlagen. Es sollte die Rede sein von der Niederknüppelung der Bauern, die ein Stück Selbstbestimmung, freie Luft für sich ersehnten, auch natürlich ein Stück ökonomischer Befreiung. Dann wollte er schreiben von den demokratischen Blütenträumen in den Befreiungskriegen und – noch einmal – wenige Jahrzehnte später und über den eisigen Frost, der über die Hoffnungen kam, die in der Paulskirche in Frankfurt am Main geweckt worden waren. Leider starb Proebst, ehe er mit seinem offenen Blick und den profunden Kenntnissen, die ihm eigen waren, diesen Plan verwirklichen konnte.

Während der Nazizeit war Deutschland aus der internationalen Schriftstellervereinigung P.E.N., dem PEN-Club, ausgeschlossen gewesen. Der Club sollte der Verbreitung der Literatur über alle Ländergrenzen hinweg und dem ebenso weltweiten Gedankenaustausch der Mitglieder dienen. Bereits 1949 wurde er hier als Deutsches PEN-Zentrum wieder ins Leben gerufen. Ich folgte gern dem Antrag, Mitglied des Clubs zu werden, und besuchte nach Möglichkeit seine Jahresversammlungen.

Bei einer dieser Tagungen, die 1954 in Darmstadt stattfand, lernte ich Richard Friedenthal kennen. In einer frühsommerlich belebten Allee machten wir einen schönen Pausenspaziergang. Ich erfuhr in kurzen Zügen von seiner Emigrationszeit in London und der Internierungszeit auf der Isle of Man, über die er später in dem Buch *Die Welt in der Nußschale* berichtet hat. Höhepunkt der Schilderungen im Buch ist ein Symphoniekonzert, bei dem kein einziger Ton erklingt: Die Musiker, außer dem Dirigenten fast nur Dilettanten: Streicher, Bläser, Kontrabassisten und Pikkoloflötisten, hatten alle keine Instrumente. Doch jeder dieser Musikanten, die sich da unter freiem Himmel versammelten, hatte Beethovens achte Symphonie in F-Dur so vollkommen »intus«, daß sie das musikalische Werk stumm aufführen konnten.

Friedenthal sprach mit seiner charakteristischen, etwas hohen Stimme, deren Mangel an drängendem Auf-den-Leib-rücken-Wollen meine besondere Aufmerksamkeit erzwang. Er sprach von den großen Gestalten der Geistesgeschichte, die ihn immer begleitet hätten und denen er sich in den verschiedenen Lebensphasen immer wieder auf neuen Stufen des Interesses genähert habe. Wir sprachen auch über die aktuelle politische Situation und waren uns in einem »kontrollierten« Optimismus nahe: Die Weichen schienen besser gestellt für das junge, zweite Unternehmen einer deutschen Republik, deren erster Versuch so schrecklich gescheitert war. Die allgemeine Stimmung war gut: Es lohnte sich, wieder anzupacken, zu schreiben, zu verlegen.

Bald nach dieser ersten Begegnung übertrug Richard Friedenthal dem Piper Verlag die Veröffentlichung seines ersten neuen Buches seit vielen Jahren, des schon erwähnten Romans *Die Welt in der Nußschale.* Es folgten viele weitere Gespräche in München, später in London, bei Tagungen des PEN und anderswo. Unvergeßlich bleibt die Sequenz mehrerer Tage, die meine Frau und ich mit Lisa und Richard Friedenthal in einem goldenen Herbst in Meran verbrachten. Aus allen Begegnungen hat sich mir eingeprägt das zentrale Bild: der hochgewachsene, natürlich-straff sich haltende Mann, seine Lust, »enzyklopädisch« – doch immer anschaulich, immer auf den konkreten Gegenstand bezogen – sich mitzuteilen, seine Bereitschaft, auch die Meinung des anderen zu erfahren und dessen Reaktion zugleich als Element des eigenen Weiterdenkens und -sprechens aufzunehmen.

1963 veröffentlichte Richard Friedenthal seine berühmt gewordene *Goethe*-Biographie bei Piper. Ich schickte sie bald nach Erscheinen an Karl und Gertrud Jaspers. Als ich beide einige Monate später in Basel besuchte, durfte ich von »Flämmchen«, wie Gertrud Jaspers in vertrautem Kreis gern genannt wurde, Dank für die Aufmerksamkeit der Zusendung entgegennehmen. Dieser war verbunden mit der Bemerkung, daß die Psychologisierung der großen deutschen Leitgestalten – hier also Goethes – doch da und dort sehr weit gehe. Gertrud Jaspers wurzelte in der Zeit und der Denkweise, in der man die Figur Goethe weithin in einem Medium der Unantastbarkeit verehrte. – Nebenbei: José Ortega y Gasset hatte 1932 Aufsehen erregt durch seinen Essay *Um einen Goethe von innen bittend*, in dem er neue Wege zur Erkenntnis und Darstellung eines Menschen und damit auch Goethes wies. Er ist heute noch sehr lesenswert. – Ich selbst habe, als ich Friedenthals *Goethe*-Manuskript las, nichts von einer psychologisch-analytischen Überpointierung empfunden.

Während Friedenthal schon im Endstadium der Arbeit an seinem *Luther*-Buch war, besuchte ich ihn in seiner Wohnung im Londoner Stadtteil Hampstead. Er empfing mich mit den Worten: »Die Zeit dieses religiösen Umbruchs in Deutschland mit seiner weltweiten Wirkung hat mich schon fasziniert, als wir sie auf dem Gymnasium durchgenommen haben. Der Stoff und die Zusammenhänge sind ungeheuer schwierig und anspruchsvoll, aber ich habe ja hier zum Glück die einzigartigen Auskunftsquellen der British Library nahebei zur Verfügung.«

Auch Friedenthals *Luther* fand seine bedeutende, anhaltende Wirkung bei den Lesern. Weit weniger Erfolg war seiner darauffolgenden Lebensdarstellung des Jan Hus in *Ketzer und Rebell* beschieden. Friedenthal äußerte sich, so gern er die Arbeit des Verlags sonst honorierte, über das, wie er fand (und in gewisser Weise stimmte es auch), ungerecht schwache Echo auf sein Hus-Buch. Ich mußte mich etwas bemühen, dem verehrten Autor zu erklären, daß schon mit den Titeln seiner Biographien über Goethe und Luther von Anfang an das Tor zum Interesse der Leser sehr weit aufgestoßen war. Der Name Jan Hus hingegen hat trotz seines dramatisch-tragischen Schicksals – er wurde 1415 in Konstanz als Ketzer auf dem Scheiterhaufen verbrannt – nicht annähernd diese Zugkraft. Da er kein Sieger im Leben, sondern ein Scheiternder war, konnte er offenbar auch nicht zu einer Siegerfigur auf dem Buchmarkt werden.

Glücksfunde und Entgangenes

Die Tagebücher der Cosima Wagner und »Doktor Schiwago«

Durch den PEN-Club kam ich in Verbindung mit dem Schriftsteller und Essayisten Martin Gregor-Dellin, für den ich sogleich Sympathie empfand. Er stammte aus Weißenfels, einer kleinen Stadt in Sachsen-Anhalt. Der Komponist Heinrich Schütz, über den Gregor-Dellin eine Biographie schrieb, hat dort einige Zeit gelebt. Gregor-Dellin war in die Bundesrepublik gekommen, um nicht länger der lästigen politischen Gängelei unterworfen zu sein. Er suchte eine feste Anstellung, und ich konnte ihm mit Erfolg eine gute Lektoratsposition bei meinem befreundeten Kollegen Berthold Spangenberg von der Nymphenburger Verlagshandlung empfehlen. Sein Vertrag verpflichtete ihn nur zu halbtägiger Lektoratstätigkeit, so daß er freie Zeit für seine eigene schriftstellerische Arbeit behielt. Das Vertrauen seiner Kollegen berief Gregor-Dellin zum Generalsekretär des PEN-Clubs.

Als wir uns ein oder zwei Jahre später, es war 1974, wieder beim PEN trafen, nahm er mich in einer Diskussionspause beiseite und kündigte mir eine höchst wichtige Mitteilung an. Auf meine Frage, was das denn sein könne, wurde er deutlicher: »Bald werden die Veröffentlichungsrechte an den Tagebüchern von Cosima Wagner freigegeben werden. Wenn Sie daran interessiert sind – und die Sache würde natürlich hervorragend zu Ihnen passen –, sollten Sie ungesäumt handeln.« Das ließ ich mir nicht zweimal sagen, und so wandte ich mich an das Bürgermeisteramt der Stadt Bayreuth, da dieses für die Vergabe der Rechte zuständig war. Das Amt beschied mich mit dem

Vorschlag, ich solle der Stadt Bayreuth ein Verlagsangebot für die Tagebücher unterbreiten. Es sei auch schon von anderer Seite erhebliches Interesse geäußert worden. Die Sache eile und habe natürlich auch für die Stadt Bayreuth eine wirtschaftliche Seite.

Die Stadt Bayreuth verfügte über die Rechte, weil Eva Chamberlain, jüngste Tochter von Cosima und Richard Wagner, es in ihrem Testament so bestimmt hatte, und auch, daß die Tagebücher ihrer Mutter erst dreißig Jahre nach ihrem – Eva Chamberlains – Tod der Öffentlichkeit zugänglich gemacht, das heißt veröffentlicht werden dürften. Es ist hier nicht der Ort, auf die Intrigen einzugehen, die dazu geführt hatten, daß Eva Chamberlain allein über die Tagebücher verfügte. Martin Gregor-Dellin wies mich auf die Einzigartigkeit des Falls hin, daß eine Stadtgemeinde über die Rechte an einem bedeutenden Werk der neueren Geistesgeschichte verfüge.

Nach dem Bescheid der Stadt Bayreuth setzte ich mich mit der von mir hochgeschätzten Helen Wolff, Witwe des Verlegers Kurt Wolff, in Verbindung und fragte an, ob sie bereit wäre, sich für die amerikanischen Rechte an den Tagebüchern zu engagieren. Für sie und mich war natürlich Voraussetzung jeder Entscheidung, daß wir uns beide – und zwar rasch – einen persönlichen Einblick in die Tagebuch-Manuskripte in Bayreuth verschafften. Diese lagen, wohlverwahrt und streng bewacht, im Rathaus. Innerhalb weniger Tage kam Helen Wolff, mit dem Segen ihres verlegerischen Chefs Bill Jovanovich, aus New York nach München.

Wir fuhren zusammen nach Bayreuth und wurden freundlich im Rathaus empfangen. Man wies uns ein ruhiges Zimmer an, und der zuständige Bedienstete der Stadt kam und brachte uns die Kassette, in der die Originale verwahrt waren. Wir ließen die Blätter zwischen uns hin und her wandern. Sie waren von ihrer Verfasserin in einer

238

so gut lesbaren und schönen Schrift geschrieben, daß die
Lektüre schon deshalb ein Vergnügen war. Aber darauf
kam es natürlich nicht an, sondern auf die Substanz des
von Cosima Aufgezeichneten. Richard Wagner hatte seine
Frau 1869 gebeten, von nun an ein Tagebuch zu führen,
da er selbst mit dem Schreiben für seine Autobiographie
aufhören wollte. Sie hat sich daran gehalten, bis zum Tod
ihres Mannes im Jahre 1883 in Venedig.

Die Fülle und Prägnanz dessen, was Helen Wolff und
ich im Zimmer des Bayreuther Rathauses lesen konnten,
war so überzeugend, daß wir uns nach der uns eingeräum-
ten guten halben Stunde nur zuzunicken brauchten: Ja,
das ist's! Natürlich machen wir das! Die Federführung
würde bei Piper liegen. Piper würde der Vertragspartner
für die Stadt Bayreuth sein und die Originalrechte erwerben. Helen Wolff gab der amerikanischen Ausgabe des
einzigartigen Werkes eine sehr gute Chance. Wenn wir die
englischen und französischen Rechte noch dazunahmen,
hatten wir eine großartige Basis, die es uns erlaubte, der
Stadt Bayreuth ein hohes Angebot zu machen. Es war mir
klar, daß es schon ein durchaus lukratives Angebot sein
müßte, damit wir unter den sicher reichlich vorhandenen
anderen verlegerischen Bewerbern eine Chance hätten.

Zusammen mit unserem Lektor Walter Fritzsche und in
Anwesenheit des Oberbürgermeisters Hans Walter Wild
und mehrerer Stadträte sowie von Wolfgang Wagner, dem
Enkel von Richard Wagner und Leiter der Bayreuther Fest-
spiele, unterbreitete ich also im großen Sitzungssaal des
Bayreuther Rathauses unser Angebot und versprach auch,
daß der Piper Verlag für die Durchsetzung des Werkes
im Buchhandel alle Register ziehen würde. Nachdem die
Verhandlungen zu einem glücklichen Abschluß gebracht
waren, erfuhr ich, daß sich achtundzwanzig deutsche Verlage um die Tagebücher beworben hatten. Ich empfand
den Ablauf der Dinge als eine der glücklichen beruf-

lichen Kettenreaktionen, an denen mein Verlegerleben so reich war.

Wolfgang Wagner begleitete den praktisch-verlegerischen Werdegang der Publikation freundlich und wirksam. Herausgeber waren Martin Gregor-Dellin und Dietrich Mack, der später als leitender Redakteur an *Pipers Enzyklopädie des Musiktheaters* mitarbeitete. Die Gesprächsthemen zwischen Richard und Cosima reichen, wie man auf fast jeder Seite des Werkes feststellen kann, von bedeutenden Titeln und Persönlichkeiten der Weltliteratur über zentrale Elemente der Bachschen oder Beethovenschen Schöpfungen bis hin zu Schopenhauers Philosophie, berühren aber auch andere Bereiche wie zum Beispiel den deutschen Selbsthaß. Die Liste der wesentlichen Themen ließe sich lange fortsetzen.

Eben war von Helen Wolff und einem erfolgreichen Buchunternehmen die Rede. So gut lief es nicht immer. Ich entsinne mich, daß Kurt Wolff Ende der fünfziger Jahre anläßlich einer der Buchmessen einen seiner intimen Empfänge in seinem Hotelapartment gab. Unter den Gästen waren Giangiacomo Feltrinelli, der kühle italienische Verleger, von dem ich schon berichtete, und auch Gottfried Bermann Fischer vom S. Fischer Verlag. Feltrinelli hatte gerade, dank seiner guten Beziehungen nach Moskau, die internationalen Rechte an Boris Pasternaks Roman *Doktor Schiwago* erwerben können, die Weltrechte notabene! Daß der *Schiwago* gut zum Piper-Programm mit seiner großen deutschen Dostojewski-Ausgabe passen würde, wurde von Feltrinelli als Argument akzeptiert, aber mit dem Verlag S. Fischer, der die deutsche Ausgabe schließlich veröffentlichte, konnte ich nicht konkurrieren. Um so mehr freute es mich, daß ich von Feltrinelli für Piper den wunderbaren *Leoparden* von Giuseppe Tomasi di Lampedusa erwerben konnte.

Kurt Wolff, der 1933 nach Amerika emigriert war, starb am 21. Oktober 1963 in Ludwigsburg bei Stuttgart. Es hieß, er habe dort in der Bibliothek wieder einmal die Erstausgaben »seiner« expressionistischen deutschen Autoren zur Hand nehmen wollen. Beim Verlassen des Gebäudes hat er wohl nicht wahrgenommen, daß ein Lastwagen rückwärts in die Toreinfahrt fuhr, die er selbst gerade überqueren wollte. Er ist kurz darauf den schweren Verletzungen durch den Unfall erlegen. Der Vorfall hat mich damals sehr berührt, und ich fuhr von München aus zur Beerdigung, in alter Verehrung für den Verlegerkollegen meines Vaters.

Bilanz und Ausblick

Ein reiches Leben

Mitte der neunziger Jahre gab mir ein ausführliches, aber unveröffentlichtes Interview von Michael Haller aus Hamburg Gelegenheit zu Rück- und Ausblicken. Wir sprachen über den Zeitgeist, Schriftstellerpersönlichkeiten und auch über Verlegerinteressen. Als Repräsentanten des Zeitgeistes des ausgehenden Jahrhunderts nannte ich damals aus der aktuellen deutschsprachigen Belletristik den Piper-Autor Sten Nadolny, dessen Leichtigkeit im Erzählen von besonderem Rang ist und den mein Sohn Ernst Reinhard für den Verlag gewann. Sein Einfluß auf die Zeit erschien und erscheint mir wohltuend, nicht im Sinn einer Belehrung oder direkten Aufklärung, sondern durch seine mittelbare Wirkung: Sein Erzählen führt uns zwanglos zu den Geheimnissen. Nadolnys Buch *Die Entdeckung der Langsamkeit* ist ein Kultbuch geworden, in Hunderttausenden von Exemplaren verbreitet.

Unter den bedeutenden Sachbuchautoren, deren Themen zu jener Zeit im Vordergrund standen, fiel mir sofort Hans Küng ein. Er wird auch weiterhin eine Ausnahmestellung in der Theologie einnehmen, da er als gläubiger Katholik die Grundwahrheiten des Glaubens vertritt, zugleich aber den Menschen die Chance zuspricht, in freier Selbstentscheidung ihren Weg zu gehen. Sein Buch *Große christliche Denker* (1994) reicht von Origenes über Augustin und Thomas von Aquin bis Karl Barth: eine Galerie schöpferischer Denker, deren Anstöße auch im neuen Jahrtausend wirksam sein werden. Jede Generation muß das, was historisch geworden ist, sich geistig neu aneignen.

Im weiteren Verlauf des Gesprächs fragte Michael Haller mich, ob ich mich in meinem verlegerischen Engagement der großen abendländischen Tradition der Aufklärung verpflichtet fühle. Ich antwortete, daß es sich eigentlich um eine zweite Aufklärung handele, die jene erste der Kantschen Epoche ihrerseits kritisch reflektiere. Das heißt, daß wir Menschen die schrecklichen Erfahrungen des vergangenen Jahrhunderts nicht ganz vergeblich gemacht haben. Ich neige da, wie gesagt, zu einem kontrollierten Fortschrittsoptimismus.

Diese Erfahrungen ins Bewußtsein und ins öffentliche Gespräch zu bringen war stets eines meiner verlegerischen Hauptanliegen. In diesen Zusammenhang gehören auch die Bücher von und für Iring Fetscher, die sich noch einmal mit dem Marxismus auseinandersetzen. Auch der Genfer Soziologe und Piper-Autor Jean Ziegler hat ein Anstoß gebendes Buch geschrieben, das unterscheidungsfähige Leser davor bewahrt, die neue Situation zu sehr auf die leichte Schulter zu nehmen, in dem Sinne: Der Sozialismus ist passé, wir brauchen uns überhaupt nicht mehr um diese historische Fehlleistung zu kümmern. Das wäre zu kurz gedacht, denn der Sozialismus ist ein »Werk« mit großen Impulsen, die auch für uns noch wirksam sind – ebenso wie der historische Materialismus, wenn man ihn nicht totalitär-pseudoreligiös nimmt, sondern als ein Erklärungsmodell neben anderen. Ich entsinne mich an Diskussionen mit meinem lieben alten Freund Robert Havemann, von dem ich schon erzählt habe. Er neigte als idealistischer Materialist zu dem Glauben, daß der neugeborene Mensch ein unbeschriebenes weißes Blatt sei, auf das erst die Gesellschaft und die Umwelt ihre »Anweisungen« schrieben.

Ich glaube, daß sich die Aufklärung heute im gesellschaftlichen Gespräch vollzieht. Es geht unter anderem dabei auch um ein Gleichgewicht zwischen Selbstbestimmung und Solidarität. Ebenso gehören Gedanken zur

Verantwortung für die soziale und die natürliche Umwelt hierher. Aus diesem Umfeld haben wir schon Anfang der achtziger Jahre das bereits erwähnte fast prophetische Buch *Das Schicksal der Erde* des Amerikaners Jonathan Schell verlegt.

Es war sicher ein Hauptantrieb meines verlegerischen Tuns, immer wieder neue Perspektiven zu öffnen. Wenn es mir auch zur Zeit so scheint, daß wir einen Rückgang an unabhängigen, universellen Köpfen haben, an »Selbstdenkern«, wie Schopenhauer sie nannte, so meine ich doch: Es werden vielleicht in Zukunft an die Stelle genialer Denker und Künstler großartige Sozialkonstrukteure treten, die Pläne für ein besseres Zusammenleben entwerfen. Die großen kreativen Leistungen werden im übrigen derzeit weniger in den Geisteswissenschaften als in den Naturwissenschaften erbracht. Man denke an die Forschungsergebnisse in Biologie, Medizin und Physik.

Diesen »Fortschritten« steht eine »Entstrukturalisierung der Gesellschaft« gegenüber, die ein lebensgefährlicher Prozeß ist. Im 19. Jahrhundert gab es eine übersichtlich geordnete Gesellschaft mit einer bürgerlichen Bildungsschicht, mit Bauern und Arbeitern. Heute durchdringt sich alles. Das hat natürlich auch viel Gutes. Verbunden damit ist aber eine Nivellierung fruchtbarer Kontraste in der Art zu leben, zu denken und zu arbeiten. Wir leben zugleich in einer Zeit phantastischer Möglichkeiten. Sie entarten leider oft in Beliebigkeiten. Ein Verlagsprogramm kann in dieser Situation trotzdem überzeugend sein, wenn die Mannigfaltigkeit von Titeln und Autoren durch Schwerpunkte und Tendenzen Profil zeigt. Mir sind informierende und aufklärende Beiträge zur deutschen Politik und zur Zeitgeschichte stets besonders wichtig gewesen. Es wäre übrigens übertrieben und unangemessen, dabei immer »schöpferische Durchbrüche« zu erwarten.

Mein verlegerisches Selbstverständnis ließe sich so ausdrücken: Ich wollte vor allem sehr viel anregen. In der Literatur kann der Verleger nicht direkt »anregen«, etwa nach dem Motto: Ich möchte von dir, lieber Autor, eine ganz moderne Liebesgeschichte haben, zeitbezogen, total originell, leicht verzweifelt (nicht zu sehr), sexy (nicht zu sehr), wild und sanft zugleich – nein, das funktioniert nicht. Der literarische Autor/Erzähler/Dichter erfindet einsam selbst. Der Verleger und seine Mitarbeiter, sie dienen mit solidarischem »Erkennen«, sind kritische Begleiter, Promotoren, Partner in der Welt. Im Non-fiction-Bereich ist das anders: Dort kann der Verleger, wenn er sich in die besonderen Interessen eines Biographen oder Historikers einfühlt, konkret ein Thema auf den Tisch bringen, zu dem der Autor sagt: Ja, das ist etwas für mich. Hebammendienste zu leisten ist immer wieder eine unerläßliche Aufgabe des Verlegers, das heißt hier wie sonst auch: des aktiv mit dem Programm beschäftigten Kollektivs im Verlag. Der Autor will umworben, ermutigt und gefördert werden.

Um neue Autoren zu finden, denke ich, daß das ständige Beobachten der Nachrichten, der öffentlichen Information überhaupt, eine verlegerische Hauptaufgabe ist. Ich habe das immer mit Leidenschaft getan. Wenn ich Originalität des Denkens antraf und die Fähigkeit, die Inhalte in einer unverbraucht-kräftigen Art zur Sprache zu bringen, hatte ich einen potentiellen Piper-Autor gefunden. Ich sprach vorher über die »verlegerische Kettenreaktion« – sie bedarf dieser Ergänzung. So las ich 1991 ein Interview mit Charlotte Kerr in der *Süddeutschen Zeitung.* Sie erwähnte darin, daß sie dabei sei, die Erinnerungen an die sieben Jahre ihres gemeinsamen Lebens mit Friedrich Dürrenmatt zu beenden. Als ich das gelesen hatte, rief ich sie sofort an, wir trafen uns drei Tage später zum Mittagessen, und im Herbst 1992 erschien ihre Erzählung *Der rote*

Mantel – es war nicht nur ein Bericht – über das, was sie mit dem großen Schriftsteller erlebt hatte.

Ich habe früher berichtet, daß ich auf Hans Küng durch Zeitungslektüre aufmerksam wurde. Ähnlich war es mit Franz Alt: Ich las im *Spiegel* – es war wohl 1981 – seinen leidenschaftlichen Appell, die Bergpredigt nicht als utopische Forderung, sondern als ernstzunehmende Handlungsanweisung zu erkennen. Die Frucht meines Kontaktes zu Alt war sein als erstes Buch in der neuen »Serie Piper« erschienenes *Frieden ist möglich,* das eine Auflage von fast einer Million Exemplaren erreichte.

Der Verleger hat noch eine weitere Rolle: die des Wiederentdeckers. Er wird unverzichtbare »klassische« Texte, ob Gedichte, Prosa oder Sachtexte, immer wieder neu bringen, sozusagen den ewigen geistigen Vorrat, aus dem wir immer wieder schöpfen und so die alten Wahrheiten aufs neue beleben. Das kann in Form von Anthologien, einzelner Werke oder ganzer Werkausgaben erfolgen. In diesem Zusammenhang sehe ich auch die biographischen Darstellungen großer Persönlichkeiten der Geistesgeschichte – ob Dichter, bildende Künstler, Musiker –, also Bücher, die uns mit der Entstehung von Gedanken und Werken immer wieder neu vertraut machen.

Wenn ich zurückblicke auf die Erinnerungen meines Vaters als Verleger, so kann ich sagen, daß das buchhändlerisch-geistige Fundament der verlegerischen Arbeit das gleiche geblieben ist, die Funktionen aber, die die Verlage heute zu erfüllen haben, sich vervielfacht haben. Unverändert ist das Grundgesetz: Ein Buchverlag bietet risikobehaftete Produkte an, muß aber seine Subventionen – um Neues, Ungewohntes, Schwieriges an den Mann zu bringen – sich selbst verdienen durch die Überschüsse erfolgreicher Werke. Der literarisch-geistig produktive Verlag ist, nach einem Wort des Verlegers Jakob Hegner, zu einem Laboratorium geworden. Er baut die Autoren auf, entwickelt die Themen, die nach der Durchsetzung als »Premieren« im Sortimentsbuchhandel oder als Buchgemeinschafts- und Taschenbuch-Nachdrucke auf dem »zweiten« Buchmarkt neue Leserkreise erreichen. Die Arbeit des Verlegers vollzieht sich eher im verborgenen, die Ergebnisse seiner Arbeit, die Autoren, die Literatur und die Gebiete, für die er sich engagiert, die Gedanken, die er verbreitet, die Themen, die er zur Diskussion stellt, haben aber eine eminent öffentliche Wirkung.

Vielleicht sollte ich noch ein Wort zu der heute viel genannten Teamarbeit sagen. Da die Verlegerei eine Tätigkeit des Kommunizierens ist, da die aktive Neugierde an Dingen und der Drang, sich mitzuteilen, die Hauptmotive dafür sind, daß man Bücher macht und sich für Bücher einsetzt, bekenne ich mich zur Notwendigkeit des permanenten Gesprächs mit den Mitarbeitern, die ebenfalls mit aktiver Neugier und Phantasie bei der Sache sind. Die Teamarbeit ist mir selbstverständlich geworden. Das ist auch ein Stück persönlicher Erfahrung, eines eigenen Lernprozesses, der kongruent ist mit der Entwicklung des Lebens- und Arbeitsstils heute.

Der Verleger von heute bekennt die Gemeinsamkeit mit seinen Vorgängern im Wichtigsten seines beruflichen Tuns – der Unabhängigkeit der verlegerischen Entscheidung. Niemand schreibt ihm hierzulande, in einer Gesellschaftsordnung, die das totale politische Herrschaftsmonopol ablehnt, sein Programm vor. Seine Grenzen sind die seiner geistigen und organisatorischen Kapazität, die des literarischen Angebots und des Lesermarkts. Die Aufgabe des Verlegers kommt der Quadratur des Kreises nahe: Intellektueller sein, sich für unerprobtes Geistiges engagieren, an das Kalkül erst in zweiter Linie denken – und doch müssen die Bilanzen stimmen. Der Erfolg des Verlegers, das ist die Summe seiner einzelnen Erfolge, eingeschlossen die mit Ironie oder Resignation zu quittierenden Mißerfolge. Auch Fehlschläge, zu positiven Erfahrungen umgepolt, gehören zu den Aktiva eines Verlagshauses.

Schärfer noch als seine Vorgänger erkennt der Verleger heute – auch er ist ein gebranntes Kind seiner Zeit – als eine seiner wichtigsten Aufgaben: die Zeitgenossen am Erkenntnisprozeß zu beteiligen und ihnen fruchtbare, weiterführende Alternativen des Vorstellens und Denkens zu bieten. Das Schlagwort von der pluralistischen Gesellschaft interessiert ihn nicht als etwas Mechanistisches, sondern als lebendige Chance. In jedem Verleger muß ein kontrollierter Optimist stecken. Er muß glauben und planen.

Dieser Rückblick ist auch ein Abschlußbericht, denn die Zeit meiner Arbeit als Verleger ist vorüber. 1994 habe ich mich entschlossen, den Verlag an die schwedische Mediengruppe Bonnier in Stockholm, ein Familienunternehmen, zu übertragen. Ich hoffe, damit eine gute Grundlage für das erfolgreiche Weiterbestehen des Piper Verlags geschaffen zu haben.

Ich möchte nicht schließen ohne den nachträglichen Dank des nicht mehr für den Verlag verantwortlichen Verlegers. Er richtet sich an alle Mitarbeiter im Verlag, an die Helfer und Arbeitspartner in nah und fern: die aufnahmefähigen Buchhändler, die einfühlsamen Übersetzer, die urteilsfähigen Kritiker, die Resonanz erzeugenden Journalisten in den Medien und nicht zuletzt an die für den weltweiten literarischen Rechtetransport Verantwortlichen, an Verlegerkollegen, Agenten und Scouts. Die Verlagsarbeit war und ist in der Verflochtenheit aller ihrer vielfältigen Funktionen schon eine »Internet«-Veranstaltung, lange bevor man von diesem Begriff eine Ahnung haben konnte.

Heute sehe ich, daß auch der Verleger in seinem Tun so etwas wie eine Selbstdarstellung vollzieht. Wenn auf scheinbar zufällige Weise manche Verlagsverbindungen zustande gekommen sind, wenn ich auf die Arbeit all dieser Jahre zurückblicke, so kann ich doch sagen: Dieses Programm ist so geworden, weil ich durch diese Autoren und jene Bücher anderen etwas mitteilen wollte, was für mich selbst interessant und wertvoll war.

Anhang

Joachim Kaiser

Vor Klaus Piper brauchte niemand Angst zu haben

Hochverehrte Angehörige, Freunde, Bewunderer und Beschenkte von Klaus Piper,

zwei Tage, bevor er seinen 89. Geburtstag hätte feiern können, starb Klaus Piper. Und als er die Welt verließ, da war sie bereichert durch die zahlreichen in Büchern und Werken festgemachten geistigen, seelischen, künstlerischen und kritischen Energien, die ohne Klaus Piper nicht so entstanden wären, wie sie dank seiner Neugier, Aufrichtigkeit und Liebe zur Sache entstanden sind.

Obwohl er leidenschaftlich musizierte, gern Wintersport trieb, kenntnisreich und vergnügt Konzerte besuchte, Ausstellungen betrachtete, lebte: Sein eigentliches Leben ist das Büchermachen gewesen. Nur der ganz junge Klaus Piper hat sich – vielleicht in sanfter Opposition zum so grandios kunstsinnigen Vater – auch für den Chemikerberuf interessiert.

Aber bereits der Einundzwanzigjährige trat 1932 in den väterlichen Verlag ein, siebenundzwanzigjährig wurde er Prokurist, 1941 Mitinhaber. Nach dem Tode des Vaters übernahm er die Verlagsleitung, zweiundvierzig Jahre alt. Das war 1953. Und was der Piper Verlag dann in der zweiten Hälfte des Jahrhunderts für München, für Deutschland, ja für die ganze geistige Welt bedeutete, ist dieser geistigen Welt so selbstverständlich geworden, daß man doch beinahe staunend erschrickt, wenn man sich die großen Namen und Titel vergegenwärtigt. Da reagierte Klaus Pipers Verlag auf die politisch-moralische Katastrophe, die 1945 zu Ende gegangen war: Die radikale politische Schärfe der Hannah Arendt drang auf uns ein, die Souveränität des Karl Jaspers, die antitotalitäre Brillanz des Leszek Kolakowski. Klaus Pipers musikalische Neigungen bestimmten nun das Verlagsprogramm in dem Maße, in dem der Vater sich dem Visuellen zugewandt hatte. Wissenschaftsgeschichte zwischen Werner Heisenberg, Konrad Lorenz und Irenäus Eibl-Eibesfeldt, Weltliteratur zwischen Aldous Huxley und Alexander Solschenizyn, deutsche Dichtung zwischen Stefan Andres und Ingeborg Bachmann. Sten Nadolny kam später hinzu. Und wer einem solchen Areopag der Geister Heimstatt gibt, der braucht sich mancher effektvoller Bestseller, die Piper keineswegs verschmähte, nicht zu genieren.

Im Verlag arbeiteten über die Jahrzehnte hin mannigfache Lektoren, von denen manche später auch anderswo ihre Kenntnisse weiter verwerteten oder weitergaben. Viele wohlbetreute Reihen und Serien zeugen in aller Welt, wo überhaupt deutsche Bücher verkauft werden, von der umfassenden, weitgespannten Neugier und Risikobereitschaft jenes Verlegers, zu dessen letzter Ehrung wir uns hier im Münchner Nordfriedhof versammelt haben...

Doch zu seinem Gedächtnis will ich nun nicht über die Bücher oder Verlagsentscheidungen sprechen, die er traf, wobei er sich seiner Fehlbarkeit durchaus bewußt gewesen ist. Vielmehr möchte ich Sie, seine Angehörigen, Freunde, Mitarbeiter und Autoren, im Augenblick des Abschieds von Klaus Piper daran erinnern, wie er gewesen ist, dieser so berühmte, folgenreiche, auf seine Weise einzigartige Mann.

Vor Klaus Piper brauchte niemand Angst zu haben. Man ging gern zu ihm, in seinen Verlag, zum Gespräch in seine Wohnung oder – was ich über Jahrzehnte hin durfte – zum gemeinsamen vierhändigen Musizieren in sein Musikzimmer. Man brauchte Klaus Piper nicht zu fürchten, sich gleichsam besorgt zusammenzunehmen vor einer Begegnung mit ihm. Nie stand sein Ruhm, nie die riesige Wirkung seiner zur gewaltigen Bibliothek gewachsenen produktiven verlegerischen Neugier gleichsam als furchterregende Bücherwand zwischen ihm und seinem Gegenüber. Piper kannte keinen Zynismus. Er nahm das Vorhandene und die Forderung des Tages in Philosophie, Theologie, Naturwissenschaft, schönen Künsten und Musik enthusiastisch ernst – und er wollte es weiterreichen, vermitteln. Also: verlegen.

Natürlich wird auch er, wie alle Sterblichen, schwere Stunden durchlebt haben, Momente des Zweifels, depressiver Beklommenheit. Aber das machte ihn keineswegs skeptisch. Was Buchmenschen, Wissenschaftler, Philosophen, Literaten, zumal wenn sie älter werden, so bitterlich lähmt, das ist doch der Überdruß angesichts grenzenloser Überproduktion, die Hilflosigkeit angesichts moderner Antiquariate. Das sind jene modischen Beschleunigungen, welche die Worte und Bücher immer schneller zu zerstäuben scheinen.

Klaus Pipers Daseinsgefühl war solchen Anfechtungen strahlend überlegen. Seine Neugier alterte nicht, seine Anteilnahme welkte nicht. Wenn man mit ihm sprach, wenn wieder einmal ein langer Brief von ihm kam, weil er etwas in einer Zeitschrift gefunden hatte, was ihm zukunftsfähig schien, so wie er einst im *Merkur* ein Gedicht der Ingeborg Bachmann las und fühlte, diese junge Dichterin gehöre doch unbedingt in seinen Verlag: Dieser unaustilgbare, idealistische Enthusiasmus bezeugte immer, daß sich hinter dem Herrn und Verleger eigentlich ein sehr deutscher und sehr seltener und sehr sympathischer Typus verbarg: der Jüngling, der Enthusiast. Was übrigens nichts mit Naivität zu tun hat, um so mehr mit Lebensschwung.

Klaus Piper erstarrte nie zum offiziellen Würdenträger, zum unnahbaren Kulturpatriarchen. Seine beschwingte

Begier, seine Neugier auf Menschen, Meinungen und Bücher war das Geheimnis seiner Wirkung, seines Erfolgs, seines affirmativen Optimismus. Darum mochten, liebten wir ihn ja auch über alle Interessenkonflikte und Kontroversen hinweg.

Klaus Pipers jünglingshafter Schwung bewog zögernde, zweifelnde Autoren sehr rasch dazu, an die Wichtigkeit ihrer Arbeit und des soeben erörterten Projekts zu glauben, dessen man sich selber eigentlich gar nicht sicher war. Von dem einem aber dieser Verleger klarzumachen wußte, daß die Welt es unbedingt brauche, und zwar rasch. Ja, so schien Klaus Piper auch erhaben über jenen Verlegerzwiespalt, der bei diesem Berufsbild immer wieder schwarzweiß beschworen wird: Einerseits, notwendigerweise, müsse er ein scharf kalkulierender Geschäftsmann sein, andererseits aber der edle Bote, Zeuge, Verkünder ewiger geistiger Reiche.

Nun wußte Klaus Piper sehr wohl, was Armut sein kann, wie der Zwang zur Sparsamkeit aussieht. Er hatte erfahren, daß Büchermachen und Not sich keineswegs in verschiedenen Sphären abspielen. Oft erinnerte er sich daran, welch ein Schock es für ihn gewesen war, als er – 1932 blutjung in den väterlichen Verlag eingetreten – in den damaligen Elendszeiten Tage, ja Wochen durchleben, durchleiden mußte, wo platterdings nahezu überhaupt keine Buchbestellungen eingingen. So etwas vergißt man nicht. Manches lebenslange Sparsamkeitstrauma entsteht auf diese Weise.

Gleichwohl stand der Jüngling, der Idealist Piper in Wahrheit über der Antithese zwischen bloß cleverem Kalkulieren einerseits und edler Kunstsinnigkeit andererseits. Er war aus einem geistigen Guß. Mitten im privaten, persönlichen Gespräch konnte er auf sein Herbstprogramm zu reden kommen, es so überschwenglich loben, als wäre er der mit Abstand beste Vertreter seines Hauses. Um

Mitternacht noch rühmte er dann Jaspers und Menuhin und Lorenz und Küng und Eibl-Eibesfeldt. Und erwog die Idee zu einer neuen Reihe. Doch wenn es andererseits nüchtern ums Geschäftliche ging, dann fiel ihm doch noch der letzte gemeinsam produzierte Klavierton ein, und er schwärmte vergnügt, warum ihm des alten Kempff Schubert-Spiel doch so viel näher stehe als das des jungen Barenboim – und ob nicht ein vernünftiges Buch über Skrjabin dringend nötig sei...

Anfangs, meine sehr verehrten Damen und Herren, sagte ich beim Blick auf Klaus Pipers jahrzehntelanges Wirken, als er die Welt verließ, wäre sie bereichert gewesen durch alles, was weiterlebt in den von Klaus Piper evozierten Büchern. Aber das Wort »bereichert« klang vielleicht doch zu nüchtern. Sagen wir es rückhaltloser: Nicht nur bereichert, sondern verändert und gesegnet erscheint unsere geistige Welt durch die produktive Liebe, die Klaus Piper ihr gewidmet hat zu unser aller Wohl.

Ich danke Ihnen!

(Rede bei der Trauerfeier am 31. März 2000.)

Hans Küng

Die Frage nach der Transzendenz

Sehr verehrte, liebe Frau Piper, liebe Familien Piper, verehrte Trauergäste,

Ihrem Wunsch, liebe Frau Piper, Ihrem Mann diesen wirklich letzten Dienst, einen geistlichen Dienst, zu leisten, hier nicht nur einige Worte zu sagen, sondern vor allem ein Gebet zu sprechen, bin ich gerne nachgekommen. Für mich ist das zunächst einmal ein Ausdruck meiner tiefen Dankbarkeit, denn Klaus Piper als Verleger ist für mich doch so etwas wie ein Schicksal geworden. Mein Übergang von einem katholischen Verlag zu einem allgemeinen Publikumsverlag war vor rund dreißig Jahren keine Selbstverständlichkeit, aber für mich selber eine außerordentlich glückliche Entscheidung. In ganz Deutschland hätte ich keinen besseren Verleger finden können; manche der hier anwesenden Piper-Autoren und -Mitarbeiter werden dies bestätigen. Und wie Joachim Kaiser ihn meisterhaft charakterisiert hat – davon kann ich jeden Satz unterschreiben! Er war vom ersten bis zum letzten meiner Bücher, die er betreut hat, ganz persönlich interessiert, geistig aufgeschlossen und mit ganzem Herzen dabei. Wie oft haben wir uns getroffen, in München natürlich, in Tübingen, in meiner Schweizer Heimat.

Daß Klaus Piper den vom Vater übernommenen Verlag für Literatur, Kunst und Philosophie nicht nur für Geschichte, Zeitgeschichte, Gesellschaft, Politik, Psychologie und Naturwissenschaften geöffnet hat, sondern auch für Theologie, ist zuerst Heinz Zahrnt mit seinem sehr erfolgreichen Buch *Die Sache mit Gott* und dann mir mit dem Buch *Christ sein* zugute gekommen. Ihm, dem instinktsicheren Titelformulierer, verdanke ich es, daß dieses Buch *Christ sein* ohne Fragezeichen erschienen ist. »Einfach und schlicht ›Christ sein‹«, sagte er mir. Und er, der ja nun nicht religiös erzogen worden war, der sich während des Krieges evangelisch taufen ließ, um sich überhaupt an etwas halten zu können, der aber nicht kirchlich praktizierte, er fand in diesem Buch wie dann auch in vielen der folgenden genau das, was er für den heutigen Menschen und eben auch für sich selber als das Richtige ansah. Ich darf ja auch erwähnen, liebe Frau Piper, daß Sie beide sich neu wieder getroffen haben im Gespräch über diese Bücher. Aber dies alles erzähle ich nicht um dieser Bücher willen, sondern um des geistigen Horizonts des Verstorbenen willen, der es mir zu rechtfertigen scheint, gerade hier bei dieser Trauerfeier einige meditative Gedanken zur Religiosität zu sagen, um auf diese Weise überzuleiten zu dem schlichten Gebet, um das ich gebeten wurde.

Man kann es einen jener Zufälle nennen, die eben letztlich doch nicht Zufälle sind, daß er mir in zittriger Schrift vor acht Monaten seinen letzten Brief geschrieben hat, der wohl nicht als letzter gedacht war – anläßlich der Ankündigung des multimedialen Weltethos-Projekts durch den Piper Verlag: »Es ist nach meiner Überzeugung von großer Bedeutung und segensreich, wenn es vielen – nicht nur den sogenannten ›guten‹ fortschrittlichen – Menschen gefallen wird«, so schreibt er in diesem Brief und fährt fort: »Ich las wieder, was Sie in Ihrem *Judentum* über das zum Verzweifeln tiefe Problem der Theodizee gesagt haben – außerstande mehr zu sagen. Kurz angedeutet: Der Physiker Gerd Binnig betitelte sein vor ein paar Jahren erschienenes Buch: *Aus dem Nichts.* Vor dem Urknall war ›nichts‹. Aber die transzendente Wahrheit: Es gab die Potentialität der Welt: daß schließlich Lebewesen – mit Geist und

Ungeist: die Menschen, entstanden – das große Gleichnis des Sündenfalls – die große Idee des Erlösers – ein großer Wiedergutmachungsversuch Gottes dafür, daß er uns Freiheit schenkte zu unendlicher Liebe, zur Selbstverleugnung, aber auch zu Feindschaft und Haß, zum Daseinsgenuß und zur Daseinsverfehlung.«

Das war, so war Klaus Piper – nachdenklich, ganz in der Wirklichkeit dieser Welt verwurzelt und sie kennend und doch zugleich offen für das, war er »transzendente Wahrheit« nannte. Transzendenz, die für ihn, der ja auch das Buch *Ewiges Leben?* (dieses Mal mit einem Fragezeichen!) verlegt hat, auf das er immer wieder zu sprechen kam, nicht nur für den Anfang, sondern auch für das Ende eine sehr ernsthafte Frage und sicher auch eine Hoffnung war.

Klaus Piper hat ein reiches Leben gelebt. Gerade deshalb stellt sich auch für uns – und wahrhaftig nicht nur für seine Frau und seine Familie – die Frage nach der Transzendenz: Soll also mit dem heutigen Tag, soll mit seinem Tod alles aus sein? Soll er weiterleben nur in unseren Gedanken, solang wir denn seiner gedenken? Soll er denn nur so lang leben, wie seine Bücher leben, wie sein Verlag, den er in der vielleicht schwersten Entscheidung seines Lebens schließlich einem größeren Unternehmen abtreten mußte, seinen Namen, Piper, weiterträgt?

Oder muß man bezüglich einer Transzendenz im Tod nicht vielleicht doch ein »Peut-être« ansetzen, das auch für einen bekennenden Atheisten wie meinen Tübinger Kollegen Ernst Bloch immer wichtiger wurde: ein kleines »Peut-être«, ein »Vielleicht«. Vielleicht gibt es eben doch diese ganz andere, transzendente Wirklichkeit, mit der die Menschen seit der Menschwerdung gerechnet haben? Von der die mit Ocker, der roten Lebensfarbe, bestäubten Gräber der Neandertaler ebenso zeugen wie die Pyramiden der Pharaonen oder die Gräber der chinesischen Kaiser, aber eben auch die zahllosen Synagogen, Kirchen und Moscheen, verstreut über die ganze Welt. Alles Zeichen der Transzendenz, zu finden in allen Kulturen der Erde, zu finden in allen Jahrhunderten der Menschheitsgeschichte.

Gewiß, der rational hoch- oder überentwickelte Mensch am Beginn des 21. Jahrhunderts nach Christus kann der Meinung sein, dieser verstorbene Mensch hier, Klaus Piper, lebe nur in unseren Gesprächen, Gedanken, Erinnerungen fort, er zehre sich auf und verlösche wie eine Kerze, er löse sich auf mit Leib und Geist, er sterbe zuletzt in ein Nichts hinein. Die transzendente Wirklichkeit wäre demnach Nichtigkeit.

Gerade dies aber hat Klaus Piper selber keinesfalls gemeint. Sonst hätte er nicht von »transzendenter Wahrheit« gesprochen. Und in der Tat: An die Nichtigkeit der transzendenten Wirklichkeit zu glauben fällt mir rationalem Menschen schwer, gerade in einem Moment wie diesem, angesichts eines lieben, vornehmen, feinen, weisen Menschen wie er. Die Argumente für die Nichtigkeit der transzendenten Wirklichkeit sind mir alle gut bekannt, aber sie überzeugen mich nicht. Soll es wirklich nur Wunschdenken sein, daß wir wünschen, dieser Mensch möge weiterleben, wirklich weiterleben, in einer anderen Dimension weiterleben? Kann denn unseren unausrottbaren Wünschen nicht eine Wirklichkeit, eine transzendente Wirklichkeit entsprechen? Eines jedenfalls weiß ich sicher, und da weiß ich sogar den Meister aller Kritik, Immanuel Kant, auf meiner Seite: Noch nie hat es jemand in positiver Weise zu beweisen vermocht, daß die letzte Wirklichkeit Nichtigkeit ist und der Mensch in ein Nichts hinein stirbt.

Aber, gibt es eine andere Antwort? Ja, aber auch diese, das gebe ich zu, hat noch nie jemand positiv bewiesen: Das ist eine Sache des Vertrauens. Aber ich sage auch gleich: eines keineswegs unvernünftigen Vertrauens. Eines Vertrauens vielmehr, welches das Allervernünftigste ist, das

sich der Mensch zumuten kann: nämlich daß das, was wir
sehen, tasten, fassen und berechnen, die letzte Wirklichkeit nicht ist. Ja, daß der Mensch seinen Tod in ein Nichts
hinein stirbt, erscheint mir ebenso absurd wie die Vorstellung, daß der Urknall aus dem Nichts kommt. So verlasse
ich mich denn vertrauensvoll darauf, daß, so wie Welt und
Mensch nicht aus dem Nichts kommen, sie auch nicht ins
Nichts gehen und daß der Mensch vielmehr in jene un-
faßbare und umfassende letzte und erste Wirklichkeit hinein stirbt, die nicht Nichtigkeit, sondern vielmehr die wirklichste Wirklichkeit ist, die wir mit dem viel mißbrauchten
Namen Gott bezeichnen. Ja, dies ist die Überzeugung
von Juden, Christen und Muslimen, und in einer anderen
Form unter anderen Bildern und Chiffren doch auch die
anderer Religionen: Wo der Mensch das Allerletzte seines
Lebens erreicht, da erwartet ihn nicht das Nichts, sondern
jenes Alles, das Juden, Christen und Muslime Gott nennen. Tod ist also Durchgang zur eigentlichen Heimat, Ein-
kehr in Gottes Verborgenheit und des Menschen Herr-
lichkeit.

Klaus Piper hat in seiner Krankheit einen langen Abschied erlebt. Aber wenn der Mensch sich im Sterben verabschiedet, wenn er alle äußeren Beziehungen abbricht,
manchmal gar Organ um Organ abstirbt, und er endlich
in absoluter Beziehungslosigkeit daliegt, dann geht er, so
glauben wir, eine neue, uns verborgene Beziehung ein:
»Vita mutatur, non tollitur. Das Leben wird verändert,
nicht genommen.« Der Mensch geht seinen letzten, entscheidenden, ganz anderen Weg – nicht in ein Drüben
oder Droben, nicht in ein Außerhalb oder Oberhalb, nicht
ins Weltall oder über dieses hinaus. Nein, er geht jetzt den
Weg hinein in das Innerste der Wirklichkeit, einen Bereich jenseits der Empirie, wo sich jenseits des subatoma-
ren Bereichs jene Dimension Unendlich auftut, die sich
erst jetzt als die wirklichste Wirklichkeit erweist, das Herz

der Welt, ihr Urgrund, Urhalt und Urziel, des Menschen
unvergängliche Heimat, aus der er kommt und in die er
geht. Dann erst erkennt der Mensch, was die »transzendente Wahrheit« in Wirklichkeit ist. Um es mit einem
anderen zu sagen:

>»Einst war ich ein Kind.
Ich sprach wie ein Kind.
Ich dachte wie ein Kind,
ich machte kindliche Pläne.
Als ich erwachsen war,
legte ich die Kindheit ab.

Heute ahne ich Gott,
wie mein eigenes Gesicht
im kupfernen Spiegel,
fremd und rätselvoll.
Morgen schaue ich ihn,
nahe und klar,
von Angesicht zu Angesicht.

Heute ist Stückwerk, was ich verstehe,
dann aber werde ich erkennen,
wie Gott mich erkennt.«

Und so habe ich denn die Lesung der Schrift, die bei
einem evangelischen Trauergottesdienst am Anfang gehalten wird, am Ende als guter Katholik doch noch gehalten, weil sie da vielleicht besser verstanden wird. Sie haben
es gewiß erraten: Es war ein Zitat aus dem Brief des Apo-
stels Paulus an die Gemeinde von Korinth am Ende des
dreizehnten Kapitels über die Liebe.

Ihnen aber, liebe Frau Piper, liebe Familie Piper, und
Ihnen allen, liebe Trauergemeinde, wünsche ich, daß Sie
gerade in einer solchen Stunde der Trauer, die wir hier

in Dankbarkeit feiern, neu Vertrauen fassen und daraus Kraft schöpfen, um auch die Zukunft, Ihre je eigene Zukunft, zu bestehen und nicht allzuviel Angst vor dem Tod zu haben. Dankbar für alles, was Klaus Piper für uns war und uns bedeutet. Zugleich aber hoffend auf den Frieden, der alle Vernunft übersteigt, auf die Freude, das Glück, das ihm und – so hoffen wir – einst auch uns bereitet ist.

(Rede bei der Trauerfeier am 31. März 2000.)

Lebensdaten

1911	Am 27.3. wird Klaus Piper als erstes Kind des Verlagsbuchhändlers Reinhard Piper und der Malerin Gertrud Piper, geb. Engling, in München-Schwabing geboren.
1930	Abitur am humanistischen Maximilians-Gymnasium in München.
1930–32	Buchhändlerlehre bei der Buchhandlung Chr. Kaiser am Marienplatz in München.
1932	Klaus Piper tritt in den Verlag ein.
1938	Heirat mit Cäcilie Weiß.
1939	Geburt der Tochter Ursula.
1941	Klaus Piper wird Teilhaber im Verlag.
1941	Geburt der Tochter Regina.
1944	Geburt des Sohnes Hans.
1946	Am 4. Januar erhalten Reinhard und Klaus Piper von der amerikanischen Militärregierung die Lizenz zur Fortführung ihres Verlags. Die Verantwortung für die verlegerische Arbeit liegt nun ganz beim Sohn Klaus.
1950	Heirat mit Elisabeth Holthaus.
1952	Geburt des Sohnes Ernst Reinhard.
1953	Tod von Reinhard Piper; Klaus Piper wird persönlich haftender Gesellschafter.
1955	Wahl in das PEN-Zentrum der Bundesrepublik Deutschland.
1964	Geburt der Tochter Karin.
1970	Tod von Gertrud Piper, Witwe von Reinhard und Mutter von Klaus Piper.
1980	50jähriges Berufsjubiläum.
1982	Ernst Reinhard Piper tritt in den Verlag ein und wird im Jahr darauf geschäftsführender Gesellschafter.

1986	Tod von Elisabeth Piper.
1988	Klaus Piper heiratet Ellen Quittenbaum, geb. Debüser.
1990	6ojähriges Berufsjubiläum.
1994	Verkauf des Piper Verlags an die schwedische Verlags- und Mediengruppe Bonnier in Stockholm.
2000	Klaus Piper stirbt in München, zwei Tage vor Vollendung des 89. Lebensjahres.

Auszeichnungen und Ehrungen

1963	Verleihung der Goldenen Italienischen Kulturmedaille für Verdienste um die Verbreitung der italienischen Kultur in Deutschland.
1970	Verleihung des Bundesverdienstkreuzes 1. Klasse.
1973	Verleihung der Ludwig-Thoma-Medaille.
1976	Verleihung der Medaille »München leuchtet – den Freunden Münchens«.
1977	Verleihung des Bayerischen Verdienstordens.
1979	Verleihung des Großen Bundesverdienstkreuzes.
1982	Verleihung des Großen Ehrenzeichens der Republik Österreich.
1986	Klaus Piper erhält die Ehrendoktorwürde der George Washington University, Saint Louis, Missouri, USA.
1987	Klaus Piper erhält die Ehrendoktorwürde der Ludwig-Maximilians-Universität, München.
1998	Die Bayerische Akademie der Schönen Künste wählt Klaus Piper zum Ehrenmitglied.

Bibliographische Notiz

Nach fünfzig Jahren. Almanach. Herausgegeben von Klaus Piper, München 1954

Stationen. Piper-Almanach 1904–1964. Herausgegeben von Klaus Piper unter redaktioneller Mitarbeit von Ernst Herhaus, München 1964

Piper-Almanach zum 70. Jahr. 1904–1974. Herausgegeben von Klaus Piper. Redaktionelle Mitarbeit Hans Dollinger, München 1974

75 Jahre Piper. Bibliographie und Verlagsgeschichte 1904–1979. Herausgegeben von Klaus Piper. Redaktion: Uwe Steffen (Bibliographie und Register), Georg Ramseger und Ernst-Reinhard Piper (Chronik), Ingo F. Walther (Bild), München/Zürich 1979

Für Klaus Piper zum 70. Geburtstag. 27. März 1981. Redaktion: Matthias Pflieger und Ernst Reinhard Piper in Verbindung mit den Lektoren des Verlages, München/Zürich 1981 (dort auf S. 366ff. Bibliographie Klaus Piper)

Piper Almanach zum 80. Jahr. Herausgegeben von Klaus und Ernst Reinhard Piper. Redaktionelle Mitarbeit: Rainer Weiss. Bibliographie: Uwe Steffen, München/Zürich 1984

Piper Bibliographie 1979–1989. Herausgegeben von Uwe Steffen, München/Zürich 1991

Klaus Piper: *Schriften und Briefe.* Herausgegeben von Ralf-Peter Märtin und Ernst Piper, München 1991

Piper, Ernst / Raab, Bettina: *90 Jahre Piper. Die Geschichte des Verlages von der Gründung bis heute,* München/Zürich 1994

Klaus Piper: *Gemeinsame Ferientage im Bayerischen Wald 1925,* in: *Reinhard Piper – Ernst Barlach. Stationen einer Freundschaft 1900–1938.* Herausgegeben von Volker Probst und Helga Thieme, Güstrow 1999, S. 59ff.

Personenregister

Bildnachweis

(Es war dem Verlag nicht immer möglich, die Herkunft der Abbildungen zu ermitteln. Wir bitten deshalb Photographen und andere Rechteinhaber, sich mit dem Piper Verlag in Verbindung zu setzen, falls sie zusätzliche Informationen haben.)

Ingeborg Bachmann-Erben: Taf. 10 o.l.; The Bettmann Archive, New York: Taf. 10 o.r.; Bild-Archiv Kultur & Geschichte G. E. Habermann, Gräfelfing: Taf. 6 u.; Peter Blachian, München: Taf. 15 o.r.; Chatto & Windus, London: Taf. 13 o.l.; Werner Neumeister, München: Taf. 8 o.; Fritz Neuwirth, Ottobrunn: Taf. 8 u.; Isolde Ohlbaum, München: Taf. 13 o.r.; Taf. 14 u., 15 u.r., 16 u.; Elisabeth Piper, München: Taf. 9 u.; Hans Piper, München/Berlin: Taf. 1, 7, 14 o., 15 o.l., 16 o., 20; Günther Reisp, München: Taf. 19 o.; Kurt Seliger, Wien: Taf. 13 u.r.; Sven Simon, München: Taf. 12 o.; Christine Strub, München: Taf. 19 u.; Felicitas Timpe, München, Taf. 10 u.; Klaus Tritschel, Bayreuth: Taf. 12 u.; Karin Voigt, München: Taf. 11 u.; Reto Zimpel, Gauting: Taf. 18 u.
Alle übrigen Abbildungen: Privatbesitz Familie Piper, Archiv Piper Verlag.